AF542436

DISCOURS D'UN PROCUREUR DE PROVINCE ILLUSTRÉS ET EXPLIQUÉS

Logiques juridiques

Fondée par Gérard Marcou

Dirigée par Jean-Claude Némery et Thomas Perroud

Le droit n'est pas seulement un savoir, il est d'abord un ensemble de rapports et pratiques que l'on rencontre dans presque toutes les formes de sociétés. C'est pourquoi il a toujours donné lieu à la fois à une littérature de juristes professionnels, produisant le savoir juridique, et à une littérature sur le droit, produite par des philosophes, des sociologues ou des économistes notamment.

Parce que le domaine du droit s'étend sans cesse et rend de plus en plus souvent nécessaire le recours au savoir juridique spécialisé, même dans des matières où il n'avait jadis qu'une importance secondaire, les ouvrages juridiques à caractère professionnel ou pédagogique dominent l'édition, et ils tendent à réduire la recherche en droit à sa seule dimension positive. À l'inverse de cette tendance, la collection « Logiques juridiques » des éditions L'Harmattan est ouverte à toutes les approches du droit. Tout en publiant aussi des ouvrages à vocation professionnelle ou pédagogique, elle se fixe avant tout pour but de contribuer à la publication et à la diffusion des recherches en droit, ainsi qu'au dialogue scientifique sur le droit. Comme son nom l'indique, elle se veut plurielle.

Dernières parutions

Xavier CABANNES (dir.), *Livres et manuscrits anciens. Approche juridique*, 2020.

Olivier RENAUDIE (dir.), *Les aides économiques locales : de quel droit ?*, 2020.

Yue Zhao, *Coopérer en droit international des cours d'eau transfrontaliers, État du droit et étude du cas chinois*, 2020

Jean-Paul VALETTE, *La dynamique du pouvoir exécutif sous la Vᵉ République (1958-1993)*, 2020.

Rachid NACER, *Les normes internationales du travail entre global et local, Étude internationale et comparée de l'interprétation des instruments de l'OIT*, 2020.

Cyprien DAGNICOURT, *La protection de l'environnement en période de conflit armé*, 2020.

Nawel BELHAJ, *La notion de droit réel*, 2020.

Gilles TOULEMONDE, *Le droit constitutionnel de la Vᵉ République*, quatorzième édition, 2020.

Daniel BORRILLO & Félicien LEMAIRE, *Les discriminations fondées sur le sexe, l'orientation sexuelle et l'identité de genre,* 2020.

Charles Christian K. CAKPO, Les institutions démocratiques au Bénin, Analyse comparée avec des évolutions en France et aux États-Unis, *2020*

DISCOURS D'UN PROCUREUR DE PROVINCE ILLUSTRÉS ET EXPLIQUÉS

Logiques juridiques

Fondée par Gérard Marcou

Dirigée par Jean-Claude Némery et Thomas Perroud

Le droit n'est pas seulement un savoir, il est d'abord un ensemble de rapports et pratiques que l'on rencontre dans presque toutes les formes de sociétés. C'est pourquoi il a toujours donné lieu à la fois à une littérature de juristes professionnels, produisant le savoir juridique, et à une littérature sur le droit, produite par des philosophes, des sociologues ou des économistes notamment.

Parce que le domaine du droit s'étend sans cesse et rend de plus en plus souvent nécessaire le recours au savoir juridique spécialisé, même dans des matières où il n'avait jadis qu'une importance secondaire, les ouvrages juridiques à caractère professionnel ou pédagogique dominent l'édition, et ils tendent à réduire la recherche en droit à sa seule dimension positive. À l'inverse de cette tendance, la collection « Logiques juridiques » des éditions L'Harmattan est ouverte à toutes les approches du droit. Tout en publiant aussi des ouvrages à vocation professionnelle ou pédagogique, elle se fixe avant tout pour but de contribuer à la publication et à la diffusion des recherches en droit, ainsi qu'au dialogue scientifique sur le droit. Comme son nom l'indique, elle se veut plurielle.

Dernières parutions

Xavier CABANNES (dir.), *Livres et manuscrits anciens. Approche juridique*, 2020.

Olivier RENAUDIE (dir.), *Les aides économiques locales : de quel droit ?*, 2020.

Yue Zhao, *Coopérer en droit international des cours d'eau transfrontaliers, État du droit et étude du cas chinois*, 2020

Jean-Paul VALETTE, *La dynamique du pouvoir exécutif sous la Ve République (1958-1993)*, 2020.

Rachid NACER, *Les normes internationales du travail entre global et local, Étude internationale et comparée de l'interprétation des instruments de l'OIT*, 2020.

Cyprien DAGNICOURT, *La protection de l'environnement en période de conflit armé*, 2020.

Nawel BELHAJ, *La notion de droit réel*, 2020.

Gilles TOULEMONDE, *Le droit constitutionnel de la Ve République*, quatorzième édition, 2020.

Daniel BORRILLO & Félicien LEMAIRE, *Les discriminations fondées sur le sexe, l'orientation sexuelle et l'identité de genre,* 2020.

Charles Christian K. CAKPO, Les institutions démocratiques au Bénin, Analyse comparée avec des évolutions en France et aux États-Unis, *2020*

Christophe Auger

DISCOURS
D'UN PROCUREUR DE PROVINCE
ILLUSTRÉS ET EXPLIQUÉS

Préfaces de Catherine Champrenault
et de Raphaël Monroux

Illustrations de Nicolas Leclainche

Du même auteur

Contribution à l'ouvrage collectif,
Le crime contre l'humanité,
Association d'études et de recherches
de l'École nationale de la magistrature, Bordeaux, éditions Bergeret.

5-7, rue de l'Ecole-Polytechnique, 75005 Paris
http://www.editions-harmattan.fr
ISBN : 978-2-343-21653-9
EAN : 9782343216539

« *L'âme humaine a besoin d'obéissance consentie et de liberté* »

Simone Weil, Ecrits de Londres (1941)

REMERCIEMENTS

A ma femme, Fabienne, première lectrice attentive de ces discours avant leur prononcé aux audiences de rentrée solennelle du tribunal de grande instance de Libourne, devenu tribunal judiciaire depuis le 1er janvier 2020.

L'auteur remercie vivement celles et ceux qui ont pris le temps d'accompagner ce projet de publication.
Sans les conseils éclairés de l'équipe éditoriale de L'Harmattan et le soutien bienveillant, par ordre alphabétique, d'Olivier AGNUS, Alice AUGER, Zohra BOUAMAMA, Elodie CALVO, Gontran CAMREDON, Victoria CHOUET, Michèle DUFOSSE, Thibault FAUGERAS, Murielle GOURE, Manuel KERGOAT, Bertrand MILLAGOU, Ancelin NOUAILLE, Stéphanie PAGUENAUD, Yann PUYO et Benjamin VIGNERON, ce livre « témoignage » sur le métier de procureur de la République ne serait jamais paru.

PRÉFACE DE L'ACCUSATION

La justice et les magistrats qui la servent restent un monde méconnu de nos concitoyens. Il lui est reproché d'être trop lente, trop obscure, puis trop laxiste pour certains alors qu'elle est pour d'autres trop sévère. Ces griefs sont souvent adressés au procureur de la République perçu comme le premier, parfois même le seul, responsable de l'institution judiciaire.

Si le chef du parquet en est un rouage essentiel car il met en œuvre une politique pénale et exerce les poursuites, il n'est pas, loin s'en faut, le seul acteur, les décisions juridictionnelles appartenant aux magistrats du siège. Néanmoins dans le traitement de la délinquance le procureur de la République est une sorte de chef d'orchestre qui dirige les enquêtes, soupèse les preuves, oriente les procédures, requiert des peines, assurant tout à la fois les rôles de thérapeute, statisticien, financier, architecte, décideur et communicant, selon les propres qualificatifs de notre auteur.

Le procureur de la République dispose, en effet, d'un droit de parole publique pour renseigner objectivement la population lors de la survenance de catastrophes ou de crimes suscitant une émotion publique. En dehors de ces situations de crise, il existe aussi un espace pour rendre compte de l'activité des juridictions, et singulièrement celle des parquets, qui est l'audience solennelle de rentrée du tribunal, celle-ci devant obligatoirement se tenir au cours du mois de janvier de chaque année. Cet ouvrage recense les six discours que Christophe Auger, procureur de la République près le tribunal de grande instance de Libourne, a prononcés à l'occasion de ces audiences depuis son arrivée dans cette juridiction en juin 2013 jusqu'à son départ en septembre 2019.

Usant de la liberté de parole qui est accordée au procureur de la République lors de la prise de réquisitions, Christophe Auger, fort d'un parcours dédié au ministère public depuis 30 ans et chef de parquet pendant 10 ans, développe les observations qu'il croit convenables au bien de la justice conformément aux dispositions de l'article 33 du code de procédure pénale, en adoptant une forme d'expression originale à plus d'un titre, mêlant gravité du propos et humour salvateur pour démontrer que la justice travaille sérieusement sans se prendre au sérieux. Convoquant les philosophes antiques pour expliciter sa pensée, il sait aussi se référer aux observateurs modernes et au langage de notre jeunesse pour rendre son propos accessible au plus grand nombre.

Ce souci de pédagogie toujours présent s'appuie sur l'actualité artistique, cinématographique ou littéraire avec une volonté d'inviter ses interlocuteurs à un rendez-vous annuel qui se veut un compte-rendu au public des actions du parquet. Christophe Auger décrit donc au travers de cet ouvrage ses initiatives pour que la sanction pénale soit lisible, c'est-à-dire qu'elle prenne tout son sens et soit utile pour l'auteur de l'infraction comme pour la victime; aussi faut-il que les poursuites s'exercent dans un temps rapproché de l'infraction, ce qu'on appelle le délai raisonnable. Les capacités de jugement d'un tribunal étant limitées, il faut procéder à des choix, insatisfaisants et parfois douloureux, pour réserver les procès aux atteintes intolérables à la vie en société.

Pour autant la résignation n'a pas sa place dans le métier de procureur et celui de Libourne ne cessera de batailler pour obtenir des effectifs de magistrats et de greffe supplémentaires et de solliciter des partenariats publics ou associatifs riches pour une meilleure justice au profit des justiciables. C'est ainsi qu'il évoque ses priorités de politique pénale, ses difficultés à être performant sur tous les fronts, ses espoirs dans les nouvelles technologies, ses inquiétudes sur ses moyens, ses aspirations à une plus grande indépendance statutaire du ministère public mais malgré tout son enthousiasme et sa foi dans ce métier passionnant du parquet.

Les titres des discours, choc de flexibilité, de lisibilité, de mesurabilité, de proportionnalité, de légitimité, de transversalité illustrent les défis de l'institution judiciaire dans leurs enjeux parfois paradoxaux. Le choc pour le lecteur sera de découvrir un procureur de la République, à hauteur des justiciables, qui a pour ambition de créer un nouveau choc de confiance des Français en leur justice.

Catherine CHAMPRENAULT

Procureure générale près la cour d'appel de Paris

PRÉFACE DE LA DÉFENSE

Pour ceux qui n'ont jamais baigné dans le liquide amniotique du droit, la rentrée judiciaire est un grand raout républicain qui entrouvre la porte capitonnée du pouvoir judiciaire lequel dresse à cette occasion pour la société civile son bilan de l'année écoulée. Le procureur y intervient pour la partie pénale, l'action du parquet.

Avec l'égrenage des crimes et châtiments, la société partagée entre *Raison et Sentiments* aime comme un seul narcisse y mirer ses côtés les plus obscurs sans toujours se départir de son orgueil et de ses préjugés. Trop souvent, cependant l'exercice constitue un empilage *ad nauseam* de chiffres, statistiques, de salutations et congratulations courtoises.

L'article 33 du code de procédure pénale fait cependant du procureur un ventriloque pouvant convoquer « Tatayet » afin de donner un tour plus personnel à ses réquisitions. Le tableau est cependant en filigrane parfois plus noir qu'une toile de Soulages où l'enchevêtrement des dispositifs répressifs présentés occupe l'esprit comme une migraine persistante.

Dès le mois de janvier 2014, montant au filet, le procureur, tennisman combatif à ses heures, a fait souffler un vent de fraicheur sur cet exercice compassé. Ne sacrifiant pas à ses obligations jusqu'au mois de janvier 2019, ses observations orales ont délivré chaque année plusieurs messages et pas seulement à propos d'un entêtant manque de moyens.

Leur lecture, quelques années après, démontre l'acuité de l'analyse même si par la même occasion elle ouvre la porte à un droit d'inventaire sur cette administration orientée de plus en plus vers une politique de gestion des flux très éloignée de l'œuvre de justice.

L'accusateur public à l'appui de ses réquisitions aux audiences de rentrée solennelle convoque entre autres Mireille Delmas-Marty, Thomas Pesquet, Michel Houellebecq, Alain Bashung, Paul Ricoeur, Gisèle Halimi, Thierry Marx, Armel Le Cléac'h, Olivier Py, Albert Einstein ou Jacqueline de Romilly lesquels côtoient, sans la censure empesée d'un Pierre Ernest Pinard, les OSS 117, Jason Bourne ou R2-D2 de *La guerre des étoiles*.

Il y démontre qu'en l'état actuel, pour faire face à toutes les priorités, le procureur n'est plus seulement ventriloque mais aussi contorsionniste et au regard des moyens accordés à l'institution judiciaire donc, un saltimbanque, bien éloigné des revenus d'un Mbappé.

Le lecteur comprendra que « le côté obscur de la force » doit être combattu sans cesse et que le parquet se heurte chaque année au mythe d'Orphée et d'Eurydice : dès qu'il se retourne sur sa conquête, celle-ci s'évanouit, pour tout devoir recommencer.

Il y remontera le temps pour s'inquiéter de la montée du radicalisme en faisant le constat d'un certain délitement de la société laquelle peut parfois faire penser à *Gotham City*, dont ne doutons pas que notre auteur a dû un jour rêver d'y épauler Batman.

Raphaël MONROUX
Ancien Bâtonnier de l'Ordre

INTRODUCTION

LE PROCUREUR « SLASHEUR[1] »

LE CHOC DE PLURIACTIVITÉ

OU

COMMENT EXERCER TOUTES LES PRÉROGATIVES
DU MINISTÈRE PUBLIC[2]

Le problème majeur qui se pose aujourd'hui à l'institution judiciaire est « *le déséquilibre constant entre la demande de justice et les moyens* ». C'est en ces termes que Robert Badinter, ancien garde des Sceaux[3] (1981 à 1986) et ancien président du Conseil constitutionnel[4] (1986 à 1995) introduisait son propos dans un colloque organisé par le barreau[5] de Paris portant sur la loi du 23 mars 2019 de programmation 2018-2022 et de réforme pour la justice[6].

Force est de constater en effet que cette inadéquation est l'une des causes du mécontentement des justiciables, et ce alors même que les citoyens saisissent de plus en plus la justice pour régler un litige civil ou une affaire pénale en déposant une plainte entre les mains du procureur de la République[7]. Cette forte demande de régulation des conflits par un tribunal n'est d'ailleurs pas sans conséquence sur une gestion ralentie ou dégradée des dossiers soumis à l'appréciation des magistrats.

Mais ce mécontentement est également lié à une méconnaissance des citoyens concernant l'organisation et le fonctionnement de la justice, dont les décisions sont parfois commentées de façon caricaturale sur les chaînes d'information en continu et plus encore sur les réseaux sociaux. Le procès pénal est aussi transformé par certains acteurs judiciaires ou lobbys en tribune médiatique comme l'explique la journaliste Olivia Dufour dans son dernier ouvrage *Justice et Médias : la tentation du populisme*. Une mise en examen[8] équivaut trop souvent à une condamnation dans l'opinion publique, à la suite de prises de parole incontrôlées, de tweets vengeurs ou d'articles de presse insuffisamment respectueux du principe de la présomption d'innocence[9].

La procureure générale[10] près la cour d'appel[11] de Paris, dans le discours qu'elle prononçait lors de l'audience de rentrée solennelle[12] du 13 janvier 2020, constatait que « *la justice demeure mal connue et donc mal comprise des citoyens* » alors qu'elle occupe « *un rôle central pour préserver et mettre en œuvre les droits des individus* ». Pourtant chaque année au mois de janvier, les présidents[13] et les procureurs de la République des 164 tribunaux judiciaires[14] ainsi que les premiers présidents[15] et les procureurs généraux des 36 cours d'appel s'efforcent d'expliquer son fonctionnement à travers le bilan qu'ils dressent de l'activité de leurs juridictions.

Mais ce rapprochement une fois par an entre le monde de la justice et la société civile apparaît trop limité pour appréhender en profondeur les règles ou les enjeux qui sous-tendent les sentences rendues au nom du peuple français. C'est dans cette perspective que ce livre « témoignage » a été rédigé pour tenter de mieux faire comprendre le rôle du procureur de la République et de l'équipe avec laquelle il travaille, magistrats du parquet[16], greffiers[17] et l'ensemble des fonctionnaires rattachés aux services pénaux[18] d'un tribunal.

S'il occupe une place à part dans le code de procédure pénale[19] pour des raisons historiques, que certains lui contestent aujourd'hui, il n'est plus seulement l'accusateur public[20], même s'il exerce toujours cette fonction à l'audience en demandant l'application d'une peine[21] prévue par le code pénal[22] ou d'un autre texte répressif après avoir rapporté la preuve de la culpabilité de l'auteur supposé d'une infraction[23].

En effet plus de 150 ans se sont écoulés depuis le réquisitoire[24] prononcé en 1857 contre « Les Fleurs du mal » par Pierre Ernest Pinard et la condamnation réclamée, par celui qui était alors substitut[25] au parquet de la Seine, contre Charles Baudelaire pour outrage à la morale publique. Si le procureur de la République soutient toujours l'accusation en matière répressive devant les juridictions de jugement[26], le législateur lui confie également la direction de la police judiciaire[27], le déclenchement de l'action publique[28] et l'exécution des peines[29]. En matière civile, commerciale ou dans le domaine de l'assistance éducative[30], des attributions particulières sont également dévolues au ministère public. Plus récemment la loi a également prévu qu'il « *anime et coordonne la politique de prévention de la délinquance*[31] *dans sa composante judiciaire* ».

La diversité et la multiplication de ces missions constituent aujourd'hui un véritable défi à une époque où une majorité de citoyens considère la Justice comme trop lente et son organisation particulièrement opaque. D'aucuns estiment même que certaines des orientations envisagées par les procureurs de la République ou les juges d'instruction[32] dans les procédures qu'ils dirigent sont partiales. Cette suspicion d'instrumentalisation est d'ailleurs entretenue par certains élus, mis en cause dans des affaires en relation avec leur mandat, qui n'hésitent pas non plus à jeter l'opprobre publiquement sur une institution judiciaire qui serait constituée d'un parquet aux ordres du pouvoir exécutif en place.

Deux avocats généraux[33], l'un exerçant à Paris et l'autre à Toulouse, prenaient la plume le 28 août 2019 dans un article publié dans un quotidien national au titre volontairement provocateur « *Les procureurs doivent être ... des procureurs.* » Mais justement interrogeons-nous, qu'est-ce qu'un procureur de la République en ce début de XXIe siècle ? Quel est le périmètre de son action, plus particulièrement en matière pénale ? Comment ses attributions s'articulent-elles avec celles des magistrats du siège[34] et des avocats[35] ?

Quelles garanties procédurales sont offertes aux justiciables pour se défendre à armes égales[36] contre le ministère public qui peut par exemple demander le placement en détention provisoire[37] d'une personne soupçonnée d'un crime[38] ou d'un délit[39] passible d'une peine égale ou supérieure à trois ans d'emprisonnement ?

Les droits de la défense[40] et ceux de la partie civile[41] sont-ils placés au même niveau dans les textes de loi ? Quel est le rôle de la Chancellerie[42] en matière répressive et plus particulièrement dans ses rapports avec les procureurs de la République qui exercent leurs missions sur un arrondissement judiciaire[43] délimité géographiquement ?

Les discours qui sont publiés dans cet ouvrage, et qui ont été prononcés aux audiences de rentrée solennelle de la juridiction de Libourne entre 2014 et 2019, tentent d'apporter des réponses à ces questions qui sont complexes et qui méritent que les pouvoirs publics engagent des moyens à la hauteur des problématiques humaines que soulève le traitement de chaque dossier. Les décisions prises par l'ensemble des professionnels judiciaires dans le domaine de la répression, qui touchent nécessairement aux droits fondamentaux des individus, emportent en effet des conséquences sur les parcours de vie de ceux qui sont concernés comme victimes ou auteurs d'infractions pénales constatées par les services de police ou de gendarmerie. Or les magistrats manquent de temps comme un certain nombre d'entre eux l'ont clairement exprimé dans le film *Rendre la Justice* du réalisateur Robert Salis. Tous décrivent l'écart qui se creuse entre leur idéal de justice, qui les anime toujours, et les limites inhérentes à l'exercice quotidien de leurs fonctions.

La question de la crise budgétaire qui impacte l'institution judiciaire, comme l'Hôpital ou l'École, et de ses répercussions sur le fonctionnement d'un tribunal de province est abordée dans chacun de ces discours sous un angle différent, et avec quelques références dont certaines humoristiques pour retenir l'attention de celles et ceux qui ont été dans l'obligation de les écouter, ou de les subir, en tant qu'invités. Mais en plus de ce constat récurrent, exposé également par le président et la présidente de la juridiction de Libourne qui se sont succédé sur cette même période de temps, un bilan est dressé de l'activité pénale concernant l'année écoulée pour satisfaire aux prescriptions du code de l'organisation judiciaire[44] relatives aux audiences de rentrée solennelle.

Ces discours étaient aussi l'occasion d'afficher une problématique spécifique pour l'année en cours : les comportements routiers dangereux en 2014, les violences intrafamiliales en 2015, le rajeunissement de la délinquance en 2016, les conduites addictives en 2017, les incivilités en 2018, les atteintes au cadre de vie en 2019 ; et de présenter les axes de prévention et de répression retenus pour combattre ces différentes formes ou tendances nouvelles de la délinquance constatées sur le terrain.

La déclinaison des moyens mis en œuvre pour trouver des réponses à ces problématiques a été également l'occasion de rencontrer des acteurs et des partenaires de la justice pleinement engagés.

Plusieurs des conventions ou protocoles signés par le tribunal ou le parquet de Libourne pour y parvenir, en donnant du sens aux décisions judiciaires entreprises, résultent des échanges constructifs qui se sont noués avec eux.

Qu'il me soit permis dans ce propos introductif de les remercier très Ésincèrement et plus particulièrement les magistrats du siège et du parquet de la juridiction, les directrices des services de greffe judiciaires[45], greffiers et fonctionnaires du tribunal judiciaire, les avocats du barreau de Libourne, les juges consulaires[46], les administrateurs[47] et mandataires judiciaires[48] du tribunal de commerce[49], les sous-préfets[50] de Libourne et de Blaye, les officiers de police judiciaire[51] du département de la Gironde, les experts[52] inscrits sur la liste de la cour d'appel de Bordeaux, les éducateurs de la Protection judiciaire de la jeunesse[53], les conseillers pénitentiaires d'insertion et de probation[54], les médiateurs[55] et délégués du procureur de la République[56], les assistants spécialisés[57], les élus et fonctionnaires territoriaux de l'arrondissement judiciaire, l'équipe de la cellule d'accueil d'urgence des victimes d'agressions[58] du CHU de Bordeaux et les directeurs des hôpitaux de Libourne et de Blaye, ainsi que les responsables et les personnels de l'aide sociale à l'enfance[59], des associations d'aide aux victimes[60], des structures de lutte contre la toxicomanie et plus généralement de prise en charge des individus placés sous main de justice[61].

Pour celles et ceux qui souhaitent découvrir ou approfondir leurs connaissances en parcourant ces discours, un lexique des termes juridiques utilisés a été élaboré en deuxième partie de ce livre. À jour de la loi du 23 mars 2019 de programmation 2018-2022 et de réforme pour la justice au moment de sa rédaction s'agissant des dispositifs déjà déployés, il reprend pour certaines des notions définies, des éléments contenus dans des ouvrages spécialisés publiés aux éditions Puf *Vocabulaire juridique*, Dalloz *Lexique des termes juridiques* et Lexis Nexis *Dictionnaire du vocabulaire juridique*. Un index des auteurs cités et des références à des œuvres de l'esprit, à des personnages publics ou de fiction et à des hommes et des femmes de loi clôture cet essai conçu comme un témoignage qui vise à être partagé avec des lecteurs intéressés par les questions de justice et de société.

Un grand remerciement enfin adressé à l'illustrateur, un ami magistrat exerçant aujourd'hui au tribunal judiciaire de Niort, sans lequel cette publication perdrait de sa force pédagogique. Ces caricatures mettent en effet parfaitement en évidence, plus que le texte parfois sybillin, la richesse et la complexité des fonctions de procureur de la République. Puisse ce livre encourager de nouvelles vocations pour l'exercice de ce difficile mais passionnant métier en pleine évolution, et plus largement pour embrasser une carrière judiciaire en cette période incertaine, mais riche de défis à relever.

CHAPITRE 1

La justice est souvent critiquée pour sa lenteur dans la gestion des affaires portées à sa connaissance. L'objectif de ce premier discours était d'expliquer que le manque de moyens mis à la disposition de l'institution judiciaire constituait une cause majeure de cette situation dégradée que les acteurs du procès pénal dénonçaient également. Le parquet s'engageait à employer tous les leviers d'action dont il disposait sur le plan procédural pour réduire le délai qui s'écoule entre la commission d'une infraction et le jugement de son auteur par une juridiction.

La priorité affichée pour l'année 2014 : la lutte contre les comportements routiers dangereux.

DISCOURS DE RENTRÉE SOLENNELLE DE JANVIER 2014

LE PROCUREUR « **THÉRAPEUTE** »

LE CHOC DE FLEXIBILITÉ

OU

COMMENT RENDRE LA JUSTICE PÉNALE
DANS DES DÉLAIS RAISONNABLES

Je tiens à remercier nos invités de nous faire l'honneur de leur présence à cette audience de rentrée solennelle du tribunal de grande instance[1] de Libourne. Je leur présente au nom de l'équipe du parquet, magistrats et fonctionnaires, mes meilleurs vœux de réussite et d'épanouissement personnel pour cette nouvelle année. Mes vœux vont aussi aux membres de ce tribunal, en particulier à madame ----, pilier du parquet de Libourne ayant exercé cinq ans les fonctions de substitut avant que de nous quitter au mois de septembre 2013 pour un poste en avancement largement mérité de vice-procureure[2] à Châteauroux. Mes félicitations également à notre collègue ---- qui a mis au monde le 14 janvier 2014 un petit garçon futur tennisman prénommé Yannick, euh pardon Noa, avant de rejoindre son poste à la fin du mois d'avril, soit quelques jours avant le début du tournoi de *Roland Garros*. C'est d'ailleurs en deux sets gagnants que je me propose de diviser mon discours, que vous me permettrez de placer sous l'égide de Philip Glass, compositeur américain de musique contemporaine et chef de file de l'école dite répétitive et minimaliste.

Première partie répétitive parce que l'audience de rentrée solennelle comme chaque année dans les 164 tribunaux de grande instance que compte la France est l'occasion pour le procureur de dresser un bilan de l'activité pénale de l'année écoulée. Il conviendra d'évoquer les chiffres communiqués par les forces de sécurité intérieure[3], mais également ceux de la juridiction de Libourne pour répondre aux infractions commises sur un ressort composé de 210 000 habitants depuis la réforme de la carte judiciaire[4] en 2010 mise en œuvre par Rachida Dati, et qui s'étend désormais de Sainte-Foy-la-Grande jusqu'à Blaye en passant par Libourne au centre, Saint-Ciers-sur-Gironde pour la commune la plus au nord et Rauzan pour celle située le plus au sud du territoire.

Deuxième partie minimaliste parce que l'audience de rentrée solennelle sera également l'occasion pour le parquet dont j'ai la responsabilité, comme pour plus de 75% des procureurs de la République, 137 sur 164 exactement, de lire une motion faisant état des difficultés récurrentes du ministère public au bord de l'asphyxie sur le plan national. Ces difficultés qui peuvent à mon sens être élargies s'agissant de notre juridiction à l'ensemble des magistrats et des fonctionnaires que je tiens personnellement à féliciter pour leur implication, alors même que leur travail au quotidien s'apparente de plus en plus à un exercice de *Funambule*, titre du dernier disque du slameur français Grand Corps Malade.

*

La délinquance en 2013 a été contenue, voire a reculé par rapport à l'année 2012 sur l'arrondissement judiciaire de Libourne. Si l'on additionne les chiffres de la délinquance générale[5] et ceux de la délinquance de proximité[6], nous constatons sur le ressort du tribunal 445 affaires en moins l'année écoulée, soit une diminution de 3,9% des procès-verbaux transmis au parquet en 2013 s'agissant des délits et des contraventions de cinquième classe[7]. Cette baisse se retrouve d'ailleurs dans la diminution du nombre d'affaires pénales enregistrées « au fil de l'eau » par le bureau d'ordre[8], qui passe de 13266 au 31 décembre 2012 à 12905 au 31 décembre 2013, correspondance presque parfaite qui me vaut de féliciter ce service, les greffiers et les personnels qui y ont travaillé, et en particulier sa responsable madame ---- qui a décidé de changer de vignobles en quittant le territoire de Saint-Emilion pour la région de Cognac.

Ces chiffres sont également positifs en termes de taux d'élucidation[9], qui a augmenté de près de trois points en 2013 comparativement à 2012, taux d'élucidation supérieur à la moyenne du groupement de gendarmerie départementale de la Gironde, ainsi qu'à la moyenne nationale. Ces résultats sont enfin très satisfaisants dans la mesure où la délinquance la plus visible et la plus mal ressentie par nos concitoyens, les atteintes volontaires à l'intégrité physique[10] et les cambriolages[11], ont diminué sur l'arrondissement judiciaire de Libourne, respectivement de 2,26% et de 8,33% en 2013 par rapport à 2012.

Je tiens donc solennellement à féliciter l'ensemble des officiers de police judiciaire du ressort de la gendarmerie nationale, de la police de l'air et des frontières[12] et de la direction interrégionale de la police judiciaire de Bordeaux[13] pour ces résultats, ainsi que les services déconcentrés de l'Etat[14] dans leurs domaines de compétences spécifiques, qui ont fait montre d'une forte réactivité sur le terrain, pour résoudre sous la direction du ministère public un nombre important d'affaires pénales dont certaines complexes ou graves.

Pour autant une analyse plus fine de ces chiffres, dont vous savez monsieur le président que je les apprécie presque qu'autant qu' OSS 117 aime se battre dans *Le Caire, nid d'espions*, et une approche plus sociologique de ces données doivent nous inciter à une grande prudence depuis la création d'une ZSP, zone de sécurité prioritaire[15] au début de l'année 2013 comprenant les centres-villes de Libourne, Castillon-la-Bataille, Sainte-Foy-la-Grande et Pineulh. En effet, si la commission des crimes et délits n'a pas augmenté sur ces territoires l'année écoulée, soyons extrêmement vigilants à ce que ce dispositif très efficace n'aboutisse pas à un déplacement des auteurs d'infractions, notamment de ceux qui s'adonnent aux trafics de stupéfiants[16], sur des secteurs moins urbanisés ou plus ruraux.

Il convient en effet d'assurer un égal contrôle social des phénomènes de délinquance sur l'ensemble du ressort en imposant un coût élevé au passage à l'acte, comme l'analyse le criminologue canadien Maurice Cusson.

De cette question du déploiement des forces de sécurité intérieure, nous débattons tous les deux mois dans le cadre de la cellule de coordination opérationnelle du partenariat[17] de la zone de sécurité prioritaire que je co-préside avec le sous-préfet de Libourne et dont la dernière réunion s'est tenue ce mercredi, avec les élus concernés, le commandant de la compagnie de Libourne, les représentants de l'Éducation nationale, les bailleurs et les médiateurs sociaux.

Le niveau de la délinquance également reste inquiétant en termes de gravité des faits commis et du rajeunissement constaté de leurs auteurs. Trois homicides volontaires[18] en 2013, deux dans le cercle de la famille et le troisième concernant le décès d'un lycéen à Blaye au mois de mars de l'année écoulée pour lequel le pôle criminel de l'instruction[19] de Bordeaux a été saisi. Un nombre limité, mais toujours traumatisant pour les victimes, de vols aggravés[20] comme ceux perpétrés par l'auteur des braquages[21] de boulangeries avant l'été 2013 condamné à cinq ans d'emprisonnement ferme par le tribunal correctionnel de Libourne. Plus récemment des coups de feu tirés à Castillon-la-Bataille sur fond de trafic de stupéfiants et pour lesquels le service régional de police judiciaire[22] de Bordeaux a été co-saisi avec la brigade de recherches[23] de la compagnie de gendarmerie de Libourne, ou la soustraction d'un pistolet mitrailleur à la même époque par une bande de plusieurs individus identifiés et immédiatement neutralisés par leur passage en comparution immédiate[24].

16 tués sur les routes, quatre morts de moins qu'en 2012 mais seize morts de trop, victimes de l'inconscience de ceux qui ont pris le volant pour certains sous l'empire de l'alcool et/ou de stupéfiants ou d'une prise volontaire de risque, la vitesse excessive. À ces conducteurs poursuivis pour des faits qualifiés d'homicides involontaires en matière routière[25], je conseille la lecture du livre *Du bon usage de la lenteur* de Pierre Sansot, grande voix aujourd'hui éteinte de *France Culture*. Dernier item, et non des moindres, le pourcentage d'implication des mineurs dans la commission des délits qui est passé de moins de 10% en 2012 à plus de 15% en 2013 sur l'ensemble du ressort et qui n'est pas près de diminuer à moyen terme lorsque l'on compare le nombre de dossiers ouverts en assistance éducative du juge des enfants de Libourne qui est passé en cinq ans de 350 (chiffre de l'année 2008) à 700 en 2013; et ce même si, bien évidemment, tous ces mineurs en danger aujourd'hui ne relèveront pas demain automatiquement des dispositions de l'ordonnance du 2 février 1945[26].

Face à ce constat d'une délinquance en recul statistique, donc contenue, mais inquiétante parce que rajeunie, mieux structurée et banalisée, quels modes de poursuites[27] ont été initiés par le ministère public et quelles sanctions ont été prononcées par les juridictions pénales de Libourne ?
Ces réponses ont-elles permis de trouver une *peine utile* pour le délinquant et pour la société, comme le recommandait déjà au XVIIIe siècle le réformateur des Lumières Cesare Beccaria ?

Les 10 chiffres pénaux du parquet et du tribunal de grande instance de Libourne de 2013 qu'il faut retenir et dont certains se trouvent sur la plaquette réalisée par notre nouvelle directrice de greffe :

- 12 905 affaires enregistrées par le bureau d'ordre et 24 073 procès-verbaux de l'officier du ministère public[28], soit 36 978 au total ;
- 7 500 appels téléphoniques et 2 500 courriels traités au service de la permanence du parquet[29] ;
- Un taux de réponse pénale[30] de 96,7% ;
- 994 jugements rendus par le tribunal correctionnel[31] ;
- 112 jugements rendus par le tribunal pour enfants[32] ;
- 88 jugements de police[33] et 319 du tribunal de proximité[34] ;
- 35 ouvertures d'information judiciaire[35] visant à la saisine du juge d'instruction ;
- 775 convocations sur reconnaissance préalable de culpabilité[36] et ordonnances pénales[37] ;
- 778 compositions pénales[38] en 2013 ayant rapporté 102 900 euros au trésor public ;
- 441 dossiers suivis par le juge d'application des peines[39].

Les délais de jugement[40] des affaires pénales ont commencé à diminuer l'année écoulée par rapport à 2012, et à la suite de ce que j'avais appelé un nécessaire « choc de flexibilité » emprunté au doyen Carbonnier, natif de Libourne lors de mon discours d'installation au mois de juin 2013, mais qui avait été initié par madame ---- substitute générale[41] près la cour d'appel de Bordeaux lors de son intérim et que je tiens une nouvelle fois à remercier. Il s'est traduit dans les chiffres par une augmentation de 10 points de la proportion des alternatives aux poursuites[42] qui passent de 47,2% en 2012 à 57,2% en 2013, le taux des affaires poursuivies[43] devant la juridiction pénale sur les affaires poursuivables[44] passant à l'inverse de 46,3% en 2012 à moins de 40% en 2013, 39,5% exactement. Cette « thérapie parquetière » approuvée par les magistrats du siège a ainsi permis en une année de réduire à moins de huit mois les convocations des mis en cause et des victimes devant le tribunal correctionnel.

Moins visible mais tout aussi important a été le rattrapage par le greffe correctionnel du retard pris dans la frappe des jugements[45] au premier semestre 2013 puisque le stock a diminué de 35,4% au second semestre passant de 198 jugements à dactylographier à 128. Il en a résulté un gain moyen de trois mois s'agissant à la fois de l'audience la plus ancienne à la frappe et de l'édition des fiches d'exécution[46] correspondantes. Une bonne décision pénale, une peine utile, suppose en effet qu'elle soit rendue mais également exécutée dans des délais raisonnables parce que comme l'a écrit le physicien français, spécialiste des quantas, Etienne Klein *Le facteur temps ne sonne jamais deux fois*.

Mais cette saine émulation, que d'autres qualifieraient de course à l'échalote, entre procureurs de la République pour obtenir le meilleur taux de réponse pénale et réduire le temps judiciaire par un traitement accéléré des dossiers portés à leur connaissance est-elle pertinente, lorsque le budget alloué à la Justice apparaît à tous les acteurs et partenaires de l'institution judiciaire insuffisant ?

Le droit de chaque citoyen d'être défendu lorsqu'il est poursuivi par le ministère public ou lorsqu'il est victime d'une infraction n'est-il pas la première des priorités d'une démocratie digne de ce nom, comme le bâtonnier[47]---- l'a très bien expliqué au début du mois d'octobre 2013 dans une interview à l'édition locale d'un journal régional au sujet du montant dérisoire de l'aide juridictionnelle[48] en France. N'est-elle pas également inutile ou vaine cette course aux indicateurs les plus performants[49] si elle n'est pas sous-tendue par quelques idées-forces dont l'urgence réclame qu'elles soient clairement énoncées à une époque où la matière répressive comme le droit en général se complexifie et devient mouvante ? En ce sens peut-être une lecture attentive des conférences d'Henri Bergson à l'université d'Oxford les 26 et 27 mai 1911 sur *La perception du changement* pourrait nous aider à mieux appréhender cette évolution que nous subissons faute de moyens matériels et humains. Nous allons nous en dispenser, et en lieu et place de cette lecture au demeurant fort instructive, je vous propose d'écouter dans un format minimaliste la motion validée par la Conférence nationale des procureurs de la République[50] en novembre 2013 ainsi que les pistes retenues pour le parquet de Libourne en 2014 pour répondre aux formes actuelles de la délinquance.

Le 8 décembre 2011 dans un mouvement sans précédent dans l'histoire de la Justice, 128 des 164 procureurs que compte notre pays, soit plus des ¾ d'entre eux, rassemblés autour de leur Conférence, lançaient publiquement un appel solennel à ceux qui nous gouvernent, et à la collectivité nationale pour qu'il soit remédié d'urgence à la situation grave dans laquelle se trouvaient leurs parquets, fragilisés dans l'exercice de leur mission :

- par la mise en cause de leur impartialité et de leur autorité liée à leur statut ;
- par l'insécurité juridique générée par les changements incessants et parfois incohérents du droit appliqué à la matière pénale ;
- et par le manque dramatique de moyens mis à leur disposition, sans équivalent en Europe.

« *Deux années ont passé et la situation, loin de s'améliorer, s'est encore aggravée. Les magistrats du ministère public attendent toujours la réforme promise de leur statut qui devait affirmer avec force leur indépendance*[51]*, et l'autorité indiscutable de leurs décisions. La jurisprudence récente de la Cour de cassation*[52] *limitant le pouvoir du procureur de la République de recourir à la géolocalisation des personnes recherchées*[53] *en est la dernière et regrettable illustration. Les prochaines réformes annoncées, d'importance, de la justice pénale sont là pour nous rappeler que la stabilité juridique n'est pas pour demain. La compression des moyens alloués à la Justice en ces temps de rigueur budgétaire a encore aggravé la situation, déjà si difficile des parquets mobilisés toujours davantage sur tous les fronts, celui de la répression comme de la prévention pour répondre à l'insécurité croissante de notre société.*

Les parquets n'ont tenu jusqu'à présent que grâce à l'engagement exceptionnel des magistrats et de leurs équipes. Il est à craindre, et la difficulté croissante à recruter des magistrats pour le ministère public en est la preuve, que les parquets français ne soient plus en mesure d'assurer leur mission. C'est pour éviter cela, et sauver les parquets d'une asphyxie programmée et en cours, que la Conférence nationale des procureurs demande la mise en place au plus tôt, en urgence, d'un plan d'action pour apporter à cette situation inacceptable les solutions qui s'imposent. »

La situation du parquet au tribunal de grande instance de Libourne correspond bien à la situation décrite par cette conférence. Depuis mon installation au mois de juin 2013, alors que trois postes de magistrat du ministère public sont localisés au parquet de Libourne, nous n'avons été le plus souvent que deux, et ce malgré les renforts octroyés par monsieur le procureur général compte tenu des problèmes d'effectifs que connaissait également le parquet de Bordeaux. Des conditions que nos spécialistes des ressources humaines qualifient pudiquement de dégradées…

Fort heureusement, et en attendant que les progrès de la génétique permettent d'envisager le clonage des magistrats physiquement présents en un nombre d'exemplaires suffisant pour remplir l'ensemble des missions qui leur sont confiées, un magistrat placé[54] a été affecté à Libourne depuis l'été 2013. Mon équipe réduite et moi-même espérons que sa délégation sera prolongée jusqu'à l'été 2014.

C'est d'ailleurs peut-être cette conjoncture de restriction budgétaire, monsieur le président, dont la traduction au quotidien se mesure au nombre de vacances de postes (au pluriel) de magistrats ou de fonctionnaires à Libourne, qui a accéléré le départ de notre ancienne directrice de greffe madame ---- dont je tenais à saluer le travail exceptionnel pendant ses dix-huit mois de présence au tribunal de grande instance, s'agissant plus spécialement de la traçabilité et du stockage des scellés[55]. Son investissement sans relâche, week-ends compris, lui aura permis avec l'aide de l'agent technique du tribunal chargé de leur réception, de nous faire passer du stade de la préhistoire, chère à Yves Coppens, à la justice du XXIe siècle[56].

Mais dans l'attente des solutions qui s'imposent, de la mise en œuvre des soixante-sept propositions de la Commission de modernisation du ministère public[57] présidée par Jean-Louis Nadal, qui a rendu son rapport à la garde des Sceaux le 28 novembre 2013, il convient en quelques mots de dessiner les contours d'une politique pénale recentrée sur l'essentiel comme vous l'évoquiez monsieur le procureur général dans votre discours de rentrée solennelle de la cour d'appel à Bordeaux le 17 janvier 2014. Il doit s'agir d'une politique pénale minimaliste mais ambitieuse en ce qu'elle nécessitera un « choc de lisibilité » pour être comprise par tous, en évitant des solutions hâtives parce que pour citer le philosophe et poète Gaston Bachelard « *Le simple est toujours le simplifié* ».

Dans cette perspective il faut, me semble-t-il, dès aujourd'hui définir des priorités en matière répressive pour combattre « le côté obscur » non pas de la force mais d'une gestion uniforme des procédures par le prisme du traitement en temps réel des procédures pénales[58]. Cette arme jusqu'à aujourd'hui considérée comme absolue par les parquets pour répondre à la délinquance de masse n'est pas aussi dissuasive ou efficace pour lutter contre toutes les catégories d'infractions. Il est en effet nécessaire pour le ministère public de diversifier les orientations données aux affaires pénales portées à sa connaissance en adaptant également les modes de poursuite à la capacité de jugement du tribunal correctionnel.

C'est pourquoi il convient de réprimer prioritairement les comportements de ceux qui remettent en cause « *le vouloir vivre ensemble* » d'Ernest Renan. Je veux parler ici, dans l'ordre, des agresseurs, des trafiquants et des fraudeurs.

Trois axes répressifs donc, le premier guidé par un arrêt du Conseil constitutionnel du 4 décembre 2013 qui, pour interdire la possibilité prévue par le nouveau dispositif législatif de recourir à une garde à vue[59] de quatre-vingt-seize heures avec report de la présence de l'avocat à la quarante-huitième en matière fiscale, a motivé sa décision sur le fait que le texte portait sur des infractions qui ne sont « *ni des crimes, ni des infractions d'atteintes aux personnes* ». Cette décision signifie en creux, n'en déplaise à Edgar Grospiron, ancien champion de ski acrobatique spécialisé dans l'épreuve des bosses, que la lutte contre les cambriolages en particulier n'est pas la priorité n° 1 du parquet de Libourne même si leurs auteurs dans l'hypothèse où ils sont identifiés seront systématiquement poursuivis. Restons attentifs à cette rubrique de la délinquance, mais un vol[60] même s'il a été commis avec effraction n'est pas un viol[61].

Le second axe répressif : la neutralisation des trafiquants. Il s'agit dans ce domaine notamment d'empêcher des individus d'imposer leurs propres règles sur des territoires qu'ils délimitent par la force notamment pour céder ou vendre des produits stupéfiants à des consommateurs incapables de se défaire d'addictions parfois anciennes et destructrices. En cette matière, l'intervention du groupement interrégional[62] rattaché à la direction de la police judiciaire de Bordeaux permet de s'attaquer au patrimoine des organisateurs de ces trafics par la saisie des avoirs criminels[63], ce que nous pratiquons régulièrement à Libourne.

La lutte contre les fraudes est le troisième volet de l'action du ministère public en matière pénale. Le travail illégal[64], les infractions fiscales[65], les atteintes aux règles de l'urbanisme, font l'objet d'une attention particulière en lien avec les services déconcentrés de l'État et plus particulièrement le comité opérationnel de lutte anti-fraude[66] de Gironde auquel est associé le parquet de Libourne. Il s'agit en effet par la mise en place d'une politique pénale réactive dans ce domaine de préserver une économie fragile et un tissu social et environnemental qui reste précaire.

Le traitement en temps réel des procédures que j'évoquais à l'instant a permis au moment de sa mise en place à Libourne au milieu des années 1990 d'améliorer la qualité de la réponse pénale en termes de délai. Mais la réforme de la carte judiciaire, entrée en application en 2010 sur le territoire national, a considérablement réduit la marge d'action du parquet localement. En effet 4000 procédures supplémentaires sont à traiter par an (13000 au lieu de 9000) et près de 1000 affaires poursuivables en plus à analyser qui sont passées de 2500 en moyenne dans les années 2000 à 3537 en 2013.

Le « choc de flexibilité » engagé dès le début de l'année écoulée trouve lui-même ses limites sauf à renvoyer devant les délégués du procureur des affaires de plus en plus graves qui nécessiteraient en réalité la saisine d'une juridiction de jugement. La complexité de certains dossiers liée à la nature des faits, au nombre de protagonistes ou au contexte du passage à l'acte nécessite parfois un traitement requérant un « temps long », pour reprendre un concept créé par l'historien Fernand Braudel. La saisine d'un juge d'instruction ou le suivi de ce type d'affaires par un magistrat du parquet dans le cadre d'un bureau des enquêtes[67] doit dans ce cas être privilégié.

Mais plus pernicieux encore, il faut constater ces dernières années une certaine dérive du traitement en temps réel, dont les procureurs de la République peuvent être tenus pour responsables, si cet outil de gestion des flux pénaux aboutit à la délivrance de réponses pénales sans véritable contrôle de la qualité des procédures dont l'enquêteur rend compte au service de permanence du parquet.

En effet lorsqu'il est pris dans la tourmente de multiples appels téléphoniques et messages électroniques sur des affaires en cours, le parquetier, à l'instar de Charlot sur une chaîne de production dans *Les temps modernes*, peut prendre trop rapidement une décision de composition pénale, de médiation pénale[68], de classement sous condition[69] ou de simple rappel à la loi[70]. Or en ne vérifiant pas toujours que l'infraction qui sous-tend cette décision n'est en réalité pas suffisamment caractérisée et dans l'hypothèse d'un échec de la mesure alternative ordonnée, le prévenu[71] ne sera pas condamné pour cette raison si le dossier est renvoyé devant la juridiction de jugement.

C'est ainsi que le nombre de relaxes[72] en matière correctionnelle à Libourne est passé de 43 en 2012 à 65 en 2013, soit une augmentation non négligeable de 35%, correspondant à plus de 10% des décisions rendues hors intérêts civils[73] par le tribunal correctionnel.

Ainsi compte tenu de nos effectifs et de ces objectifs, nous devrions en 2014 :

- diminuer le nombre d'affaires poursuivables à moins de 3500 en développant des mesures comme le « Rappel à l'ordre[74] » qui a fait l'objet de conventions avec les maires de la zone de sécurité prioritaire ;
- ne pas chercher à réaliser un taux de réponse pénale supérieur à 100% (par définition impossible !), maintenir ce ratio entre 90% et 95% c'est parfait, avec 5% à 10% d'affaires qui ne seront pas poursuivies pour des raisons d'opportunité[75] ;
- faire redescendre en dessous des 10% le taux de relaxe en matière correctionnelle, en faisant preuve d'encore plus de vigilance sur la qualité des procédures pénales transmises par les enquêteurs ;
- favoriser s'agissant des alternatives aux poursuites les mesures à forte valeur ajoutée comme les stages de citoyenneté[76] ou les travaux non rémunérés[77] pour offrir un cadre structurant à des délinquants majeurs ou mineurs qui se considèrent trop souvent comme de simples *Résidents de la République* pour reprendre le titre d'une chanson d'Alain Bashung au lieu d'en être de véritables acteurs ;
- continuer à réserver le cadre de l'information judiciaire aux dossiers graves et complexes pour lesquels la plus-value d'une telle procédure au long cours est évidente. A cet égard un volume de 50 dossiers en stock semble optimal, et ce d'autant qu'un transfert du cabinet de la juge d'instruction de Libourne à Bordeaux est envisagé pour le mois de janvier 2015 avec le projet toujours d'actualité d'une nouvelle réforme de l'instruction[78] ;
- présenter un nombre plus important de personnes au procureur pour apporter une réponse pénale immédiate à des infractions qui le méritent, ainsi qu'au juge d'application des peines, au juge des libertés et de la détention[79] et au juge des enfants[80], et faciliter parallèlement l'accueil des plaignants au bureau d'aide aux victimes[81] de Libourne qui a ouvert ses portes en octobre 2013 ;
- stabiliser à moins de 500 le nombre de convocations par officier de police judiciaire[82] ;
- augmenter encore le ratio des procédures simplifiées[83] dans les affaires poursuivies pour contenir les délais de jugement des affaires les plus graves ;
- faire poser par le juge d'application des peines au moins 100 bracelets électroniques[84] par an pour que les condamnés éligibles à cet aménagement de peine[85] s'approprient leur condamnation et inscrivent leurs futurs parcours de vie dans une perspective Ricoeurienne d'une meilleure estime d'eux-mêmes et d'un plus grand respect de leur entourage ;
- ne pas dépasser les 3% s'agissant du taux de rejet du casier judiciaire[86] ;

Avec une priorité en 2014 : la lutte contre les comportements routiers dangereux.

*

Monsieur le président je reviendrai en 2015 rendre compte de la réalisation de ces objectifs chiffrés, de ces cibles qui, si elles sont toutes atteintes me permettront de réaliser ce que l'on appelle « un strike » au bowling, tout en sachant comme le soulignait joliment Euripide que « *Ce qui est probable n'arrive pas toujours, parfois un Dieu malin fait arriver l'imprévu* ».

34 minutes et 19 secondes se sont écoulées, un temps suffisant pour prononcer ces derniers mots : j'ai l'honneur qu'il vous plaise de bien vouloir constater qu'il a été satisfait aux prescriptions de l'article R. 111-2 du code de l'organisation judiciaire, déclarer close l'année judiciaire 2013, ouverte l'année judiciaire 2014, me donner acte de mes réquisitions et du tout dire qu'il sera dressé procès-verbal conformément à la loi.

CHAPITRE 2

Le fonctionnement du système répressif français reste très largement méconnu du grand public. L'objectif de ce deuxième discours visait à clarifier le périmètre d'intervention du procureur de la République pour répondre aux actes de délinquance, et par là même à préciser les limites de ses prérogatives encadrées par la loi. Dans cette perspective le ministère public devait assumer une hiérarchie des poursuites pénales en réservant le temps de l'audience aux affaires d'une certaine gravité compte tenu de la nature des faits reprochés ou du profil du mis en cause.

La priorité retenue pour l'année 2015 : la lutte contre les violences intrafamiliales.

DISCOURS DE RENTRÉE SOLENNELLE DE JANVIER 2015

LE PROCUREUR « **COMMUNICANT** »

LE CHOC DE LISIBILITÉ

OU

COMMENT EXPLIQUER LE TRAITEMENT DES INFRACTIONS PÉNALES PAR LE PARQUET

« *Trois assassins nés et grandis en France ont horrifié le monde par la barbarie de leur crime.* » C'est en ces termes que le prix Nobel de littérature Jean-Marie Le Clezio adressait à sa fille une lettre parue dans un grand quotidien national en précisant que ces individus sont tels qu'on peut en croiser « *tous les jours, à chaque instant, au lycée, dans le métro, dans la vie quotidienne* ». Et d'ajouter qu'à « *un certain point de leur vie ils n'ont plus été maîtres de leur destin, que le premier souffle de vengeance qui passe les a embrasés, qu'ils ont pris pour de la religion ce qui n'était que de l'aliénation* ».

Je ne pouvais pas ne pas évoquer en ce début d'audience les événements dramatiques qui ont endeuillé notre pays il y a de cela quelques jours et de reprendre mot pour mot les paroles prononcées par vous-même, monsieur le procureur général, le 13 janvier 2015, lors de l'audience de rentrée solennelle de la cour d'appel de Bordeaux : « *Face à ceux qui nous menacent, nous ne devons céder sur aucune des valeurs sur lesquelles notre société est bâtie, sur aucun des principes qui nous guident, sur aucune des lois qui codifient notre volonté de vivre ensemble.* »

C'est la seule réaction qui s'impose pour faire reculer la barbarie, permettre la liberté d'expression dans les limites de la loi sur la presse de 1881[1] et rendre hommage à toutes les victimes ainsi qu'aux forces de sécurité intérieure, qui avec courage, défendent au quotidien notre liberté d'aller et venir. Ce n'est pas un autre discours que la garde des Sceaux, Christiane Taubira, nous a tenu lorsqu'elle a réuni le 16 janvier 2015 la Section anti-terroriste du parquet de Paris[2] et l'ensemble des procureurs de la République dans ce domaine en employant cette très belle formule de « *sentinelle de l'État de droit*[3] » pour décrire l'action des représentants du ministère public que nous sommes.

*

Je tiens à remercier nos invités de nous faire l'honneur de leur présence à cette audience de rentrée solennelle du tribunal de grande instance de Libourne et je leur présente, au nom de l'équipe du parquet, magistrats et fonctionnaires, mes meilleurs vœux de réussite et d'épanouissement personnel pour cette nouvelle année. En particulier à M^e^ ---- bâtonnier en exercice pour les années 2013-2014 avec lequel nous nous sommes efforcés de régler les incidences des nombreuses modifications législatives intervenues pendant la durée de son mandat, et M^e^ ---- que je tiens à féliciter pour son élection comme nouvelle bâtonnière d'un barreau dynamique et rajeuni avec l'arrivée de six nouvelles recrues en ce début d'année. Je ne doute pas un instant de la qualité de nos échanges futurs et d'une volonté partagée dans le cadre de nos attributions respectives de faire progresser l'œuvre de justice, alors même que le rythme des réformes n'a pas diminué, imposant à la machine judiciaire de s'adapter toujours et trop souvent sans allocation de moyens supplémentaires.

Si j'emploie à dessein ce terme de machine, c'est que notre institution dans son entier a été traversée en 2014 comme en 2013 de difficultés qui ont pu en ralentir le fonctionnement à la suite de différents mouvements de protestation du greffe, des avocats, des juges consulaires et des professions réglementées[4] sur lesquels je n'ai pas à porter de jugement de valeur. Ils traduisent un certain mal-être général et sans doute un manque de reconnaissance du corps social vis-à-vis de nos métiers, dont tous s'accordent à dire qu'ils sont pourtant l'un des fondements essentiels d'une démocratie moderne et ouverte comme l'envisage le philosophe américain John Rawls dans son ouvrage majeur *Théorie de la Justice*, mais que d'aucuns critiquent parce que leurs rouages sont souvent peu lisibles.

J'évoquais lors de mon discours de rentrée solennelle de 2014 les problèmes récurrents du ministère public au bord de l'asphyxie sur le plan national. La situation n'a pas changé l'année écoulée et elle a été relayée au mois de décembre par une délibération de la Conférence nationale des premiers présidents des cours d'appel qui souligne les mauvaises conditions de traitement des contentieux soumis aux juridictions eu égard à un manque cruel de moyens.

C'est à ce même constat que la Commission européenne pour l'efficacité de la justice[5] aboutit en plaçant la France au 37e rang au regard du budget alloué au ministère de la Justice, le président du groupe des « experts-évaluation » de cette structure précisant que le bon fonctionnement de notre système judiciaire reposait en définitive sur la seule qualité des magistrats et des greffiers qui font face aux multiples modifications législatives et réglementaires. Nous avons ainsi souvent l'impression, magistrats, greffiers et auxiliaires de justice[6] de travailler dans un *Silo*, titre d'un roman d'anticipation de l'écrivain américain Hugh Howey et dans lequel le travail de chacun s'apparente à celui d'un « *mécano et qui relève autant de l'art subtil de la maintenance préventive que de la remise en ordre après une panne* ».

Comme l'année dernière, je rendrai compte dans un premier temps de l'activité pénale de l'année écoulée sur la base des chiffres communiqués par les forces de sécurité intérieure, passés au crible d'un contexte économique et social précaire et de tensions communautaires qu'il convient de ne pas négliger. Je tracerai ensuite les grandes lignes des priorités du parquet pour contenir, voire faire reculer la délinquance, en développant l'idée d'un choc de lisibilité, comme s'y est également engagée la procureure de la République près le tribunal de grande instance de Bordeaux lors de son discours de rentrée du 16 janvier dernier, en préconisant « *plus de transparence dans l'action du ministère public* » vis-à-vis des citoyens qui peuvent devenir des justiciables.

*

La délinquance en 2014 a été maîtrisée sur le ressort judiciaire de Libourne, et a même reculé pour certaines catégories d'infractions. Si l'on additionne les chiffres de la délinquance générale et ceux de la délinquance de proximité, nous constatons sur le ressort du tribunal 278 affaires en plus l'année écoulée par rapport à 2013, soit une augmentation de 2,5% des procès-verbaux transmis au parquet en 2014 s'agissant des délits et des contraventions de cinquième classe. Cette hausse se retrouve d'ailleurs dans celle du nombre d'affaires pénales enregistrées « au fil de l'eau » par le bureau d'ordre qui passe de 12902 au 31 décembre 2013 à 13605 au 31 décembre 2014, soit une augmentation de 5,5%. Pour les contraventions des quatre premières classes[7] de la compétence de l'officier du ministère public, c'est à l'inverse une diminution de 14% avec 3362 affaires de moins enregistrées en 2014 par rapport à 2013. En cumul d'infractions constatées délictuelles et contraventionnelles, nous sommes donc passés de 34985 à 31901 affaires pénales enregistrées par les unités d'enquête, soit un recul de 8,8% d'une année sur l'autre.

Ces résultats sont également très positifs dans la mesure où la délinquance la plus visible et la plus mal ressentie par les habitants de nos communes, à savoir les vols avec violences[8] ou les violences physiques dites « crapuleuses » dans le jargon policier, et les cambriolages, ont diminué sur l'arrondissement judiciaire de Libourne, respectivement de 35,4% et de 16,9% en 2014 par rapport à 2013. Dans le domaine de la circulation routière aussi le nombre d'accidents mortels a été divisé par deux passant de 16 décès en 2013 à 8 en 2014, et le nombre de blessés graves de 80 à 57, soit une baisse de près de 30%, alors même que les chiffres nationaux ne sont pas bons en cette matière l'année écoulée. Ces données sont à mettre en perspective avec l'action des services de gendarmerie dont les opérations, les fameuses IRAS, infractions révélées par l'action des services[9], sont passées de 492 en 2013 à 621 en 2014, soit une hausse de 26,2% d'une année sur l'autre. Un « effet ZSP » certainement, puisqu'en rapport direct avec l'affectation de forces de sécurité intérieure supplémentaires sur cette zone de sécurité prioritaire depuis sa mise en place il y a deux ans.

Ces chiffres sont enfin très positifs en termes de taux d'élucidation des affaires pénales qui se sont améliorés en 2014 comparativement à 2013 pour s'établir à plus de 50% pour la délinquance générale (51,6%) et à 20% pour la délinquance de proximité, indicateurs supérieurs à la moyenne du groupement de gendarmerie départementale de la Gironde, ainsi qu'à la moyenne nationale.

Je tiens donc solennellement à féliciter l'ensemble des officiers de police judiciaire du ressort sans oublier les agents du Service national de douane judiciaire[10] ainsi que les fonctionnaires des structures déconcentrées de l'État dans leur domaine de compétence pour ces excellents résultats. Ils ont été particulièrement réactifs sur le terrain pour résoudre, sous la direction du parquet, un nombre important d'affaires pénales dont certaines complexes ou graves qui ont marqué l'année 2014.

Pour autant une analyse plus fine de ces chiffres, dont vous savez monsieur le président qu' ils sont « *des êtres fragiles qui à force d'être torturés finissent par avouer tout ce qu'on veut leur faire dire* » selon la célèbre formule du démographe et économiste français Alfred Sauvy, laisse entrevoir des signes inquiétants à la fois d'une certaine structuration de la délinquance, mais également d'une banalisation du recours à la violence favorisée par la montée de la misère sociale sur notre ressort et le délitement de l'autorité traditionnellement attachée à nos institutions sur les plans national et local.

Cinq faits de nature criminelle pour trois en 2013 ont fait l'objet en 2014 d'un dessaisissement du parquet de Libourne au profit du pôle spécialisé de l'instruction de Bordeaux. Deux dossiers de vols aggravés relevant de la criminalité organisée[11] et gérés par la brigade de recherches de Libourne sous l'autorité du parquet ont également été récupérés l'année écoulée par la juridiction interrégionale spécialisée[12] dans le cadre de commissions rogatoires[13] délivrées par deux magistrats instructeurs de Bordeaux.

Une troisième affaire d'escroqueries[14] de dimension internationale qui portait sur des véhicules haut de gamme entre la France, la Belgique et l'Afrique traitée initialement par un officier de police judiciaire de la brigade de gendarmerie de Bourg, en Haute-Gironde, a été rattachée à une information judiciaire ouverte à Toulouse; et le fait que l'ensemble de ce dossier avec des dizaines de victimes sur l'ensemble de l'hexagone soit aujourd'hui confié à la section de recherches[15] n'est certainement pas sans lien avec le travail remarquable initié par cet enquêteur.

Et encore :

- de nombreux trafics de stupéfiants démantelés, certains locaux, d'autres régionaux, avec des ramifications parisiennes ou internationales dans certaines affaires que le service régional de police judiciaire de Bordeaux ou les brigades de recherches de Libourne et de Blaye ont eu à connaître en 2014 ;
- l'explosion de distributeurs de billets fin octobre à Etauliers, mi-novembre à Saint-Seurin-sur-l'Isle, et au début du mois de décembre à Lugon-et-l'île-du-Carnay dont les auteurs ne sont pas encore identifiés à ce jour ;
- des violences physiques non crapuleuses, notamment intrafamiliales[16], qui n'ont pas diminué avec 730 faits constatés en 2014 pour 690 en 2013, soit une augmentation de 5,8% ;
- des conduites addictives, liées à la consommation d'alcool ou de produits illicites, toujours largement répandues sur l'arrondissement, et génératrices de faits pouvant revêtir une qualification pénale[17] de nature criminelle, délictuelle ou contraventionnelle ;
- trois cyber-attaques[18] de sites internet de collectivités territoriales, et ce en lien direct avec les événements dramatiques du début de l'année 2015.

Un paysage donc beaucoup moins positif que celui révélé par les chiffres évoqués il y a un instant. Si l'on ajoute à ces éléments des agrégats sociologiques et économiques comme ceux détaillés dans un article du journal *Sud-Ouest* du 10 décembre 2014 sur la pauvreté en Aquitaine, qui indique que les communes de Castillon-la-Bataille, Sainte-Foy-la-Grande et les Eglisottes sont celles qui comptent en proportion le plus de bénéficiaires du RSA sur ce territoire, le recul de la délinquance est sans doute à relativiser.

La misère sociale est en effet un facteur qui favorise la commission d'infractions, même si en dernier ressort le « critère surdéterminant », pour reprendre une expression du philosophe italien Antonio Gramsci, est celui de la responsabilité individuelle en matière pénale. Et cette misère sociale lorsqu'elle se conjugue avec une misère psychique est susceptible d'engendrer des phénomènes de repli sur soi qui à l'époque des nouvelles technologies et des réseaux sociaux peuvent déboucher sur des réactions communautaristes, voire de radicalisation[19]. Libourne ou Blaye ne ressemblent pas à Paris et sa banlieue, et pourtant nous avons eu quatre signalements d'individus (trois personnes de sexe masculin et une femme, deux majeurs et deux mineurs) avant les attentats terroristes des 7, 8 et 9 janvier 2015.

Lorsque l'on rapproche ces signalements de la soustraction sur la commune de Bayas d'un pistolet mitrailleur en 2013 par une bande de plusieurs individus identifiés et immédiatement neutralisés par leur passage en comparution immédiate ou que nous comparons le nombre équivalent d'habitants (25 000 environ) à Lunel dans le département de l'Hérault à celui de Libourne en Gironde, nous pouvons raisonnablement nous inquiéter et nous interroger sur les raisons qui conduisent certains à se défaire des règles communes de vie en société.

En même temps, comment prévenir le passage à l'acte d'individus plus ou moins intégrés dans des filières djihadistes ou se comportant comme des « loups solitaires[20] » lorsque la criminologie nous apprend qu'il est très dépendant de la psychologie de chacun et que les indicateurs de basculement dans ce type de violence extrême sont multiples ?

Un juge de la section antiterroriste au tribunal de grande instance de Paris, ne disait pas autre chose, il y a de cela quelques jours sur une radio du service public, en affirmant que des personnes pouvaient commettre l'irréparable alors même que leur embrigadement était récent, tandis que d'autres, convaincus depuis longtemps d'idées meurtrières, ne commettent pas d'infractions, pas plus qu'ils ne font l'apologie du terrorisme[21]. En tout état de cause, si les moyens de prévention dans la détection des phénomènes criminels sont perfectibles et doivent être améliorés comme cela a été le cas avec la loi du 13 novembre 2014[22], gardons toujours à l'esprit qu'ils ne peuvent être fiables à 100%. Dans le film du réalisateur Spielberg, *Minority Report*, même le système très sophistiqué des « précognitifs » conçu pour prédire les crimes comportait des failles.

Mais soyez assurés, si vous en doutiez un instant, que nous serons au parquet de Libourne particulièrement vigilants quant aux comportements susceptibles de revêtir une infraction en lien avec une entreprise terroriste ainsi que sur la diffusion de propos ou d'écrits de nature raciste[23], antisémite ou tendant à provoquer chez autrui des attitudes violentes ou discriminatoires.

Face à ce constat d'une délinquance contenue par les forces de sécurité intérieure, mais préoccupante, le tribunal de Libourne a-t-il prononcé des sanctions adaptées aux infractions commises ? Le ministère public, composé de trois magistrats, a-t-il été suffisamment réactif pour dissuader certains de commettre des actes pénalement répréhensibles ?

La plaquette qui vous a été distribuée démontre que notre juridiction a pris en 2014, comme en 2013, la pleine mesure d'une relative structuration de la criminalité sur un arrondissement appauvri économiquement et qui n'est pas à l'abri de tensions communautaires génératrices de violences physiques ou verbales.

Le nombre de décisions rendues par le tribunal correctionnel, toutes décisions confondues, est passé de 1692 en 2013 à 1845 en 2014, soit une augmentation de 9%. 143 audiences pénales en comptabilisant les 35 audiences de comparution immédiate et les 9 audiences supplémentaires fixées l'année écoulée. Les peines d'emprisonnement sont passées sur la même période de 231 à 267, soit une hausse de 15,6%. Bien évidemment je ne comptabilise pas les personnes détenues provisoirement dans le cadre de l'instruction, parce que présumées innocentes, mais dont je précise que leur nombre était le double au 31 décembre de l'année 2014 par rapport à la fin de l'année 2013. Mais cette augmentation est un indicateur aussi de l'aggravation de la délinquance et/ou de profils de mis en examen déjà connus de la justice qui réitèrent des infractions ou se trouvent pour certains d'entre eux en état de récidive légale[24].

Les condamnations elles-mêmes ont été empreintes de sévérité et relayées par la presse comme celles concernant d'importants trafics de stupéfiants perpétrés en 2014 à Castillon-la-Bataille ou à Blaye et jugés les 14 et 28 janvier 2015, tout comme celle ayant condamné à cinq ans d'emprisonnement l'auteur d'un homicide involontaire aggravé sur une septuagénaire renversée sur les quais de Libourne le 3 février 2014. Mais également celle prononcée par le tribunal de grande instance de Paris à trois ans d'emprisonnement dont 18 mois avec sursis le 30 octobre 2014 pour le jet d'un cocktail molotov sur la mosquée de Libourne qualifié de dégradations volontaires[25] d'un lieu de culte en lien avec une entreprise terroriste, faits perpétrés pendant l'été 2012.

Plus de 1000 dossiers ont été suivis par le juge d'application des peines en 2014 : 765 en milieu ouvert[26], 101 bracelets électroniques, 169 condamnations à de l'emprisonnement ferme aménageable[27]; plus de 200 affaires pénales en cours, 206 exactement suivies par les désormais deux juges des enfants du tribunal de grande instance de Libourne. Enfin et moins visibles, parce qu'elles n'apparaissent pas sur la plaquette, les relaxes ont également diminué passant de 65 en 2013 à 53 en 2014, soit une diminution de 18,5% d'une année sur l'autre.

Si ces relaxes ont diminué c'est moins une défaillance du barreau, qui utilise légitimement toutes les armes offertes par le code de procédure pénale ou la résultante d'une élévation de la qualité des enquêtes pénales qui nous sont transmises et qui sont largement perfectibles, que la volonté du parquet de poursuivre seulement les dossiers présentant une base infractionnelle sérieuse. Justement la volonté du ministère public en 2014 a été à la fois d'adapter le niveau de la réponse pénale aux différentes formes de la criminalité, tout en poursuivant son action visant à réduire les délais de jugement et d'exécution des peines.

Quelques chiffres significatifs du traitement des infractions pénales par le parquet l'année écoulée :

- le taux de réponse pénale sur les affaires poursuivables qui s'établit à 97,4% pour l'année 2014 pour 96,7% en 2013 ;
- le nombre de prévenus présentés devant le procureur de la République aux fins de comparution immédiate ou de convocation par procès-verbal[28] qui a presque doublé d'une année sur l'autre : 96 en 2014 au lieu de 53 en 2013 ;
- les saisines du juge des libertés et de la détention qui sont en hausse cette année encore pour les interceptions téléphoniques[29] et le recours à la géolocalisation désormais encadré par la loi du 28 mars 2014[30] ;
- 1,3 million de biens saisis par l'Agence de gestion et de recouvrement des avoirs saisis et confisqués[31] en lien avec le groupement interrégional de Bordeaux ;
- 115 235 euros d'amende payés à la suite de mesures de composition pénale et d'ordonnances pénales ;
- la baisse de 20,9% (368 en 2014 pour 465 en 2013) des simples rappels à la loi, sanction la plus faible à la disposition du parquetier de permanence ;
- le ratio des affaires poursuivies devant une juridiction de jugement sur les affaires poursuivables qui est en hausse de 7,2 points par rapport à 2013 passant de 39,3% à 46,5%.

Ce dernier indicateur prend tout son sens lorsque l'on constate qu'en même temps les délais de convocation des prévenus et des victimes devant le tribunal correctionnel ont très fortement diminué en 2014 par rapport à 2013. Cela apparaît sur le document communiqué par le parquet de Libourne intitulé « *les résultats chiffrés du choc de flexibilité* », ainsi que ceux relatifs à la frappe des jugements et à l'exécution des peines et que je m'étais engagé à l'audience de rentrée solennelle de l'année dernière, de produire et de commenter.

Trois mois pour les convocations qui sont aujourd'hui délivrées en avril 2015 pour les audiences relevant de la collégialité[32], les audiences dites à « juge unique[33] » et les audiences sur reconnaissance préalable de culpabilité. En un semestre également, un gain de quatre mois dans la frappe des jugements et de deux mois pour la transmission des pièces de procédure au service de l'exécution des peines. Ces résultats apparaissent d'autant plus remarquables que le tribunal de grande instance de Libourne a connu, comme les autres tribunaux en France, des mouvements de revendications des greffes et des barreaux qui n'ont pas eu d'incidences notables en matière d'audiencement[34] parce que nous travaillons à Libourne en bonne intelligence avec les auxiliaires de justice et pratiquons en interne un dialogue social constructif.

L'année 2015 sera donc marquée, pour le parquet, par une volonté de plus grande lisibilité dans l'action publique en lien avec un certain nombre de partenaires de l'institution judiciaire. Cette volonté de clarification est essentielle parce que le ministère public ne peut étendre indéfiniment son périmètre d'intervention. *L'extension du domaine de la lutte* en matière répressive est en effet contre-productive parce qu'elle nivelle les priorités qui n'en sont plus, si l'on considère que toutes les infractions se valent ou que tous les mis en cause méritent d'être poursuivis uniformément. Si aucun domaine de la délinquance n'est abandonné, une hiérarchie des poursuites est affichée et assumée à Libourne en évitant par exemple de renvoyer à l'audience correctionnelle des accidents de la circulation routière n'ayant pas entraîné de blessures graves. En l'absence de faute pénale caractérisée de l'un des conducteurs impliqués, l'application de la loi Badinter du 5 juillet 1985[35] nous semble suffisante.

Ce choc de lisibilité vise donc à rendre plus cohérente, plus claire une politique pénale qu'il appartient au procureur de la République de décliner sur son arrondissement, sous le contrôle du procureur général en charge de leur coordination sur l'ensemble du ressort de la cour d'appel de Bordeaux comprenant cinq tribunaux de grande instance.

Ce choc de lisibilité se résumera pour Libourne à l'application de la théorie des 3 T : « Transparence, Traçabilité, Territorialisation » :

- Transparence en affichant en 2015 comme en 2014 les trois axes répressifs qui sont ceux de la lutte contre les violences, de la lutte contre la délinquance organisée et de la lutte contre les fraudes au sens large. Les violences intrafamiliales en hausse l'année écoulée et pour lesquelles nous allons signer un protocole départemental avec le parquet de Bordeaux pour en améliorer le traitement s'agissant de la thématique n°1 pour le ministère public à Libourne en 2015 ; mais également des domaines plus techniques comme la lutte contre la traite des êtres humains[36] qui a fait l'objet d'une circulaire le 22 janvier 2015 de la Direction des affaires criminelles et des grâces[37] et qui s'inscrit, monsieur le sous-préfet, en droite ligne de notre réunion programmée le 6 février avec certaines communes, l'agence régionale de la santé[38], la caisse d'allocations familiales, les services déconcentrés de l'État concernés par cette problématique et les structures territoriales de prévention de la délinquance. Ces trois priorités correspondent désormais au nouvel organigramme du parquet de Libourne : les infractions commises sur les personnes confiées à madame ---- substitute, les atteintes aux biens[39] et les trafics à madame ---- vice-procureure, et le dernier bloc de compétences au procureur. Transparence également avec la déclinaison d'un guide d'action publique du parquet en cours d'élaboration pour les contentieux de masse : un volet sur la circulation routière rédigé en avril 2014, celui relatif à la matière pénale de la famille et des mineurs délinquants prévu pour le premier semestre 2015, celui sur les stupéfiants et les vols pour le second semestre de cette année. Transparence aussi vis-à-vis des victimes qui sont systématiquement avisées soit de la poursuite de l'auteur de faits pénalement répréhensibles pour être en mesure de réclamer une indemnisation, soit du classement sans suite[40] d'une affaire par les juristes de l'association « Vict'Aid[41]» s'agissant des dossiers les plus sensibles mais non constitutifs d'une infraction ou pour lesquels la preuve de la réalité des faits dénoncés ne peut pas être établie judiciairement.

- Traçabilité ensuite avec la modernisation en marche du traitement en temps réel des procédures pénales. Cette modernisation du « TTR » a été exposée au cours de la journée de formation des officiers de police judiciaire du ressort en novembre 2014 : développement des échanges par voie dématérialisée et des réponses pénales ou orientations de procédures par messagerie électronique à la permanence. Elle se prolongera en 2015 avec le renforcement de la numérisation[42] et de la visio-conférence[43] en matière correctionnelle. La continuation du plan national d'apurement des véhicules automobiles[44] qui sont aujourd'hui parfaitement localisés dans des garages agréés et dont le nombre est en baisse constante depuis l'été 2014 : 35 véhicules identifiés au 30 janvier 2015 pour 107 dispersés sur l'ensemble du ressort de la juridiction avant l'été de l'année écoulée. La mise en place à compter du 1er mars 2015 de circuits de scellés parfaitement rationalisés avec les unités d'enquête qui ont déposé plus de 1000 pièces à conviction[45] au tribunal de grande instance de Libourne en 2014 correspondant à 497 ordres de dépôt[46]. L'élaboration d'un tableau de bord depuis le 1er janvier de cette année spécifique au service de l'exécution des peines et comprenant la nouvelle mesure de contrainte pénale[47] prévue par le législateur et entrée en vigueur le 1er octobre de l'année écoulée.

- Territorialisation enfin avec l'ouverture et la signature cet après-midi de la convention créant le point d'accès au droit[48] de Libourne. Deuxième « PAD » de l'arrondissement, après celui situé sur la commune de Saint-Ciers-sur-Gironde, il doit permettre à ceux qui envisagent de faire trancher un litige, d'engager une action judiciaire, de pouvoir le faire après avoir rencontré un ou des professionnels de cette structure. Il reste me semble-t-il monsieur le président du tribunal de grande instance de Bordeaux que je tiens à remercier pour sa présence à notre audience de rentrée, vous qui êtes également président du comité départemental d'accès au droit[49] de la Gironde, à en créer un troisième pour le pays foyen peut-être sous la forme d'un « Pad mobile », pour que l'ensemble des habitants du ressort puisse bénéficier également d'une information complète sur l'exercice effectif de leurs droits. Territorialisation encore avec la signature de deux nouveaux protocoles sur le « Rappel à l'ordre » avec les communes de Coutras et de Saint-Médard-de-Guizières en 2014. Territorialisation toujours avec la question que je pose d'un éventuel prolongement de la zone de sécurité prioritaire jusqu'à Saint-André-de-Cubzac.

Il y a en effet une logique géographique, administrative, criminologique au rattachement de ce canton, qui dépend aujourd'hui de la juridiction de Bordeaux, au tribunal de grande instance de Libourne depuis la réforme de la carte judiciaire de 2010. À mi-chemin entre Blaye et Libourne, sur la même rive de la Dordogne, la justice civile, commerciale, prud'homale et pénale ne pourrait-elle pas être rendue au sein de notre arrondissement pour autant que les moyens matériels et humains relatifs à cette absorption soient proportionnés et alloués en conséquence. Sans avoir la prétention de redessiner seul *La carte et le territoire* du département de la Gironde s'agissant de l'implantation des sites judiciaires, lorsque j'ouvre l'édition locale du journal *Sud-Ouest*, il y a après les informations internationales, nationales, régionales et avant les pages culturelles, trois pages réservées à la vie locale : la première concerne Libourne et le pays foyen, la seconde la Haute-Gironde et Blaye et la troisième Saint-André-de-Cubzac et les communes limitrophes.

« Choc de flexibilité » pour l'année 2014, « choc de lisibilité » pour l'année 2015 qui constituent mes modestes réponses aux deux reproches principaux des citoyens français vis-à-vis de l'institution judiciaire dans une étude statistique publiée en avril 2014 par le Secrétariat général du ministère de la justice[50] : sa lenteur pour 95% des citoyens sondés et son opacité pour 88%. Je vous donne rendez-vous l'année prochaine pour faire le bilan de ce « choc de lisibilité » comme je l'ai fait aujourd'hui sur le « choc de flexibilité » en vous proposant une troisième approche de la justice pénale avec cette fois-ci un « choc de mesurabilité » : que mesure-t-on, comment mesure-t-on et pourquoi mesure-t-on sont les trois questions auxquelles j'essaierai de répondre concernant la matière répressive en janvier 2016, et ce dans la perspective de mieux *Surveiller et punir* ceux qui transgressent les interdits sociaux tout en favorisant leur ré(insertion) dans le cadre des valeurs de la République.

*

Quelques mots supplémentaires monsieur le président concernant le départ de madame ---- juge d'instruction depuis cinq ans à Libourne et qui rejoint en avancement l'École nationale de la magistrature[51] à Bordeaux où elle exercera comme chargée de formation. Les félicitations du parquet à ce magistrat instructeur dont le « clearance rate », c'est-à-dire la différence entre les entrées des affaires et les sorties de l'année écoulée, est positif : 40 dossiers en cours au 31 décembre 2014 pour 47 au 31 décembre 2013 alors même que le nombre de réquisitoires introductifs[52] a augmenté passant de 30 à 36 en un an. Ce qui signifie aussi que le ministère public, composé aujourd'hui d'une équipe fixe de trois magistrats depuis le 1er septembre 2014, a bien travaillé en rédigeant plus de réquisitoires définitifs[53] en 2014 que l'année précédente.

J'ai l'honneur qu'il vous plaise de bien vouloir constater qu'il a été satisfait aux prescriptions de l'article R. 111-2 du code de l'organisation judiciaire, déclarer close l'année judiciaire 2014, ouverte l'année judiciaire 2015, me donner acte de mes réquisitions et du tout dire qu'il sera dressé procès-verbal conformément à la loi.

CHAPITRE 3

Les réponses délivrées par la justice en matière pénale ne se limitent pas aux peines prononcées par les tribunaux. L'objectif de ce troisième discours était de présenter les résultats chiffrés de l'année écoulée en ne prenant pas seulement en compte des indicateurs de performance portant sur des stocks de dossiers à évacuer ou sur des flux pénaux à gérer. Il convenait en effet de constater que tout n'était pas évaluable judiciairement, ou très difficilement lorsqu'il s'agit à la fois de sanctionner un délinquant, de prévenir la récidive et de réparer le préjudice de la victime.

La priorité déclinée pour l'année 2016 : la lutte contre le rajeunissement de la délinquance.

DISCOURS DE RENTRÉE SOLENNELLE DE JANVIER 2016

LE PROCUREUR « **STATISTICIEN** »

LE CHOC DE MESURABILITÉ

OU

COMMENT ÉVALUER LA QUALITÉ DES DÉCISIONS
EN MATIÈRE RÉPRESSIVE

Je tiens à remercier nos invités de nous faire l'honneur de leur présence à cette audience de rentrée solennelle du tribunal de grande instance de Libourne, la dernière en date des audiences du ressort de la cour d'appel de Bordeaux. Je vous présente donc, il est encore temps deux jours avant la fin du mois de janvier 2016 au nom de l'équipe du parquet, magistrats et fonctionnaires, mes meilleurs vœux de réussite professionnelle et d'épanouissement personnel pour cette nouvelle année.

Je débutais l'an passé mon discours de rentrée solennelle sur les événements dramatiques du mois de janvier 2015 qui avaient touché notre pays et la volonté de l'État de répondre fermement à ce défi du terrorisme qui frappait à nouveau la France au mois de novembre de l'année écoulée. J'évoquais également, lors de ce discours de rentrée solennelle, les problèmes récurrents du ministère public au bord de l'asphyxie sur le plan national.

Un an plus tard, la situation n'a pas changé et elle a été relayée au mois de décembre 2015 par la Conférence nationale des procureurs de la République qui a dénoncé, une fois encore, le manque de moyens humains et matériels de nos parquets, alors même que nos missions se sont élargies. Le ministère public est devenu une entité aux « mille visages » comme ceux d'un grand artiste disparu du monde de la musique anglo-saxonne, mais sans disposer des moyens financiers de David Bowie, ni du temps nécessaire pour gérer dans des conditions satisfaisantes toutes les affaires transmises : entre 12 500 et 13 000 l'année écoulée, les chiffres n'étant pas consolidés au 31 décembre, notre logiciel *Cassiopée* d'enregistrement des procédures pénales étant en panne depuis deux mois.

Comme les années précédentes je diviserai mon propos en deux parties : un bilan de l'activité pénale du tribunal en 2015 sur la base des résultats communiqués par les forces de sécurité intérieure et les grandes lignes des priorités du parquet en 2016 en développant l'idée d'un recentrage de son action sur son cœur de métier. Le tout en moins de 18 minutes puisqu'au-delà de ce délai, les neuro-psychologues affirment que l'attention du public disparaît par un effet de « dissonance cognitive » amplifié par l'ajout des colonnes de chiffres et des infographies plus ou moins digestes sur la plaquette qui vous a été distribuée.

La délinquance en 2015 n'a pas diminué sur le ressort judiciaire de Libourne, voire a augmenté ou s'est aggravée pour certaines catégories d'infractions. 11 faits de nature criminelle en 2015 (cinq en 2014) transmis au pôle spécialisé de l'instruction à Bordeaux dont un fait d'assassinat[1] sur fond de règlement de comptes et un double homicide dans le cercle familial. Un dossier d'escroqueries en bande organisée[2] qui a été récupéré par la juridiction interrégionale spécialisée. Une affaire de santé publique[3] dont le pôle parisien s'est saisi. Et cette année encore des trafics de stupéfiants démantelés, certains locaux, d'autres régionaux.

Cependant, si l'on additionne les chiffres de la délinquance générale et ceux de la délinquance de proximité, nous constatons sur le ressort du tribunal une diminution du nombre de procédures transmises au parquet comparativement à 2014, que je crois directement en lien avec les affaires de terrorisme. Des forces de sécurité intérieure parfaitement mobilisées sous l'autorité du préfet de région pour la prévention des attentats, et dont l'action est coordonnée avec l'autorité judiciaire lorsque des perquisitions administratives[4] sont diligentées et des assignations à résidence[5] décidées. Cette mobilisation parfaitement légitime et souhaitée par nos concitoyens s'est traduite par une baisse des infractions révélées par l'action des services. Or ce qui intéresse aussi le parquet dans la direction de la police judiciaire qui lui incombe, plus que « *l'écume des choses* » de Paul Valery, c'est également la partie moins visible d'une criminalité organisée qui se nourrit de la misère sociale. De la même façon pour nos collègues du siège qui jugent les affaires pénales, connaître les raisons du passage à l'acte est aussi important que de caractériser les éléments constitutifs de l'infraction pour sanctionner son auteur s'il est déclaré coupable.

Si la délinquance n'a pas diminué dans l'arrondissement s'agissant plus particulièrement des violences intrafamiliales et des cambriolages, cette dernière catégorie est cependant en baisse sur certains secteurs comme à Blaye : mes félicitations au chef d'escadron ---- et à son équipe du groupe d'enquête de lutte anti-criminalité[6].

Il faut se souvenir aussi de l'enlèvement du petit « Rifki » au mois d'août 2015, retrouvé sain et sauf, mais qui aurait pu mal tourner si l'intervention de la gendarmerie dans le train TGV en gare de Libourne n'avait pas été parfaitement coordonnée. Mes félicitations au nouveau commandant de la compagnie de Libourne, le chef d'escadron ---- qui venait tout juste de prendre ses fonctions et au peloton de surveillance et d'intervention de la gendarmerie[7] qui a évité le pire scénario, mais également à la division criminelle du service régional de police judiciaire de Bordeaux qui a pris en charge ce dossier sur mes instructions, pour assurer la gestion immédiate, puis le transfert de la procédure et de ses protagonistes (auteur et victime) vers le parquet de Rennes qui avait déclenché le dispositif « Alerte-Enlèvement[8] » quelques heures plus tôt.

Ces chiffres des forces de sécurité intérieure seraient également incomplets si l'on n'évoquait pas les taux d'élucidation très performants, en tout cas supérieurs à la moyenne départementale, des deux compagnies auxquelles les brigades de recherches de Blaye et de Libourne sont rattachées. Ces unités spécialisées ont démontré, dès le début de l'année 2016, qu'elles étaient capables d'identifier les auteurs d'un cambriolage rocambolesque d'un commerce à Blaye pour l'une et de mettre hors d'état de nuire un auteur d'agressions sexuelles[9] qui agissait depuis plusieurs semaines à proximité d'établissements scolaires dans le centre de Libourne pour l'autre.

Je tiens donc solennellement à féliciter l'ensemble des officiers de police judiciaire du ressort, la gendarmerie, la direction interrégionale de la police judiciaire, la police de l'air et des frontières sans oublier l'officier du ministère public, le Service national de douane judiciaire, ainsi que les fonctionnaires de police de la Sécurité intérieure[10] et du Renseignement territorial[11] pour ces résultats. Ces services ont été particulièrement réactifs sur le terrain pour résoudre, sous la direction du parquet, un nombre important d'affaires pénales, faisant en sorte que *l'intranquille* titre d'une autobiographie du peintre contemporain Gérard Garouste, change de camp et corresponde à la situation vécue par le criminel plutôt qu'à celle ressentie pas l'honnête citoyen.

Quelques chiffres à présent s'agissant des réponses pénales. Ils se trouvent sur la plaquette page de gauche avec des graphiques sur la page volante : le taux de réponse pénale en 2015 comme en 2014 est supérieur à 95%, le ratio des affaires poursuivies sur les affaires poursuivables en hausse également et les délais d'audiencement, de jugement et d'exécution des peines sont encore meilleurs en 2015 comparativement à l'année 2014. C'est l'occasion de féliciter mon équipe et les fonctionnaires de la chaîne pénale pour leur mobilisation exemplaire qui a été soulignée par monsieur le procureur général dans le cadre du contrôle de fonctionnement[12] du parquet de Libourne qui s'est déroulé au mois de décembre 2015.

Que mesurer, dès lors, si les indicateurs sont positifs ou, pour reprendre une expression d'un ancien ministre de l'économie et président de la Commission européenne pendant dix ans, si « *tous les clignotants sont au vert* ». Il faut, nous dit Albert Einstein dans sa théorie de la relativité restreinte, un corps de référence déterminé sans lequel tout commentaire sur des calculs chiffrés est faussé. Je vous propose donc de mesurer la qualité de la réponse pénale non pas sur une représentation mathématique de l'espace et du temps mais sous l'angle de la nature des jugements répressifs rendus et à travers un prisme financier.

« *Vivre c'est passer d'un espace à un autre en essayant le plus possible de ne pas se cogner* » affirmait Georges Perec. Poursuivre pour le ministère public, c'est passer d'une procédure pénale à une autre en essayant le plus possible de ne pas se tromper. C'est un exercice tout aussi difficile pour nos collègues du siège et les résultats des jugements rendus par eux sont, pour le parquet, un étalon de mesure déterminant du bien-fondé des poursuites engagées en amont. Les décisions de relaxe totale qui sont ainsi passées de 53 en 2014 à 45 en 2015 représentent désormais moins de 10% des jugements prononcés pour près de 15% en 2013. C'est un bon point pour le parquet conforté dans ses décisions de mise en mouvement de l'action publique.

S'agissant des condamnations, le nombre d'écrous[13] et la durée des peines d'emprisonnement ont augmenté en 2015 par rapport à 2014. Mais, en même temps, les aménagements des décisions privatives de liberté par notre juge d'application des peines ont progressé. On incarcère, on aménage davantage à Libourne et l'on prononce en pourcentage plus de contraintes pénales que dans les autres tribunaux de France. Cette sanction nouvelle qui se situe entre la mise à l'épreuve[14] et la prison a été prononcée à Libourne à dix reprises entre le 1er janvier 2015 et le 31 octobre 2015 pour mille condamnations de cette nature enregistrées sur le plan national. Le tribunal correctionnel de Libourne pèse donc 1% des contraintes pénales alors qu'en ratio de jugements répressifs prononcés en matière délictuelle, nous ne pesons que 0,3%.

Bravo aux conseillers du service pénitentiaire d'insertion et de probation[15] de Libourne qui la proposent et aux magistrats du siège qui la prononcent, parfois même lorsque le ministère public en charge de l'accusation n'avait pas requis cette peine à l'audience.

Évaluer la qualité de la réponse pénale sous le prisme financier, c'est constater l'augmentation des amendes de composition pénale et celles décidées dans le cadre des ordonnances pénales (158 00 euros en 2015 pour 115 000 euros en 2014). Félicitations aux délégués du procureur. Hausse également des amendes aux audiences de comparution sur reconnaissance préalable de culpabilité, le « plaider coupable » à la française, de 205% (81 000 euros en 2015 pour 26 500 euros en 2014). Bravo plus particulièrement à madame ---- vice-procureure qui en une seule audience au mois de juin 2015 a « récolté » pour le compte des finances publiques, après d'âpres négociations avec les avocats de la défense, 50 000 euros. Mais tout aussi efficaces, les saisies pénales avant jugement comme cela est prévu par la loi : 9 916 226 euros de saisies pénales par le groupement interrégional d'Aquitaine compétent sur cinq départements et neuf tribunaux dont 4 389 109 euros concernent le seul tribunal de grande instance de Libourne, soit 44,3% des saisies totales sur ce ressort territorial élargi. Félicitations à cette structure spécialisée et aux juges d'instruction qui ont succédé à madame ---.

Je pense que c'est un message fort d'une justice qui ne s'attaque pas qu'aux *Gens de peu*, évoqués avec bienveillance par le sociologue Pierre Sansot, et qui commettent des infractions souvent en lien avec leurs difficultés sociales ou problèmes psychiques, mais également à ceux qui contournent des dispositifs légaux qu'ils connaissent parfaitement pour tenter de s'enrichir impunément, je veux parler de la délinquance en « col blanc[16] ».

Mais tout n'est pas évaluable, tout n'est pas quantifiable dans le monde de la justice. Ce « choc de mesurabilité » ne doit pas aboutir à une gouvernance par les nombres décrite par Alain Supiot, professeur de droit, dans ses cours au collège de France entre 2012 et 2014.

L'affaire de Puisseguin[17] a été, je crois, le meilleur indicateur de l'engagement sans compter des magistrats du parquet, madame ---- pour la direction des opérations d'expertise[18] dans le cadre de la flagrance[19], madame ---- pour la partie relative à l'état civil[20], madame ---- secrétaire générale[21] de monsieur le procureur général pour l'aide à la gestion médiatique de cet événement. Le pôle accidents collectifs[22] du tribunal de grande instance de Paris pour leur expérience en la matière, le Service de l'accès au droit et à la justice et de l'aide aux victimes[23] de la Chancellerie pour l'accompagnement des familles meurtries par une tragédie suivie par les plus hautes autorités de l'État, ont également contribué à faire qu'à ce drame humain ne s'ajoute pas une catastrophe dans le traitement judiciaire de ce dossier par le ministère public.

Entre les mains désormais d'un magistrat instructeur d'une grande conscience professionnelle, ce que nous avons pu déjà apprécier, nos efforts se recentrent en lien avec le coordonnateur national[24] désigné par le Premier ministre, sur le comité de suivi mis en place dès le mois de novembre 2015 et le volet indemnitaire de ce dossier avec une prochaine réunion fixée au 16 février 2016 à la sous-préfecture de Libourne. Je profite d'ailleurs de cette rentrée solennelle pour remercier tous ceux qui ont contribué à atténuer la douleur des familles, et à favoriser le processus d'une enquête aujourd'hui soumise au secret de l'instruction : l'Institut de recherche criminelle de la gendarmerie nationale[25] dirigé par le colonel ----, la section de recherches de Bordeaux, l'unité de médecine légale[26] de l'hôpital Pellegrin, le barreau de Libourne, le bureau local d'aide aux victimes, mais aussi tous les élus de terrain, dont certains présents aujourd'hui, pour avoir permis le déploiement de moyens matériels dont l'institution judiciaire ne dispose pas ni au quotidien, ni *a fortiori* dans l'urgence.

C'est en effet un parquet sous-dimensionné de trois magistrats qui a géré cette affaire comme toutes les autres procédures en 2015 alors même que la carte judiciaire de 2010 a étendu sa compétence jusqu'à Blaye et la Haute-Gironde sans localiser[27] un quatrième poste pour le ministère public.

Mais, me direz-vous monsieur le procureur, vous êtes cinq et non pas trois sur les places réservées à l'accusation dans ce palais de justice. Pourquoi réclamez-vous dans ces conditions un quatrième magistrat ?

Parce ce que madame ---- qui se trouve sur ma gauche est une auditrice de justice[28] en stage de pré-affectation qui nous quitte dans un mois pour le tribunal de grande instance de Pau où elle est nommée comme substitute du procureur de la République. Je tiens à la remercier parce qu'elle a été plus qu'une magistrate en stage depuis le mois d'octobre, un maillon fort du parquet de Libourne. Et aussi parce que madame ---- qui se tient à ses côtés, substitute placée auprès du procureur général, n'est déléguée chez nous que pour une période limitée en fonction des besoins des autres tribunaux de la cour d'appel de Bordeaux. Elle est partagée actuellement sur délégation de monsieur le procureur général entre les deux tribunaux de grande instance de Libourne et de Bergerac jusqu'à la fin du mois de mars, en résidence alternée[29] en quelque sorte pour reprendre une terminologie des magistrats chargés des affaires familiales[30].

Ce sont d'ailleurs des permanences en alternance avec Bergerac que nous inaugurons la semaine prochaine avec un magistrat d'astreinte[31] le week-end pour les deux parquets aux fins d'économiser nos forces. Cette audience de rentrée solennelle correspond finalement à une publication des bans d'un partenariat que j'espère durable entre des professionnels de la justice pénale qui apprécient également foie gras et grands crus ! Une nouvelle station de numérisation viendra également équiper notre juridiction dans quelques jours. Merci à nos chefs de la cour d'appel de Bordeaux et au service administratif interrégional[32] pour cette acquisition, facteur de modernisation de notre arrondissement judiciaire qui reste cependant en manque cruel d'effectifs depuis trop longtemps.

L'affichage d'une priorité d'action publique n'est pas simple parce qu'il suppose de faire des choix, de cibler des infracteurs et de hiérarchiser les poursuites sans se « cogner » aux trop nombreux dispositifs légaux. Justement, cela est d'autant plus complexe que la judiciarisation[33] des conflits et l'inflation législative galopante en matière répressive tendent à niveler les réponses pénales en les rendant moins lisibles pour les citoyens. Il faudrait sans doute une vraie dépénalisation de notre droit[34] pour que, s'inspirant de Montesquieu qui écrivait : « *Il est parfois nécessaire de changer certaines lois mais le cas est rare, et lorsqu'il arrive, il n'y faut toucher que d'une main tremblante* », les projets ou propositions de textes soumis au parlement ne comportent des articles répressifs qu'en cas de nécessité absolue s'ils ne portent pas directement sur la matière pénale.

De la même façon, le ministère public ne doit renvoyer devant la juridiction de jugement que les affaires qui le méritent eu égard à la gravité des faits, aux antécédents judiciaires[35] du mis en cause et pour réparer le préjudice[36] causé à la victime.

La priorité était en 2014 la lutte contre les comportements routiers dangereux, en 2015 la lutte contre les violences intrafamiliales. La priorité en 2016 sera celle d'un renforcement de la prévention des actes de délinquance commis par des mineurs d'âge en augmentation depuis trois ans sur le ressort. Alors que le projet de réforme de l'ordonnance de 1945 ne sera sans doute pas présenté au Parlement cette année, nous n'avons pas attendu ce texte en signant cette semaine un protocole départemental de collaboration entre la préfecture, l'inspection d'académie, les deux parquets de Bordeaux et de Libourne, les services de police et de gendarmerie visant à répondre plus efficacement aux violences et agressions commises au sein des établissements scolaires dont la mission première est d'instruire les plus jeunes et non pas de pallier les carences éducatives de certains parents défaillants. Dans ce domaine le recours croissant des enfants et adolescents aux réseaux sociaux favorise des comportements déviants pouvant aller jusqu'à des problématiques de revendications identitaires, voire des phénomènes de radicalisation qu'il nous faut combattre chacun à son niveau.

Sur ce point la Justice a sa place, toute sa place pour essayer avec les moyens qui lui sont alloués, de briser des comportements mimétiques que décrivait déjà l'anthropologue René Girard, décédé l'année dernière, dans son ouvrage *La violence et le sacré* publié en 1972 et pour tenter de ramener au sein de la République celles et ceux parfois très jeunes qui se sont égarés. « *Éradiquer la radicalisation* » comme le titrait au début de ce mois de janvier un quotidien régional, c'est ce à quoi nous nous attelons toutes les semaines depuis un an avec madame la procureure de Bordeaux et monsieur le préfet de la région Nouvelle-Aquitaine, et c'est aussi le travail des deux juges des enfants saisis de quelques cas d'adolescents en situation de danger pour cette raison.

Le parquet de Libourne est donc en train de toiletter sa politique pénale en matière de prévention de la délinquance des mineurs. C'est madame ---- substitute qui en est chargée. Madame ---- magistrate placée y travaille également sur la partie relative aux conduites addictives avec l'expérience acquise au tribunal de grande instance de Bordeaux dans une section spécialisée.

Cette priorité d'action publique ne se fera pas sans l'implication que je sais totale des deux juges des enfants, de la Protection judiciaire de la jeunesse, des officiers de police judiciaire en amont pour élucider les affaires avec des mineurs auteurs d'infractions pénales, de l'association du « Prado[37] » et sans celle du barreau, avec lequel nous allons signer prochainement une convention sur la défense pénale des mineurs[38]. Il faut redonner le goût de notre pays, de son pays, à une partie de cette jeunesse en perdition et faire vivre d'urgence le livre posthume de Bernard Maris fauché par les attentats de janvier 2015 : *Et si on aimait la France*.

C'est ce secteur-là que le ministère public investira prioritairement en 2016 sans oublier les autres, notamment celui primordial de l'exécution des peines géré remarquablement par madame ----, vice-procureure, et son greffe dédié. En revanche la participation du parquet à certaines instances partenariales sera moindre dans l'attente d'un renforcement pérenne des effectifs et des moyens matériels à Libourne. Nous ne pouvons plus être en effet des pointillistes de la prévention de la délinquance, parce que nous n'avons pas le talent d'un Georges Seurat ou d'un Paul Signac.

Nous sommes seulement animés d'une volonté d'exercer dans des conditions de travail qui ne soient pas dégradées les fonctions de magistrat du parquet en se recentrant sur la direction de la police judiciaire et l'action publique que vous avez si bien décrites, monsieur le procureur général, à travers l'évolution de notre métier dans le temps lors de votre dernier discours de rentrée solennelle à la cour d'appel de Bordeaux il y a quinze jours.

C'est sur ce cœur de métier du ministère public que nous allons nous focaliser *en attendant* non pas *Godot*, mais des moyens humains et matériels à la hauteur de nos missions pour être en mesure d'engager, de façon éclairée, des poursuites et soutenir l'accusation conformément aux pouvoirs qui nous sont conférés par la loi. Ces mêmes moyens doivent également être trouvés pour permettre aux avocats d'exercer dignement les droits de la défense et aux juges du siège pour rendre sereinement la justice au nom du peuple français.

Après un « choc de flexibilité » en 2014 visant à réduire les délais de jugement en matière pénale, un « choc de lisibilité » en 2015 visant à rendre plus transparente l'action publique, c'est donc un « choc de mesurabilité » en 2016 visant à évaluer la qualité des décisions en matière répressive que j'ai développé aujourd'hui. Je vous donne rendez-vous l'an prochain dans cette belle salle d'audience photographiée sur la première page de la plaquette pour vous entretenir d'un quatrième choc qui guide au quotidien le travail des magistrats pénalistes, qui est à la matière répressive ce que le principe d'équité est à la justice civile, et qui donne tout son sens à notre action : un « choc de proportionnalité », traduction moderne et revisitée de la justice distributive et corrective du penseur et philosophe grec Aristote.

Rendez-vous donc vendredi 27 janvier 2017 à 11h00.

J'ai l'honneur qu'il vous plaise de bien vouloir constater qu'il a été satisfait aux prescriptions de l'article R. 111-2 du code de l'organisation judiciaire, déclarer close l'année judiciaire 2015, ouverte l'année judiciaire 2016, me donner acte de mes réquisitions et du tout dire qu'il sera dressé procès-verbal conformément à la loi.

CHAPITRE 4

La nature de l'infraction commise et la personnalité de son auteur nécessitent d'individualiser la sanction pénale. L'objectif de ce quatrième discours consistait à détailler les dispositifs répressifs existants, et plus particulièrement les outils juridiques prévus par le législateur pour combattre la délinquance dite « en col blanc ». C'était l'occasion de souligner une fois encore l'absence de moyens suffisants alloués à la justice susceptible d'impacter négativement la qualité des orientations pénales décidées par le parquet ou des jugements rendus par les tribunaux.

La priorité définie pour l'année 2017 : la lutte contre les conduites addictives.

DISCOURS DE RENTRÉE SOLENNELLE DE JANVIER 2017

LE PROCUREUR « **FINANCIER**[1]»

LE CHOC DE PROPORTIONNALITÉ

OU

COMMENT ADAPTER LES RÉPONSES PÉNALES
AUX FORMES DE LA DÉLINQUANCE

Je tiens à remercier nos invités de nous faire l'honneur de leur présence à cette audience de rentrée solennelle du tribunal de grande instance de Libourne, l'avant-dernière des cinq tribunaux de grande instance de la cour d'appel de Bordeaux, puisque cette année, c'est Angoulême qui constitue l'étape ultime du marathon judiciaire de nos chefs respectifs. Je vous présente donc au nom de l'équipe du parquet, magistrats et fonctionnaires, mes meilleurs vœux de santé, de réussite professionnelle et d'épanouissement personnel pour cette nouvelle année.

Je terminais mon discours de rentrée solennelle précédent sur l'idée d'un « choc de proportionnalité », traduction moderne et revisitée de la justice distributive et corrective du penseur et philosophe grec Aristote en vous donnant rendez-vous ce 27 janvier 2017 à 11h00. J'évoquais également à cette occasion les problèmes récurrents de la justice en termes de moyens humains et matériels insuffisants que notre nouveau ministre, garde des Sceaux, Jean Jacques Urvoas, décrivait d'une formule largement médiatisée comme étant en voie de « clochardisation ».

Et c'est vrai en 2016, qu'à Libourne comme sur l'ensemble du territoire national, la situation n'a pas fondamentalement changé sur ce plan. Les décisions pénales du tribunal mais aussi civiles sont toujours rendues à flux tendus et dans des conditions où seuls la conscience professionnelle et l'investissement de tous (magistrats, personnel de greffe, fonctionnaires et vacataires que je tiens à féliciter devant vous) ont permis à notre juridiction de tenir une année de plus, mais à quel prix !

Nous accueillons cette année un nouveau bâtonnier. Félicitations M^e ---- pour votre élection et tous mes remerciements à M^e ---- à qui vous succédez et avec laquelle madame la présidente, madame la directrice des services de greffe judiciaires nous avons, je le crois sincèrement, réussi à anticiper et réguler les difficultés pendant ces deux dernières années. Je voudrais vous dire, monsieur le bâtonnier, que si les chiffres qui vont suivre traduisent une accélération des réponses pénales du parquet depuis trois ans sans remettre en cause je l'espère leur qualité, cette accélération s'est toujours faite avec le concours du barreau de Libourne dans le respect des droits de la défense que vous nous apportez aux audiences. Je voudrais vous rassurer également, la Cour européenne des droits de l'homme[2] et le code de procédure pénale ne nous le permettraient pas, pour autant que nous l'envisagions, quant au dessein inavouable qui serait celui du procureur de la République et de son équipe de vouloir faire condamner à 15 ans d'emprisonnement un prévenu sans avocat, ce qui est arrivé à Biff Tannen après s'être battu avec Marty Mc Fly dans le deuxième épisode de *Retour vers le futur*. Il est sans fondement !

Plus sérieusement, comme l'an passé, je diviserai mon propos en deux parties : un bilan de l'activité pénale du tribunal en 2016 sur la base des affaires élucidées par les forces de sécurité intérieure et des infractions constatées par les services des administrations déconcentrées de l'État, pour tracer ensuite les grandes lignes des priorités du parquet en 2017, en développant cette idée d'un « choc de proportionnalité » qui doit guider en toutes circonstances l'action du ministère public en cette période de crise des moyens qui sont dévolus à la justice française en comparaison des autres pays de l'Union européenne.

Le risque d'hypoglycémie ne pouvant être écarté, le tout en 17 minutes à partir de cet instant pour éviter une accélération du rythme cardiaque et une élévation de la pression artérielle de nos invités dans la mesure où je n'ai pas de diplôme de secouriste. Je le regrette à une époque qui nécessiterait d'en être titulaire parce que nos multiples interventions font que notre métier de parquetier, de juge ou de greffier ressemble de plus en plus à celui de pompier.

*

Les chiffres de la délinquance en 2016, sur le ressort de l'arrondissement judiciaire de Libourne, sont contrastés. Neuf faits de nature criminelle pour onze en 2015, dont le drame d'Izon au mois de décembre, procédures qui ont toutes été transmises à Bordeaux après dessaisissement de mon parquet « infra-pôle[3] ». Deux dossiers financiers d'une grande complexité[4] au sens de l'article 704 du code de procédure pénale « vendus » avec l'aval du parquet général à la juridiction interrégionale spécialisée de Bordeaux et un troisième à celle de Paris de « cryptoloker[5] » avec un préjudice de près de 30 000 000 d'euros et de 5 000 victimes. Voilà pour les affaires les plus graves et/ou complexes auxquelles il convient d'ajouter quinze homicides involontaires en matière routière, et le suivi du dossier de Puisseguin pour lequel le magistrat instructeur réunira le 2 mars 2017, l'ensemble des parties civiles et leurs conseils pour leur expliquer les avancées sur le plan judiciaire de ce drame qui a fait quarante-trois morts et plusieurs blessés graves. Concernant cet accident collectif, je me félicite de la signature au mois de juin 2016 de l'accord-cadre d'indemnisation des victimes et des proches des défunts en présence de Juliette Méadel, secrétaire d'État auprès du Premier Ministre, chargée de l'Aide aux victimes.

Et cette année encore des trafics de stupéfiants, des violences intrafamiliales, des agressions sexuelles, des cambriolages, de multiples escroqueries qui ont constitué le lot des enquêteurs et débouché sur l'enregistrement de 12 957 procédures, soit une augmentation de 4,1% par rapport à l'année 2015. Il convient d'y ajouter les 13 184 affaires contraventionnelles des quatre premières classes soit au total un peu plus de 26 000 procès-verbaux enregistrés au bureau d'ordre en 2016 : 26 141 pour être parfaitement exact.

Si les forces de sécurité intérieure restent parfaitement mobilisées sur les affaires portant gravement atteinte à l'ordre public ou pour prévenir, dans le cadre des réquisitions[6] délivrées par le parquet, la commission d'infractions sur la voie publique, force est de constater pour la deuxième année consécutive la baisse des infractions révélées par l'action de ces services. Elle s'explique, et ce n'est nullement un reproche du ministère public au ministère de l'Intérieur, par des moyens humains insuffisants dans les différentes unités de gendarmerie et de police pour traiter dans des délais raisonnables la délinquance de proximité au stade de l'enquête lorsqu'il faut en même temps agir dans un état d'urgence[7] récemment prolongé. C'est sans doute cette même raison qui explique une légère diminution du taux d'élucidation des infractions pénales constatées ou des affaires portées à la connaissance des compagnies de Libourne et de Blaye l'année écoulée, même si ce taux reste très satisfaisant par rapport à la moyenne nationale. Mais ces chiffres seraient incomplets si l'on n'évoquait pas les succès obtenus en 2016 en matière de lutte contre les cambriolages, qui ont diminué sur l'ensemble du ressort comme de l'ensemble des autres vols avec ou sans circonstances aggravantes[8] de 6,5% par rapport à 2015 : 389 de moins en 2016 pour cette catégorie d'atteintes aux biens.

Je tiens donc solennellement à féliciter l'ensemble des officiers de police judiciaire du ressort, de la gendarmerie, de la direction interrégionale de la police judiciaire, de la police de l'air et des frontières sans oublier l'officier du ministère public, le Service national de douane judiciaire, la Sécurité intérieure et le Renseignement du territoire pour ces résultats, ainsi que l'ensemble des services déconcentrés de l'État dans leurs domaines de compétence, qui sont particulièrement réactifs sur le terrain pour résoudre sous la direction renforcée depuis la loi du 3 juin 2016[9] des magistrats du parquet, un nombre important d'affaires pénales. Je sais pouvoir compter en 2017 sur l'engagement de tous pour faire reculer la délinquance sous l'impulsion du ministère public avec autant de force que celle déployée par la biologiste Théo Colborn contre les effets néfastes sur la santé humaine des « perturbateurs endocriniens », nos délinquants en quelque sorte, à la suite de son étude sur *la reproduction contrariée des alligators de Floride.*

Quelques chiffres maintenant s'agissant des réponses pénales du parquet et de la juridiction de Libourne. Ils se trouvent sur la plaquette page de gauche avec des graphiques sur la première page volante :

- le taux de réponse pénale en 2016 est de 94,6% proche de celui de 2015 et plus élevé que la moyenne de l'ensemble des tribunaux de grande instance sur le plan national et de ceux rattachés au quatrième groupe[10] des juridictions de première instance ;
- les délais d'audiencement, de jugement et d'exécution des peines sont excellents en tout cas parfaitement stables comparativement à 2015 ;
- le nombre de personnes présentées au procureur de permanence a augmenté de 23% en 2016 avec 160 personnes déférées aux fins de poursuites immédiates après une garde à vue ou en exécution d'une peine pour 130 en 2015 ;
- le déferement[11] de trente-deux mineurs l'année écoulée soit deux fois plus qu'en 2015.

Si l'on ajoute à ces données statistiques les présentations aux deux juges des enfants et au juge d'application des peines à la suite de la délivrance d'un mandat[12], au juge d'instruction au moment de l'ouverture d'une information judiciaire ou sur commission rogatoire, et au tribunal correctionnel dans le cadre des extractions judiciaires demandées à la nouvelle agence régionale pénitentiaire[13] désormais chargée de ces opérations, c'est près de 300 prévenus ou personnes condamnées qui ont été présentés en 2016 à l'autorité judiciaire à Libourne. Cette nouvelle structure justement avec laquelle nous devons parfois discuter longuement, faisant du procureur un négociateur, parce que l'Agence Refuse Parfois d'Extraire le Justiciable (ARPEJ) !

Je ne peux pas non plus ne pas évoquer les 6 013 appels téléphoniques et les 4 598 messages électroniques reçus au service de permanence du parquet, les 144 décisions du juge des libertés et de la détention, les 690 jugements prononcés par le tribunal correctionnel hors intérêts civils, les 106 affaires jugées par le tribunal pour enfants, les 1 651 décisions rendues par le juge de l'application des peines, l'édition de 1 519 fiches d'exécution transmises au casier judiciaire à Nantes et au service des permis de conduire de la préfecture de la Gironde, les 124 médiations pénales organisées avec les délégués du procureur et la notification de 119 décisions de classement sans suite par l'association « Vict'Aid » auprès de victimes d'infractions sexuelles insuffisamment caractérisées ou de proches de personnes décédées dans des conditions ayant nécessité des autopsies judiciaires[14] en 2016.

Je stoppe cet *inventaire* à la Prévert portant sur des statistiques sans intérêt si elles ne sont pas mises en perspective avec les priorités d'action publique du parquet d'une part, et leur déclinaison sur l'arrondissement judiciaire de Libourne d'autre part.

Les axes répressifs du parquet sont depuis trois ans la lutte contre les agressions sous toutes leurs formes, la lutte contre les trafics en tout genre et la lutte contre la délinquance financière. Ces priorités rejoignent d'ailleurs, telles que vous les avez harmonisées madame la procureure générale, les instructions générales de politique pénale[15] du garde des Sceaux déclinées dans sa circulaire du 2 juin 2016.

Pour la première rubrique, il s'agit de poursuivre et de sanctionner ceux qui transgressent la loi par un comportement qui porte atteinte à l'intégrité physique ou psychologique d'une victime dans la sphère privée ou sur la voie publique. Nous progressons dans ce domaine, même si les résultats ne sont pas immédiatement tangibles en ce que ces faits ont augmenté en 2016 par rapport à 2015, avec la délivrance d'un « téléphone grave danger[16] » pour une victime de violences conjugales particulièrement exposée. Le recrutement récent d'une intervenante sociale par la compagnie de Blaye devrait permettre à terme de les faire reculer en Haute-Gironde, comme sur le ressort de la compagnie de Libourne, où ce dispositif existe depuis la mise en place de la zone de sécurité prioritaire en 2013.

Pour la seconde rubrique, il s'agit de poursuivre et de sanctionner ceux qui veulent imposer leurs propres lois : trafics de stupéfiants ou faits de recels alimentés par des séries de cambriolages d'une délinquance itinérante, qui génèrent une économie souterraine et des phénomènes de troc répréhensibles. Les brigades de recherches de Libourne et de Blaye sont par définition les unités naturelles pour investiguer sur cette criminalité organisée qui, pour certains malfaiteurs d'habitude, constitue un mode de vie normal que seule l'incarcération pour un temps permet de stopper.

Pour la troisième rubrique, il s'agit de poursuivre et de sanctionner ceux qui contournent la loi, je veux parler de la délinquance « en col blanc ». Elle existe en Gironde, et pour ce qui est de notre territoire, elle n'est pas oubliée avec des sanctions appropriées comme les saisies pénales immobilières[17] opérées dans le cadre des enquêtes préliminaires[18] ou des informations judiciaires. Ainsi il ne sera pas dit ici que « *selon que vous serez puissant ou misérable, les jugements de cour vous rendront blanc ou noir* ».

Je vous propose sur ce point de vous reporter à la carte de France des juridictions qui ont procédé à ce type de mesures, sur la deuxième page volante de la plaquette, particulièrement efficaces puisqu'il s'agit de s'attaquer au patrimoine illicitement constitué par des fraudeurs que l'Agence de gestion de recouvrement des avoirs saisis et confisqués a publiée dans son dernier rapport et correspondant à l'année 2015. Vous y trouverez en 15e position, sur 164 tribunaux de grande instance, Libourne à égalité avec Toulouse pour le sud-ouest, Meaux en région parisienne et Fort-de-France aux Antilles.

La carte et le territoire justement, pas celui qui a valu le prix Goncourt à Michel Houellebecq en 2010, mais notre arrondissement qui s'étend depuis cette même année de réforme territoriale jusqu'en Haute-Gironde. Deux questions restent en suspens sur ce point : faut-il maintenir la zone de sécurité prioritaire de la rive droite de la Dordogne ? Et faut-il étendre notre ressort jusqu'à Saint-André-de-Cubzac, canton rattaché administrativement à Blaye mais judiciairement à Bordeaux ? Si je n'ai pas de réponse toute faite à ces deux questions, elles méritent d'être posées parce qu'il s'agit pour les décideurs publics de développer l'offre de justice la plus pertinente pour un bassin de population qui s'accroîtra en volume avec l'arrivée prochaine de la LGV et donc aussi de la délinquance induite par l'attractivité de la ville de Bordeaux et de notre beau département girondin.

Madame la présidente, *I had a dream* sur la route ce matin. J'imaginais être procureur dans une ville italienne, espagnole ou allemande ressemblant à celle de Libourne et dans un ressort équivalent de 210 000 habitants ; et en arrivant au tribunal je saluais mon équipe composée de quinze parquetiers : un procureur adjoint[19], sept vice-procureurs et sept substituts. Nous étions donc seize avec moi, ce qui correspond au nombre moyen de magistrats du ministère public dans les pays de l'Union européenne d'après l'étude de la Commission européenne pour l'efficacité de la justice. Et je me disais qu'enfin je pourrais peut-être après vingt-cinq ans de carrière, sinon mettre en pratique *L'art presque perdu de ne rien faire* de l'académicien Dany Laferrière, du moins me concentrer pleinement sur mes tâches administratives de chef de juridiction. Je poursuivais mon chemin et j'imaginais cette fois-ci que nous étions presque six : un procureur, deux vice-procureurs, deux substituts et un magistrat placé à 2/3 temps délégué par madame la procureure générale. Nous étions 5,7 parquetiers à Libourne, correspondant à l'effectif que je déduis de cette même étude pour ce qui est de la moyenne française de magistrats du ministère public fixée à 2,8 pour 100 000 habitants.

Mais la réalité dépassant la fiction, j'ai constaté en montant les escaliers de notre juridiction que nous n'étions que trois parquetiers enfin quatre avec madame ---- vice-procureure en poste à Libourne jusqu'à la fin du mois de janvier.

Je tenais à la remercier aujourd'hui tout particulièrement devant vous pour le travail exceptionnel accompli pendant ces presque trois ans au parquet qu'elle a très largement contribué à moderniser et rendre plus efficient. Je lui souhaite de faire profiter les auditeurs de justice à l'École nationale de la magistrature de ses connaissances juridiques approfondies et d'une très riche expérience de magistrat pénaliste, École où elle exercera désormais les fonctions de chargée de formation « parquet » tout en animant le pôle « vie économique et sociale ».

Nous serons donc à compter du 1er février 2017 et jusque fin mars : 3,25 parquetiers à Libourne. Dès lors un nouvel organigramme à trois a été conçu : le service financier et de lutte contre la radicalisation et les atteintes à l'autorité de l'État, à l'égalité et à la probité publique[20] pour le procureur, le service de l'exécution des peines et de lutte contre les atteintes aux biens et la criminalité organisée attribué à madame ---- qui a la lourde tâche de succéder à madame ----. Et enfin le service des atteintes aux personnes et de lutte contre la délinquance juvénile et les violences intrafamiliales confié à madame ---- magistrat placé.

Madame ---- vous avez exercé deux ans à Évry comme substitute du procureur de la République avant de rejoindre le département de la Gironde où vous êtes placée auprès de madame la procureure générale près la cour d'appel de Bordeaux. Affectée à Libourne pour deux périodes de quinze jours sur le dernier trimestre de l'année 2016 et à Angoulême le reste du temps, nous avons déjà pu apprécier votre rigueur au service de permanence du parquet et votre pondération à l'audience correctionnelle. C'est la raison pour laquelle je suis très satisfait que votre contrat en alternance ait été transformé en « CDD judiciaire » jusque fin mars 2017 par madame la procureure générale et pour un temps plein dont je demanderai le renouvellement jusqu'à l'été de l'année en cours. Un deuxième magistrat placé viendra à compter de la fin du mois prochain renforcer notre équipe portant ainsi notre effectif à 3,25 « Équivalent temps plein[21] ».

Force est cependant de constater que nous sommes très loin du compte, qui n'est pas bon, en tout cas très éloigné des seize magistrats en norme européenne, des 5,7 ETP en norme française et des quatre en localisation d'emplois par la Direction des services judiciaires[22] dans sa dernière circulaire du mois de mai 2016.

Comment dès lors s'organiser pour l'année 2017, quels contentieux prioriser en cette période prolongée de rareté économique des moyens alloués à la justice en général et à Libourne en particulier depuis la réforme de la carte judiciaire de 2010 ?

Il faut, me semble-t-il, pour le ministère public mettre en adéquation les objectifs recherchés aux moyens dédiés à la juridiction. Ce que je nomme un « choc de proportionnalité » s'agissant de la gestion des flux pénaux.

Restriction budgétaire oblige, je serai donc une sorte d'anti-héros, l'anti Armel Le Cleac'h vainqueur en 2016 du Vendée Globe, parce que mon équipe va nécessairement « réduire la voilure ». Plusieurs pistes sont envisagées : supprimer la participation du parquet aux structures locales de prévention de la délinquance, alléger la rédaction des règlements des dossiers d'information, ne plus traiter au fil de l'eau les infractions routières[23] et celles relevant des contentieux techniques[24] en dehors des réponses pénales délivrées par le magistrat d'astreinte au service de permanence ou dans le cadre des bureaux des enquêtes, ne se déplacer au tribunal de commerce que sur les seules affaires portant sur les procédures collectives[25] où la présence du ministère public est obligatoire, et bien sûr poursuivre la mutualisation des permanences le week-end avec Bergerac pour économiser nos forces.

Parce que nos moyens sont limités et notre temps contraint, il nous faudra plus que jamais cette année :

- contrôler strictement les actes d'investigation des officiers de police judiciaire conformément au nouvel article 39-3 alinéa 1 du code de procédure pénale[26] ;
- assurer un équilibre entre le ratio des alternatives et des affaires renvoyées devant la juridiction en tenant compte de notre capacité de jugement dans des délais raisonnables ;
- proposer une peine utile pour le condamné, tout en préservant les intérêts de la victime, comme nous y invite le nouvel article 130-1 du code pénal[27] et faire le choix ou pas de son aménagement au moment de son exécution si cette peine est privative de liberté.

Il s'agit donc, pour notre parquet, de « se recentrer sans se rétracter » sur nos missions essentielles en ces temps troublés où le terrorisme a encore frappé l'année dernière en France. C'est la raison pour laquelle la lutte contre la radicalisation violente reste une priorité en 2017 en essayant de détecter avec les services de la Sécurité intérieure et du Renseignement du territoire, pour reprendre un article du psychiatre Michel Benezech, ce qui fait qu'« *une âme errante devient fanatique* ».

De la même façon et s'agissant des contentieux de masse, après avoir développé une action partenariale relative aux comportements routiers dangereux en 2014, aux violences intrafamiliales en 2015, à la prévention de la délinquance juvénile en 2016 pour les faire reculer sur la base de protocoles discutés et validés, la réduction des conduites addictives constitue le chantier de 2017. Engagé avec le Comité d'étude et d'information sur la drogue et les addictions[28] de la Gironde, ce chantier est essentiel parce que ces comportements liés à une consommation excessive d'alcool ou de substances illicites sont générateurs, directement ou indirectement d'après les criminologues, de plus d'un tiers des infractions recensées.

Sur un plan transversal également, nous allons avec le siège, et son nouveau coordonnateur pénal monsieur ---- qui nous rejoint le 1er avril, avec le barreau et le greffe rattaché aux services pénaux du tribunal, lancer les « états généraux de l'audiencement » pour limiter le nombre de renvois en correctionnelle trop élevé en 2016. J'en profite d'ailleurs pour remercier madame ---- cheville ouvrière de ce service qui nous quitte dans quelques jours pour le travail remarquable accompli par cette fonctionnaire tout au long de sa vie professionnelle.

Pour mettre ce programme en musique, il nous faudra un renfort de nos effectifs que j'attends pour le mois de septembre 2017, mais aussi au quotidien avoir en toutes circonstances du bon sens dans l'exercice de notre métier, en opérant un contrôle plus fluide sur les procédures aux enjeux limités à la façon peut-être du claveciniste Scott Ross qui préférait, disait-il, « *l'esprit à la technique* » dans son interprétation de l'intégrale des sonates de Domenico Scarlatti.

Il n'en reste pas moins vrai cependant, et cela fait presque dix ans que je le dis comme procureur et bien d'autres avant moi, qu'il convient de trouver non pas une nouvelle réforme de notre organisation judiciaire à moyens constants, mais les conditions de désengorger la justice pénale. C'est sur cette voie que semble s'être engagé le Sénat avec une consultation en ligne ouverte jusqu'au 1er février 2017 sur cette thématique. *Et quelquefois j'ai comme une grande idée* est le titre du deuxième roman de Ken Kesey, moins connu que sa première œuvre littéraire adaptée au cinéma *Vol au-dessus d'un nid de coucou* ; espérons dès lors qu'un citoyen en trouve une lumineuse à notre époque de démocratie plus participative et connectée pour proposer à la Chambre haute du Parlement de ne judiciariser que les situations qui méritent de l'être. Mais lorsqu'elles le sont, il est indispensable que l'État assure pleinement sa mission de service public de la justice[29] en apportant son concours aux plus démunis à travers une aide juridictionnelle revalorisée, proportionnelle aux ressources de celles et ceux qui estiment devoir être rétablis dans leurs droits.

« Choc de flexibilité » décliné en 2014 visant à réduire les délais de jugement en matière pénale, « choc de lisibilité » décliné en 2015 visant à rendre plus transparente l'action publique, « choc de mesurabilité » décliné en 2016 visant à évaluer la qualité des décisions rendues en matière répressive, « choc de proportionnalité » décliné aujourd'hui visant à adapter les réponses pénales aux différentes formes de la délinquance et à mettre en adéquation les objectifs recherchés par le parquet avec les moyens qui sont alloués à la juridiction. J'en ai presque terminé madame la présidente avec mon discours mais aussi avec la déclinaison de ces quatre principes actifs d'un ministère public à la française, moderne et recentré sur son cœur de métier. Je ne sais pas si je trouverai un cinquième choc pour l'année prochaine, parfois on n'a plus d'idée petite ou grande, mais je vous proposerai si je suis encore là, un outil de programmation linéaire *la méthode du simplexe* découverte en 1947 par le mathématicien Georges Dantzig qui permet de trouver la meilleure solution sous un certain nombre de variables à des problématiques concrètes.

Il me reste une année pour transposer à la matière répressive cet outil mathématique dans la mesure où nous rendons des décisions sous un certain nombre de contraintes internes ou externes (des variables donc), pour des raisons tenant à la nature et à la gravité des faits commis, aux éléments de personnalité[30] du délinquant ou au préjudice subi par la victime. Ces décisions sont également la résultante du contrôle efficient de la police judiciaire par le parquet, de la mise en place de poursuites harmonisées par le ministère public et d'une défense pénale solide et constructive à tous les stades de la procédure pour permettre à la juridiction de jugement, si elle entre en voie de condamnation, de prononcer des peines « *utiles et nécessaires* » parce que proportionnées. Un an pour réaliser cette programmation linéaire adaptée au dispositif pénal, pour tenter de modéliser l'action publique à l'échelle du tribunal de grande instance de Libourne.

Madame la présidente, j'ai l'honneur qu'il vous plaise de bien vouloir constater qu'il a été satisfait aux prescriptions de l'article R. 111-2 du code de l'organisation judiciaire, déclarer close l'année judiciaire 2016, ouverte l'année judiciaire 2017, me donner acte de mes réquisitions et du tout dire qu'il sera dressé procès-verbal conformément à la loi.

CHAPITRE 5

La pression de l'opinion publique et la force des lobbys peuvent interférer dans le traitement pénal d'une affaire sensible médiatiquement. L'objectif de ce cinquième discours était d'exposer les conditions présidant à l'émergence d'un parquet de plein exercice pour y faire face. En ce sens la création d'un procureur général de la Nation était évoquée comme piste de réflexion visant à renforcer l'indépendance du ministère public vis-à-vis du pouvoir exécutif s'agissant notamment de la direction des enquêtes pénales et du déclenchement des poursuites.

La priorité annoncée pour l'année 2018 : la lutte contre les incivilités.

DISCOURS DE RENTRÉE SOLENNELLE DE JANVIER 2018

LE PROCUREUR « **DÉCIDEUR** »

LE CHOC DE LÉGITIMITÉ

OU

COMMENT AFFERMIR LE RÔLE CONTESTÉ
DU MINISTERE PUBLIC

Je tiens à remercier nos invités de nous faire l'honneur de leur présence à cette audience de rentrée solennelle du tribunal de grande instance de Libourne et je vous présente donc, au nom de la nouvelle équipe du parquet, mes meilleurs vœux de santé, de réussite professionnelle et d'épanouissement personnel pour cette année 2018.

C'est un procureur de la République qui était à bout de souffle, après bientôt cinq ans de notes adressées à la Direction des services judiciaires, sous couvert de son parquet général, qui est aujourd'hui satisfait d'avoir finalement obtenu un quatrième poste pour le parquet de Libourne.

Il était temps car, comme le chante le rappeur MC Solaar, dans son dernier disque « *comme chaque printemps me pousse vers l'automne, vers le sonotone* », je commençais à désespérer de ne pouvoir convaincre mes pairs de la pertinence de mes calculs sur la nécessité de créer d'abord, et de pourvoir ensuite, ce poste supplémentaire du ministère public alors que les magistrats du siège avaient obtenu un deuxième juge des enfants en 2014 et un juge des libertés et de la détention en 2017. C'est donc chose faite depuis la parution du décret de nomination[1] du 1er janvier 2018 dont il sera donné lecture dans quelques instants. Et je ne regrette pas d'avoir eu « la langue bien pendue » notamment lors de ces discours de rentrée solennelle pour exposer, chaque année depuis 2014, le sous-effectif chronique de mon équipe et arriver à ce résultat avec le soutien constant du parquet général[2] dans le cadre de ce que nous nommons les dialogues de gestion[3] avec notre administration centrale.

Madame ---- vous avez fait vos études de droit à la faculté de Nanterre jusqu'à ce que l'on appelait à mon époque un diplôme d'études approfondies de droit pénal et de sciences criminelles. Vous êtes issue de la promotion 2008, soit très exactement 20 promotions après la mienne, une génération d'écart donc. Vous avez été nommée à la fin de votre formation dispensée à l'École nationale de la magistrature substitute placée auprès du procureur général près la cour d'appel de Versailles avant de rejoindre le parquet de Nanterre en 2012. De septembre 2014 jusqu'au mois de décembre 2017 vous étiez rédactrice au bureau de la politique pénale générale[4] de la Direction des affaires criminelles et des grâces, où vous avez notamment été amenée à suivre au niveau central l'accident collectif de Puisseguin. Au poste que vous occupiez au ministère de la Justice, vous avez travaillé plus particulièrement sur les questions des violences intrafamiliales et de délinquance des mineurs.

Affectée à la tête d'un pôle des atteintes à la personne, vous allez donc pouvoir mettre en application à Libourne les dispositifs légaux que vous avez rédigés à Paris. Vous remplacez madame ---- vice-procureure à ce poste. Mais vous remplacez aussi madame ---- substitute placée qui était en charge de ce contentieux sur les neuf premiers mois de l'année écoulée et que je tenais à féliciter lors de cette audience de rentrée solennelle pour le travail accompli.

Le suivi du « Téléphone grave danger », le déploiement sur notre territoire de la médecine légale avec l'affectation récente d'un praticien sur le nouvel hôpital Robert Boulin, la salle « Mélanie[5] » à la sous-préfecture de Libourne pour le traitement des affaires de maltraitance, le suivi des dossiers de conduites addictives avec l'association « Caan'abus[6] » pour les majeurs ou le « Prado » pour les mineurs dont vous aurez la charge, sont la démonstration du dynamisme de l'action du parquet dans ces domaines. Je ne doute pas que vous améliorerez encore les réponses pénales et civiles du ministère public plus spécialement en lien avec le tribunal pour enfants et les services de la Protection judiciaire de la jeunesse et de l'aide sociale à l'enfance du conseil départemental.

Votre arrivée presque inespérée m'a permis d'établir un nouvel organigramme à quatre magistrats : le procureur « anti-corruption » en charge de la délinquance financière et des atteintes à l'autorité de l'État, madame ---- vice-procureure « anti-trafics » en charge de la criminalité organisée et de l'exécution des peines, madame ---- vice-procureure « anti-fraudes » en charge des atteintes aux biens et des contentieux techniques et vous-même vice-procureure « anti-agressions » en charge des atteintes aux personnes et de la délinquance des mineurs. Bienvenue madame ---- dans l'équipe désormais renforcée et rajeunie du parquet de Libourne.

*

Pour celles et ceux qui n'étaient pas présents, je terminais mon discours de rentrée solennelle l'année dernière sur l'idée d'une modélisation de l'action publique adaptée à notre territoire et inspirée d'une méthode de programmation linéaire découverte en 1947 par le mathématicien Georges Dantzig. La riche actualité judiciaire de l'année écoulée et notamment les chantiers de la justice[7] ouverts par notre nouvelle garde des Sceaux, Nicole Belloubet, m'obligent à retarder de quelques minutes cette présentation chiffrée qui avait pour ambition de trouver la meilleure réponse pénale sous un certain nombre de variables à des problématiques concrètes, en l'espèce pour ce qui nous concerne aux actes de délinquance commis sur le ressort territorial de Libourne.

Ce cinquième discours visera également à définir pour 2018 une nouvelle action prioritaire thématique ou transversale, après la lutte contre les comportements routiers dangereux en 2014, la persistance des violences intrafamiliales en 2015, le rajeunissement de la délinquance en 2016, la montée des conduites addictives en 2017 parce que les formes de transgression des interdits se multiplient et mutent, obligeant le ministère public, lorsque *L'Empire contre-attaque*, à déployer tous les dispositifs légaux et les ressources locales à sa disposition pour combattre les forces du mal.

Il me faut vous présenter, dans un premier temps, le bilan de l'activité pénale de l'année écoulée, en la mettant en perspective comparativement aux années précédentes et avec une vision qui ne soit pas trouble comme celle de *Jason Bourne*, mais plutôt avec *L'œil vivant* de l'historien suisse des idées Jean Starobinski.

Les chiffres de la délinquance en 2017 sur le ressort de l'arrondissement judiciaire de Libourne sont les suivants : quatre faits de nature criminelle pour neuf en 2016, un dossier financier d'une grande complexité récupéré par la juridiction interrégionale spécialisée de Paris et plusieurs plaintes instruites sur notre arrondissement et transmises au pôle « santé publique » du parquet de Marseille s'agissant des procédures pénales relatives au médicament « Lévothyrox[8] ». Voilà pour les affaires les plus graves, ou les plus médiatisées, auxquelles il convient d'ajouter huit accidents mortels en matière routière pour 15 en 2016. Et je n'oublie pas bien évidemment le suivi du dossier de Puisseguin, pour lequel le magistrat instructeur a réuni dans son bureau les avocats au mois de décembre 2017 afin de les tenir informés de l'évolution des investigations soumises au secret de l'instruction[9], et notamment de la remise très prochainement de la dernière expertise pour laquelle le laboratoire de police scientifique[10] de Toulouse a été saisi dans le cadre de l'information judiciaire.

Et cette année encore des trafics de stupéfiants, des violences intrafamiliales, des agressions sexuelles, des séries de cambriolages, des infractions sur internet[11] qui ont abouti à l'enregistrement de 26 946 procédures lorsque l'on ajoute aux délits et contraventions de cinquième classe (12 184 affaires), les 14 762 procès-verbaux enregistrés par l'officier du ministère public pour les affaires contraventionnelles des quatre premières classes, soit une augmentation de 3% de la délinquance constatée en comparaison des 26 141 procédures enregistrées en 2016. Ce pourcentage correspond à celui de la hausse moyenne des infractions sur l'ensemble de la région Nouvelle-Aquitaine pour la zone de compétence de la gendarmerie nationale.

L'augmentation des cambriolages et, dans une moindre mesure, des atteintes volontaires à l'intégrité physique caractérise l'année 2017 ; et la zone de sécurité prioritaire qui était relativement préservée depuis sa création en 2013 n'a pas été épargnée. Les gendarmes ont relevé 174 conduites addictives (avec stupéfiants et/ou alcool) supplémentaires d'une année sur l'autre : 1 182 en 2016 et 1 356 en 2017. Les violences intrafamiliales n'ont pas diminué non plus avec un crime de trop commis l'année dernière à Lagorce qui s'ajoute au drame d'Izon de 2016 et au double assassinat de Saint-Denis-de-Pile[12] perpétré en 2015.

Et, pour autant, les forces de sécurité intérieure restent parfaitement mobilisées sur les affaires portant gravement atteinte à l'ordre public ou pour prévenir, dans le cadre des réquisitions délivrées par le parquet, la commission d'infractions sur la voie publique. Elles ont même inversé la tendance puisque, l'année écoulée, les infractions révélées par l'action de ces services ont augmenté fortement alors que la tendance était à la baisse en 2015 et en 2016. Les taux d'élucidation sont toujours très satisfaisants et en tout cas supérieurs à la moyenne nationale sur les deux compagnies de Blaye et de Libourne.

Je tiens donc solennellement à féliciter l'ensemble des enquêteurs, dont les chefs d'unité sont réunis trimestriellement dans la bibliothèque du tribunal ainsi que l'officier du ministère public et un représentant du Service national de douane judiciaire, pour les résultats obtenus sur le terrain. En particulier la gendarmerie de Coutras pour une affaire d'agression à caractère homophobe[13] à la suite de menaces sur les réseaux sociaux et la brigade de recherches de Blaye pour le démantèlement d'un important trafic de stupéfiants. Il reste, comme toujours, des marges de progression sur lesquelles nous travaillons en parfaite concertation avec les deux commandants de compagnie, visant notamment à réduire en 2018 le volume des procédures dont la durée de traitement dépasse les six mois sans que des investigations ne soient programmées.

Mais je serai, comme chef de parquet en charge avec mon équipe de la direction de la police judiciaire, particulièrement attentif au déploiement du dispositif de la « PSQ », la police de sécurité du quotidien[14], sur l'arrondissement qui ne doit pas se traduire par une dégradation de la qualité des procédures pénales établies par les officiers de police judiciaire. Et je suis sûr de pouvoir compter, comme Montaigne, sur la force de l'imagination qu'il évoquait dans son propos introductif au XXIe chapitre de ses *Essais* intitulé « *Fortis imaginatio generat casum* » pour produire l'événement plutôt que de le subir et donc pour trouver les moyens de faire reculer la délinquance.

Le bilan 2017 pour la justice pénale à Libourne et sur les cinq dernières années, vous le trouvez sur la plaquette qui vous a été distribuée en début d'audience en l'ouvrant page de gauche ainsi que sur la feuille intercalée pour les indicateurs plus affinés visant à une modélisation de l'action du parquet et du juge sur le plan répressif. Il résulte de ces éléments chiffrés que le niveau de la réponse pénale est plus élevé en 2017 qu'en 2016 avec près de 50% d'affaires poursuivies sur les affaires poursuivables, c'est-à-dire de convocations devant une juridiction de jugement notamment sous une forme simplifiée avec près de 1 000 procédures, soit le double en comparaison des années antérieures à 2013.

Cette modification dans les modes de poursuite a permis de réduire sensiblement les délais de convocation devant le tribunal correctionnel, qui sont passés en cinq ans de plus de six mois à trois mois, mais aussi de la frappe des jugements correctionnels de six mois à deux mois et de l'édition des fiches d'exécution des peines de neuf mois à quatre mois.

La difficulté était effectivement, quoique moins complexe à élaborer que la théorie des cordes visant à unifier la mécanique quantique de Max Planck et la relativité générale d'Albert Einstein, de parvenir à maintenir une réponse pénale supérieure à 90% (92,4% en 2017), tout en réduisant les délais de jugement et d'exécution des peines prononcées. C'est chose faite progressivement et à moyens constants pour le ministère public grâce encore une fois à l'engagement des magistrats et fonctionnaires du tribunal de grande instance qui se sont pleinement investis souvent au-delà des horaires prévus par le code du travail[15]. Malheureusement les planètes du siège, du parquet et du greffe ne seront pas alignées s'agissant de nos effectifs respectifs en 2018. Après la perte pour mutation professionnelle en avancement de monsieur ----, vice-président, dont la force du verbe et de l'écriture était comparable à la précision de l'arbalète du compagnon « wookie » d'Han Solo, c'est la suppression de trois audiences correctionnelles que nous avons dû concéder, alors même que nous proposions compte tenu de notre nouvel organigramme à quatre d'en créer une supplémentaire par mois.

Mais ce renfort du ministère public nous permettra de continuer à désengorger le tribunal pour enfants pour que les juges et leur greffe respectif soient en mesure de gérer des dossiers d'assistance éducative de plus en plus nombreux ; et ce dans l'esprit des propos tenus par le chef étoilé Thierry Marx qui, il y a trois jours, sur une radio du service public estimait à juste titre que pour éviter l'entrée dans la délinquance des plus jeunes tout devait être fait afin d'empêcher le décrochage scolaire et renforcer l'encadrement des plus fragiles notamment dans les quartiers difficiles.

Je ne serais pas complètement exhaustif si j'éludais les résultats du juge d'application des peines avec 87 bracelets électroniques en cours et le suivi de 22 mesures de contrainte pénale, si je passais sous silence les 72 dossiers à l'instruction dont celui de Puisseguin, les 1 428 victimes prises en charge par l'association « Vict'Aid », les 629 condamnés reçus immédiatement par le bureau de l'exécution des peines[16] après les audiences correctionnelles et les 210 971 euros (ce qui est un record) d'amendes acceptées dans le cadre des mesures de compositions pénales, des ordonnances pénales et des convocations sur reconnaissance préalable de culpabilité en 2017.

Cette efficacité se poursuivra avec l'utilisation des techniques spéciales d'enquête prévues par les dispositifs Perben II[17] s'agissant de la délinquance organisée, largement mis en œuvre à Libourne, avec 42 saisines du juge des libertés et de la détention aux fins d'interceptions téléphoniques, poses de balises[18] ou de perquisitions[19] sans assentiment. Elle consistera aussi à maintenir, à un niveau élevé, les présentations au parquet notamment dans le cadre des comparutions immédiates, au nombre de 63 en 2017. La saisine du Défenseur des droits[20] sera envisagée en 2018 comme nous l'avons fait à trois reprises depuis l'entrée en vigueur du protocole signé par le parquet général avec Jacques Toubon, le représentant de cette autorité administrative indépendante[21], dans des dossiers de discriminations[22]. Le choix aussi de convoquer certains condamnés devant le juge d'application des peines plutôt que d'incarcérer ou le fait de ne pas s'opposer à une conversion en jour-amende[23] des courtes peines d'emprisonnement ferme ayant rapporté 33 950 euros au Trésor public l'année écoulée.
« Principe d'opportunité » des poursuites pénales et « principe d'opportunité » dans les modalités d'exécution de la peine, nous appliquerons.

Madame la présidente, le chantier de la « transformation numérique » initié par la ministre de la Justice comme l'un des cinq chantiers de la justice est-il susceptible de faciliter le travail du juge et de compenser votre déficit en équivalent temps plein ? Je ne le crois pas.

Même si l'Open Data[24], la mise en ligne des décisions de justice constitue un plus, en ce qu'elle est susceptible de faciliter les recherches des avocats et représente une aide aux décisions des magistrats en évitant toute forme de « caprice judiciaire », l'intuition et l'équité participent également à la résolution juridictionnelle des conflits lorsque votre juridiction ou celle du tribunal d'instance[25] est saisie d'un litige par les parties. L'autorité de la chose calculée ne peut se substituer à l'autorité de la chose jugée[26], sauf à voir consacrer la légitimité de juges-machines dont l'art de la motivation[27] est, me semble-t-il, assez éloigné de « *l'écriture automatique* » des surréalistes.

Et il en est de même pour le ministère public. Si la conviction du juge ne peut se réduire à un algorithme, aucune intelligence artificielle, même celle augmentée de R2-D2 et de BB-8, n'est capable d'anticiper les décisions du parquet en termes de poursuites ou la teneur des plaidoiries des avocats à l'audience. Pour autant, dans certains États fédérés américains, les procureurs recourent désormais à la justice dite prédictive[28] afin de mesurer leur chance de faire condamner certains suspects en fonction des preuves recueillies et à abandonner les charges si l'issue des poursuites se révèle trop incertaine.

Nous n'en sommes pas là fort heureusement à Libourne, même si nous nous sommes engagés depuis bientôt cinq ans dans une modernisation de nos outils à la permanence du parquet dans le cadre du traitement en temps réel des procédures avec désormais 55% des réponses délivrées par voie électronique.

Dernière co-production de ces avancées technologiques, nous avons mis en place à titre expérimental depuis le 1er juin 2017 avec le colonel ----, commandant du groupement de gendarmerie de la Gironde, une procédure de « pré-décision » d'action publique[29] visant au classement sans suite de certaines affaires pénales lorsque l'auteur n'a pu être identifié ou que l'infraction n'est pas suffisamment caractérisée pour en aviser immédiatement la victime.

Par ailleurs, nous sommes prêts à accueillir dans les prochaines semaines les nouveaux logiciels métier du parquet[30] et nous signerons également une convention avec le barreau de Libourne dans le courant du premier semestre 2018 sur la communication électronique pénale[31]. Mais en tout état de cause, et parce que l'issue d'un procès pénal est par essence aléatoire, je m'opposerai à une *legaltech* dominatrice avec la même force que celle employée par Joe Chip contre la tyrannie des machines homéostatiques dans le roman d'anticipation *Ubik* de Philip K. Dick, parce que l'œuvre de justice doit rester avant tout humaine.

Je me félicitais il y a de cela quelques minutes du renforcement de l'équipe du parquet avec la nomination de madame ----- comme troisième vice-procureure au tribunal de grande instance de Libourne. Pour autant, il conviendra de ne pas nous « *éparpiller façon puzzle* » sur tous les fronts de la délinquance, mais bien au contraire de cibler prioritairement les infractions qui troublent le plus gravement l'ordre public : atteintes à l'intégrité physique et à la propriété privée, fraudes et trafics en tout genre, délinquance financière[32] et criminalité organisée, radicalisation violente également.

Nous ne sommes effectivement toujours pas parvenus à la norme fixée par la Commission européenne pour l'efficacité de la justice ou celle déduite de la moyenne française de magistrats du ministère public fixée à 2,8 pour 100 000 habitants. Et la question de la sanctuarisation du budget de la Justice ou de l'octroi d'une plus grande indépendance financière aux juridictions se pose toujours, la part du produit intérieur brut qui lui est consacrée plaçant la France au 37e rang des pays membres du conseil de l'Europe entre la Géorgie et l'Azerbaïdjan.

Nos parlementaires ont pris pleinement conscience de cette situation dramatique et indigne d'un pays qui revendique d'être historiquement la patrie des droits de l'Homme[33] à travers le rapport déposé au mois d'avril 2017 par Philippe Bas, président de la Commission des lois du Sénat[34], après l'audition de professionnels de la justice comme ceux du tribunal de Libourne au début de l'année écoulée à la cour d'appel de Bordeaux. La fixation par la mission sénatoriale du délai de cinq ans pour redresser la justice[35] apparaît à l'évidence un minimum pour compenser les vacances de poste de magistrats et d'agents du greffe. Mais c'est également à l'inflation législative qu'il faut s'attaquer, car ce n'est pas moins de 110 circulaires ou dépêches en 2016 qu'il nous a fallu décliner en 2017 avec l'aide précieuse du parquet général.

C'est à ce constat qu'aboutit le *Livre noir du ministère public*[36] rédigé par la Conférence nationale des procureurs de la République, à laquelle j'appartiens, publié en juin 2017 et dont j'ai remis ce jour une copie intégrale à nos élus ou leurs représentants ainsi qu'à la presse. Car il est vrai que l'exercice de l'action publique ressemble souvent aux interventions d'Archibal Tuttle dit « Harry », réparateur de climatiseurs défectueux dans le film *Brazil* de Terry Gilliam.

Mais le fait de passer de 3,5 parquetiers en 2017 à 4 est de nature à nous permettre de prolonger la mutualisation des permanences avec le parquet de Bergerac toujours en sous-effectif, de développer nos bureaux des enquêtes spécialisées, de participer aux audiences d'assises[37] pour les crimes commis sur notre ressort, d'établir un projet de juridiction et de me consacrer plus pleinement encore, pour ma part, au suivi de l'accident collectif de Puisseguin.

Ce renfort nous autorise aussi à espérer améliorer la qualité des réponses apportées dans le traitement de certains contentieux sur la base du nouvel organigramme que j'ai diffusé et d'une réorganisation des services pénaux entreprise avec votre adjointe, madame la directrice, l'année passée : spécialisation du bureau d'ordre, verticalisation de l'audiencement et du greffe[38] correctionnel, mutualisation de l'application et de l'exécution des peines, transfert du contentieux du tribunal de police vers le tribunal de grande instance.

Ainsi, de la même façon que je compte sur la force de l'imagination des enquêteurs pour faire reculer la délinquance, ces changements structurels et construits doivent nous permettre d'être plus efficace, pour que « la force de l'habitude » décrite par l'écrivain autrichien Robert Musil, dans son livre *L'homme sans qualités*, ne prenne jamais le pas sur la nécessité de s'adapter constamment aux flux entrants des affaires pénales soumises à notre expertise.

Vous pourrez ainsi mieux vous positionner, madame ----, vice-procureure, vous pourrez ainsi mieux vous positionner sur la traite des êtres humains et l'esclavage domestique qui fait partie de votre nouveau portefeuille avec l'association « Ruelle[39] », madame ----, vice-procureure, sur les contentieux environnementaux et sociaux en devenant la référente pour le parquet de Libourne du comité opérationnel départemental de lutte anti-fraude, madame ----, vice-procureure, sur la lutte contre la pédo-pornographie[40] en lien avec l'association « la Mouette[41] » et contre les violences intrafamiliales avec la création très prochaine d'une place pour le conjoint agresseur au sein de la structure du « Lien[42] ».

Vous l'avez compris, notre code de procédure pénale s'est complexifié au point d'être désormais aussi épais que notre code pénal. Raison pour laquelle un chantier de simplification a été ouvert par notre garde des Sceaux pour l'adapter au nouveau monde. Mais attention, prenons tout de même le temps un jour de le réformer en profondeur à l'instar du code pénal en 1994 en y ajoutant une refonte de l'exécution des peines. Et comme l'a justement fait remarquer d'une formule choc, le bâtonnier de Libourne ----, qui portait pour l'occasion la combinaison de l'astronaute Thomas Pesquet et prenait de la hauteur, lors de la Convention nationale des avocats[43] qui s'est tenue à Bordeaux en présence du Premier ministre au mois d'octobre 2017 : « *Arrêtons de pondre des réformes qui n'ont plus rien à voir avec l'œuvre de justice, mais relèvent de la seule gestion des flux* ».

Dans cette perspective, il convient peut-être aussi de s'interroger sur la réforme envisagée par le législateur visant à la contraventionnalisation de la consommation de cannabis[44]. En effet n'est-il pas plus pertinent d'obliger celui qui se drogue à se soigner comme nous le faisons à Libourne avec 127 stages de sensibilisation aux dangers relatifs à l'usage de produits stupéfiants[45] et 81% de réussite l'année écoulée, plutôt que de prononcer des amendes dont on sait que le taux de recouvrement sera inférieur à 50% sur le plan national ? C'est « *le sens et l'efficacité des peines* » qui est en jeu ici, et plus largement la détermination du périmètre exact de leur éventuelle forfaitisation[46] qui ne m'apparaît pas être la réponse la plus adaptée au comportement des toxicomanes lorsqu'ils sont de simples consommateurs.

Cette action de lutte contre les conduites addictives, nous la poursuivrons en 2018 avec le Comité d'étude et d'information sur la drogue et les addictions de Bordeaux et l'association « Caan'Abus » de Libourne, notamment par des opérations préventives en direction des établissements scolaires comme nous l'avons fait l'an passé. Mais en 2018, nous déclinerons une nouvelle priorité d'action publique, aussi claire je l'espère que la ligne de Joost Swarte, dessinateur néerlandais de bande dessinée : la lutte contre les incivilités qui gangrènent la vie sociale.

Pour ce faire, nous allons conclure un avenant à la convention signée au mois de mai 2013 sur le stage de citoyenneté avec le service pénitentiaire de la Gironde et son antenne locale à Libourne pour l'élargir aux mesures alternatives, dans le dessein de faire prendre conscience aux mis en cause concernés par ce dispositif que si les citoyens ont des droits, ils ont également des devoirs inhérents à la vie en société. C'est ce même principe qui préside aux « rappels à l'ordre » mis en œuvre désormais par douze communes de l'arrondissement qui ont signé des protocoles avec le parquet depuis l'année 2013.

La professeure de droit Michèle-Laure Rassat intitulait sa thèse *Le ministère public entre son passé et son avenir*. C'était en 1967, il y a cinquante ans. Un demi-siècle plus tard, ce questionnement semble être à nouveau d'une troublante actualité alors même que la question de l'indépendance du parquet et de la place de la Justice dans une démocratie moderne n'est pas définitivement réglée par le pouvoir politique.

Or tout le monde s'accorde sur la nécessité de revisiter le lien hiérarchique entre le parquet et l'exécutif dans le dessein d'éliminer toute suspicion sur les décisions des procureurs dans les affaires dites sensibles, et par là même de satisfaire à la notion d'impartialité objective[47] dégagée par la jurisprudence de la Cour européenne des droits de l'homme sise à Strasbourg.

Cette indépendance statutaire non acquise à ce jour n'est pas incompatible avec la détermination et la conduite de la politique pénale par le gouvernement puisque, si au terme de l'article 30 du code de procédure pénale le ministre de la Justice peut adresser au ministère public des instructions générales de politique pénale, « *précisées et le cas échéant adaptées par le procureur général* », au regard notamment de la nécessité d'assurer sur le territoire de la République l'égalité des citoyens devant la loi, le procureur peut sur le fondement de l'article 39-1 de ce même code la décliner « *en tenant compte du contexte propre à son ressort* ».

Il s'agit donc pour les 164 procureurs d'apporter des nuances à ces directives en tenant compte notamment des variables criminologiques locales, des priorités d'action publique affichées et de la capacité de jugement de leurs tribunaux. En toute hypothèse, des garde-fous existent dans la constitution de la Ve République, dans le code de procédure pénale, dans les décisions du Conseil supérieur de la magistrature[48] pour empêcher l'un d'entre eux de développer une politique pénale qui ne serait pas conforme à celle définie par le gouvernement et notre garde des Sceaux. Il ne serait, de toute façon, s'il s'engageait dans cette voie, sans issue, qu'un *Roi pâle* pour reprendre le titre du livre inachevé de l'écrivain américain David Foster Wallace.

Dès lors le temps n'est-il pas venu comme le suggère l'actuel procureur général près la Cour de cassation de créer le poste de procureur général de la Nation[49] ou de procureur général de la République pour achever la rupture du lien entre pouvoir exécutif et ministère public. Il deviendrait un personnage clé, interlocuteur privilégié du Gouvernement et du Parlement pour la matière répressive. Il s'agit en définitive de définir les contours d'un parquet de plein exercice qui doit continuer à rendre des comptes s'agissant des décisions d'action publique, mais dans des conditions différentes de l'époque des procureurs du roi[50], en charge de défendre les intérêts du suzerain.

Il y a urgence puisque la force des lobbys et de l'opinion publique sur les réseaux sociaux nous contestent notre rôle de régulateur des poursuites pénales ou de défenseur des intérêts de la société[51] à l'audience. C'est un changement de paradigme indispensable à opérer dans une démocratie devenue plus participative ou horizontale.

Et n'ayons pas peur des comparaisons historiques, cette réforme visant à l'indépendance d'un parquet responsable devant la Nation doit s'inspirer du *Traité théologico-politique* de Spinoza qui plaidait au XVIIe siècle pour faire établir des lois protégeant les spéculations philosophiques contre, à l'époque, les exigences de la religion.

« Choc de flexibilité » décliné en 2014 visant à réduire les délais de jugement en matière pénale, « choc de lisibilité » décliné en 2015 visant à rendre plus transparente l'action du parquet, « choc de mesurabilité » décliné en 2016 visant à évaluer la qualité des décisions rendues en matière répressive, « choc de proportionnalité » décliné en 2017 visant à adapter les réponses pénales aux différentes formes de la délinquance, je souhaitais évoquer aujourd'hui cette idée d'un « choc de légitimité » du ministère public pour l'année en cours visant à affermir son rôle dans un environnement judiciaire et médiatique devenu hautement concurrentiel s'agissant de la place qu'il convient de réserver à chaque acteur du procès pénal.

Il me restera peut-être le temps, ou pas madame la présidente, mon obsolescence à la tête du parquet de Libourne étant programmée, de développer au mois de janvier 2019 physiquement, ou par le truchement d'un hologramme sait-on jamais monsieur le bâtonnier, mes ultimes réflexions sur ce beau mais usant métier de parquetier que j'ai embrassé il y a vingt-cinq ans et de procureur depuis bientôt dix ans. J'essaierai de m'inspirer pour ce faire du petit traité de métaphysique scientifique réaliste *Le ciment des chos*es de l'épistémologue Claudine Tiercelin, professeure au collège de France.

Madame la présidente, qu'il vous plaise de bien vouloir constater j'ai l'honneur :

- aux prescriptions de l'article R. 111-2 du code de l'organisation judiciaire il a été satisfait ;
- close l'année judiciaire 2017 et ouverte l'année judiciaire 2018 déclarer ;
- Acte de mes réquisitions me donner et du tout dire procès-verbal conformément à la loi il sera dressé.

CHAPITRE 6

La déclinaison des instructions générales du garde des Sceaux n'est pas une attribution que le procureur de la République peut exercer de façon solitaire et sans contrôle. L'objectif de ce sixième discours était d'analyser les partenariats publics et associatifs élaborés par les chefs de juridiction sur le ressort judiciaire de Libourne pour réprimer, mais également prévenir les actes de délinquance. Il était également déploré l'absence d'évaluation approfondie des très nombreux dispositifs décidés au niveau central concernant la matière pénale.

La priorité dégagée pour l'année 2019 : la lutte contre les atteintes au cadre de vie.

DISCOURS DE RENTRÉE SOLENNELLE DE JANVIER 2019

LE PROCUREUR « **ARCHITECTE** »

LE CHOC DE TRANSVERSALITÉ

OU

COMMENT CONSTRUIRE UNE POLITIQUE PÉNALE EQUILIBRÉE SUR UN TERRITOIRE

Je remercie nos invités de nous faire l'honneur de leur présence à cette audience de rentrée solennelle du tribunal de grande instance de Libourne et je vous présente au nom de l'équipe du parquet mes meilleurs vœux de santé, de réussite professionnelle et d'épanouissement personnel pour cette année 2019. Mes félicitations au nouveau bâtonnier de Libourne M^e ---- mes remerciements à M^e ---- avec lequel nous avons travaillé de façon constructive et transparente à un moment où les inquiétudes du barreau sont fortes s'agissant plus particulièrement du chantier dit du réseau territorial qui concerne la fusion programmée[1] des tribunaux de grande instance et des tribunaux d'instance.

Pour celles et ceux qui n'étaient pas présents, je terminais l'épisode cinq de mes discours de rentrée solennelle l'an passé à Libourne sur un petit traité de métaphysique scientifique réaliste de Claudine Tiercelin *Le ciment des choses*. La référence à cet essai épistémologique avait pour but de me permettre aujourd'hui de consolider mes dernières réflexions sur le rôle du parquet au quotidien et comme procureur affecté dans ce tribunal de province. C'est à ce titre qu'il me revient de bâtir une politique pénale sur un ressort judiciaire, tout en restant soumis au principe hiérarchique inhérent à notre statut du ministère public et gage de cohérence de l'action publique générale définie par le Gouvernement et sa garde des Sceaux.

Mais cette déclinaison dans notre arrondissement des priorités définies au niveau central ne doit pas nous dispenser, dans une approche que je souhaite systémique et pas seulement verticale, d'agir local pour penser global s'agissant de l'administration de notre juridiction[2] pour reprendre l'idée force du groupe de rock landais The Inspector Cluzo dans leur dernier disque *we the people of the soil.*

C'est en tout cas en développant l'idée d'une démarche transversale de résolution des problématiques qui nous sont soumises, que je définirai pour 2019 un nouvel axe prioritaire après la lutte contre les comportements routiers dangereux en 2014, les violences intrafamiliales en 2015, le rajeunissement de la délinquance en 2016, les conduites addictives en 2017, la montée des incivilités en 2018, parce que l'œuvre de justice en matière civile comme en matière pénale est *Inachevable* au même titre que la création artistique comme le souligne dans un livre d'entretiens le poète Yves Bonnefoy.

Mais avant de préciser les contours de cette nouvelle priorité basée sur un choc de transversalité, je me dois de dresser comme chaque année le bilan de l'activité pénale pour 2018 s'agissant des infractions constatées et des réponses apportées par notre tribunal prochainement rénové. Car en effet le temps n'est pas encore venu d'une « *époque civilisée* » décrite par l'écrivain de science-fiction Ken Liu dans sa nouvelle *Renaissance* et « *qui se passerait des rituels de la notification des droits au suspect, parce qu'obsolètes dans la mesure où plus personne n'aurait besoin d'avocat faute de procès ou de pièges tendus par la police* ».

*

La délinquance l'année écoulée n'a pas diminué dans le département et sur le ressort judiciaire de Libourne, elle est même en augmentation significative avec une hausse de 5,8% que l'on note en Gironde pour les faits constatés par les unités de gendarmerie. Le taux d'élucidation est en légère baisse en 2018 par rapport à 2017, mais toujours supérieur à la moyenne nationale. Si les atteintes aux biens ont été globalement contenues, les cambriolages sont plus nombreux sauf sur le secteur de Blaye. Les violences, notamment en matière intrafamiliale, sont aussi en progression tout comme les faits de menace[3] et de chantage[4].

Mais la plus forte augmentation en 2018 a concerné les escroqueries sur internet (+19,7% pour l'ensemble du département), troisième année consécutive de hausse. Sur le plan de la sécurité routière, moins d'accidents matériels et/ou avec des blessés l'année écoulée par rapport à 2017, mais plus d'accidents mortels : 14 au lieu de huit sur l'arrondissement. Pour terminer ce bilan général, les contraventions des quatre premières classes traitées par les services de l'officier du ministère public ont diminué de 10% avec 13 357 affaires enregistrées au 31 décembre 2018.

Pour les faits les plus graves dont la presse s'est fait l'écho et qui pour certains sont toujours en phase d'enquête comme l'infanticide[5] de Saint-Seurin-sur-l'Isle de mai 2018 géré par le pôle criminel du tribunal de grande instance de Bordeaux, des trafics de stupéfiants et d'armes démantelés par les enquêteurs des compagnies de Libourne et de Blaye.

Mais également des rixes entre bandes, la diffusion d'images pédopornographiques, des actes et des propos homophobes ou racistes, des faits de maltraitance sur des mineurs ayant donné lieu à des interpellations et de lourdes condamnations par le tribunal correctionnel ; ainsi que des fraudes sociales[6], fiscales et des infractions de blanchiment[7] mises en évidence par des services spécialisés ou administrations déconcentrées de l'État pour lesquels le service régional de la police judiciaire ou la section de recherches de Bordeaux ont pu être saisis par le parquet ou le juge d'instruction.

Le juge d'instruction justement qui poursuit ses investigations sur le drame de Puisseguin et qui réunira à la fin du mois de février les parties civiles pour leur faire part des dernières avancées de ce dossier et de son analyse du rapport d'expertise rendu au mois de novembre 2018.

Le dossier d'aide au séjour irrégulier[8] de l'aire d'autoroute de Saugon enfin, avec des peines d'emprisonnement ferme à la clé en première instance. Le démantèlement de cette filière d'immigration clandestine par la police de l'air et des frontières que je tiens à féliciter est la démonstration que la criminalité organisée se déploie sur tous les territoires même ruraux. Et que si nous pouvons remettre en question nos préjugés sur les réfugiés comme nous y invite le chorégraphe Rachid Ouramdane dans son spectacle *Franchir la nuit*, nous devons être sans indulgence vis-à-vis de ceux qui organisent et tirent profit de ce qui s'apparente à de la traite moderne des êtres humains.

Les forces de sécurité intérieure sont restées mobilisées toute l'année avant et pendant le mouvement dit des « Gilets jaunes » qui perdure à ce jour. Elles ont fait preuve d'une capacité d'adaptation remarquable à cette nouvelle problématique d'ordre public, mais également de gestion des infractions commises par certains individus au cours de ces événements. Douze personnes ont été poursuivies à Libourne, dont trois mineurs qui ont été mis en examen par le juge des enfants pour avoir participé au saccage du péage de Virsac.

Je serai en tout cas, ainsi que mon équipe, particulièrement vigilant aux agressions physiques et verbales commises sur les personnes dépositaires de l'autorité publique[9], sur les journalistes et sur les élus. Les premiers parce qu'ils sont en charge de notre sécurité, les seconds parce qu'ils sont les premiers vecteurs d'information des citoyens, les troisièmes parce qu'ils sont dans une démocratie représentative, aussi imparfaite soit-elle, un pilier fondamental de notre République.

Que ceux qui souhaitent plus de participation des citoyens à la vie publique, en dehors des périodes électorales, se penchent sérieusement sur les controverses qui ont animé les débats des philosophes des lumières sur la démocratie directe au XVIIIe siècle, s'intéressent à la question du tirage au sort[10] évoquée par l'historien néerlandais David Van Reybrouck à l'époque de la démocratie athénienne ou lisent également les propositions du professeur de droit constitutionnel Dominique Rousseau sur les prérequis institutionnels à l'instauration d'une démocratie plus « continue ».

Chers invités, vous trouvez sur les feuilles qui vous ont été distribuées à l'entrée de cette salle d'audience ou qui ont été déposées sur vos sièges, quelques indicateurs pénaux relatifs aux décisions qui ont été rendues en 2018 par les formations répressives du tribunal de grande instance et du tribunal d'instance, ainsi que les évolutions tendancielles majeures par services du parquet et du greffe correctionnel sur les sept dernières années.

12 506 procès-verbaux des unités d'enquête et de plaintes de particuliers enregistrés au bureau d'ordre l'année écoulée. Un taux de réponse pénale identique à celui de 2017 : 92,4%, taux supérieur à celui du groupe des juridictions auquel est rattaché le tribunal de Libourne, et supérieur également à la moyenne nationale de l'ensemble des tribunaux de grande instance de métropole et ultramarins. Les délais de convocation devant les juridictions de jugement ont été fortement réduits sur cette période de temps. 76 informations judiciaires à l'instruction au 31 décembre dont l'affaire de Puisseguin, un stock d'affaires à juger en diminution au tribunal pour enfants, une explosion des décisions rendues par le juge des libertés et de la détention et son greffe en 2018 par rapport à 2017 (+130%), lesquels s'occupent par ailleurs des hospitalisations sous contrainte[11] avec 191 dossiers traités l'année écoulée.

Mais également, et pour finir, une frappe des jugements correctionnels au fil de l'eau et une transmission des pièces relatives à ces décisions au service de l'exécution des peines dans les deux mois. Ce dernier point nous permet enfin de nous conformer pleinement aux prescriptions de l'article 707 du code de procédure pénale aux termes duquel « *les peines prononcées par les juridictions pénales sont, sauf circonstances insurmontables, mises à exécution de façon effective et dans les meilleurs délais* ».

Une analyse plus fine de ces chiffres portant sur un comparatif entre 2012 et 2018 permet de relever trois tendances significatives :

- la première est une diminution du délai moyen de la réponse pénale et une augmentation de la qualité de son contenu. C'est une hausse du pourcentage des affaires simplifiées sur les affaires poursuivies qui a permis de réduire et de contenir les délais de jugement. Mais attention tout de même à ne pas considérer que le traitement en temps réel des procédures est la solution répressive à tous les comportements délictueux. Prenons aussi le recul nécessaire pour instruire complètement sur les faits reprochés et la personnalité de son auteur lorsqu'il est envisagé des mesures privatives de liberté. Pour ne pas réformer dans la précipitation l'ordonnance de 1945 sur la délinquance juvénile, en tout cas sans débat au Parlement, il peut être très utile de lire l'ouvrage du sociologue allemand Harmut Rosa *Accélération, une critique sociale du temps*, temps dont l'écoulement est le meilleur étalon de mesure de la réalité des efforts entrepris (ou pas) par le mineur pour intégrer les règles de vie en société et donc ne plus commettre d'infractions.

Le contenu de la réponse pénale s'est amélioré également avec 444 mesures de composition pénale décidées l'année écoulée, soit 10% de plus qu'en 2017, mesures qui se sont enrichies de stages de citoyenneté renforcés à la suite de la signature d'une convention au mois de septembre 2018 avec l'organisme de formation « Insup[12] » et le Service pénitentiaire d'insertion et de probation de Libourne, pour lutter plus particulièrement contre les incivilités et les phénomènes de radicalisation qui se développent dans certains quartiers ;

- la seconde tendance forte est une adaptation du niveau de la poursuite à l'évolution de la délinquance et au profil des mis en cause. La baisse pour la deuxième année consécutive des alternatives aux poursuites qui représentent désormais 40% de la réponse pénale et la hausse concomitante des affaires poursuivies qui dépassent désormais les 50 % en sont la traduction chiffrée. L'aggravation de certaines formes de délinquance nécessite en effet de se dessaisir au profit de la juridiction interrégionale spécialisée de Bordeaux, ou de procéder comme nous l'avons fait l'année écoulée avec le juge d'instruction de Libourne, à des saisies confiscatoires avant jugement[13] : bien immobilier, avion privé, studio d'enregistrement, véhicules de luxe dans un dossier d'escroquerie à la caisse primaire d'assurance maladie de la Gironde. La convocation par procès-verbal est à cet égard également plus largement utilisée en 2018 qu'en 2012 : à 75 reprises pour seulement six fois il y a sept ans.

Ce mode de poursuite est la démonstration d'une volonté affichée par le ministère public depuis 2013, et ce en lien avec une zone de sécurité prioritaire qui s'étiole au fil du temps, de lutter, en plus de la comparution immédiate, contre une délinquance visible et présentant une forme certaine de gravité et/ou concernant des auteurs déjà connus des forces de sécurité intérieure ou de la justice.

- la troisième tendance lourde est la nécessaire individualisation des mesures dans la prise en charge du condamné plus pertinente qu'une forfaitisation des peines, et articulée avec l'information, l'orientation et l'éventuelle indemnisation de la victime si l'infraction commise a entraîné un préjudice physique, matériel ou moral à autrui. Le tribunal correctionnel et le tribunal pour enfants ont rendu cette année plus de 100 décisions de condamnation visant à l'accomplissement d'un travail général[14]. Le juge d'application des peines a pris 1 504 ordonnances en 2018 et a aménagé 194 jugements d'emprisonnement ferme dont 84 bracelets électroniques l'année écoulée.

Le délégué du procureur spécialisé en matière de délinquance juvénile et les deux juges des enfants ont quant à eux responsabilisé, sanctionné et suivi plusieurs mineurs impliqués dans des affaires pénales avec le concours de la Protection judiciaire de la jeunesse, ainsi que l'association du « Prado » pour les mesures de réparation et l'association « Caan'Abus » pour les usagers de produits toxiques. Parallèlement « Vict'Aid » a reçu 382 personnes au tribunal en 2018 pour les aider dans leurs démarches en lien, si nécessaire, avec la permanence des avocats[15] du barreau de Libourne. Les juristes et psychologues de cette association expliquent également aux plaignants les raisons en droit ou en opportunité qui ont prévalu au classement d'une affaire par le ministère public.

2018 est donc un bon cru, tous critères confondus pour le pénal, mais également pour le civil que vous évoquerez, madame la présidente, dans quelques minutes. Mais le rythme qui est celui des tribunaux de grande instance et d'instance de Libourne, est trop élevé, en tout cas pour le siège en sous-effectif depuis plus d'un an ainsi que certains services du greffe de ces juridictions. Les heures tardives auxquelles se sont terminées les audiences du tribunal correctionnel, l'année écoulée, font que nous avons parfois l'impression d'être un peu comme les « Shadoks » d'une célèbre émission de télévision de la fin des années soixante, qui « *pompaient pour vivre et vivaient pour pomper* ».

Une forme d'usure, pour ne pas dire de lassitude, nous guette tous jusqu'à notre secrétaire commune[16] madame ---- pourtant toujours zen et pleinement engagée dans les missions qui sont les siennes, la préparation de cette audience en est la preuve, mais qui aspire comme certains de nos collègues, et peut-être d'autres agents de ces deux tribunaux, à rejoindre la planète des « Gibis », les ennemis héréditaires des « Shadoks » qui ne faisaient rien ou pas grand-chose sauf « *danser le menuet* ».

Mais avant de réaliser un jour ce rêve d'une activité pénale et civile parfaitement maîtrisée, et de vacances prolongées ou d'une retraite bien méritée, partageons ensemble l'idée d'une approche plus transversale de notre action comme nous l'avons fait récemment en recevant dans cette salle d'audience une cinquantaine de maires et d'adjoints de l'arrondissement pour échanger sur des enjeux sociétaux communs. Cette ouverture du monde judiciaire aux affaires de la Cité s'inscrit parfaitement dans notre projet de juridiction[17] que nous souhaitons développer en 2019 avec le barreau de Libourne, et son nouveau bâtonnier M^e ----, très attaché à la défense du patrimoine local et à l'histoire de notre tribunal bientôt restructuré.

« Choc de flexibilité » décliné en 2014 visant à réduire les délais de jugement en matière pénale, « choc de lisibilité » décliné en 2015 visant à rendre plus transparente l'action du parquet, « choc de mesurabilité » décliné en 2016 visant à évaluer la qualité des décisions rendues en matière répressive, « choc de proportionnalité » décliné en 2017 visant à adapter les réponses pénales aux différentes formes de la délinquance, « choc de légitimité » en 2018 visant à affermir le rôle contesté du ministère public, je vous propose de décliner en 2019 un « choc de transversalité ». Sa mise en œuvre vise à permettre la prise de décisions éclairées sur chaque dossier soumis à notre expertise, et pour le procureur à construire avec ses partenaires une politique pénale efficace et juste, sur un territoire peut-être élargi prochainement au canton de Saint-André-de-Cubzac.

La légitimité de l'action des magistrats en matière répressive, avec l'assistance du greffe, que j'évoquais l'an passé à cette même place, repose en dernier ressort sur l'article 66 de la Constitution[18] de la Ve République qui fait de l'autorité judiciaire « *la gardienne de la liberté individuelle* » comme l'a rappelé récemment la procureure générale près la cour d'appel de Paris à la suite d'une perquisition judiciaire houleuse au siège d'un parti politique. Le président de ce mouvement, également parlementaire, dénonçait à tort la mainmise du pouvoir exécutif dans cet acte d'investigation au motif que le parquet n'était pas indépendant et alors même que cette opération avait été autorisée par un juge des libertés et de la détention, c'est-à-dire un magistrat du siège. Passons.

Mais cette légitimité revendiquée et assumée ne peut se concevoir sans que le juge ou le substitut ne se questionne avant de décider. Pour ce faire, comme le soulignait le directeur de l'École nationale de la magistrature dans sa lettre électronique du mois d'octobre 2018, une approche transversale et pas seulement juridique des problématiques que nous devons résoudre est nécessaire pour être, avec les avocats, des « *marqueurs de l'État de droit* ». En quelque sorte, il nous faut répondre positivement à la trilogie *Pur présent* inspirée des tragédies d'Eschyle et mise en scène par Olivier Py, directeur du festival d'Avignon, lorsqu'il cherche à rendre à l'homme sa dignité dans un monde où l'indifférence mêlée parfois de violence physique ou institutionnelle le renvoie à « *l'Inaccessible*, l'*Inaccompli*, ou l'*Irrévocable* ».

Un exemple, un seul, l'éviction et l'hébergement du conjoint violent[19] lorsqu'il n'a pas commis l'irréparable. Nous avons signé avec l'association « Le Lien » en fin d'année une convention qui permet au magistrat du parquet de permanence, si les conditions sont réunies, de maintenir la victime et ses enfants dans l'habitation familiale tout en éloignant sans l'incarcérer l'agresseur jusqu'à la date de jugement, et ainsi mesurer pendant le temps du contrôle judiciaire[20] sa volonté ou pas de s'amender, et le tribunal d'en tenir compte au moment du prononcé de la peine. Il nous faudra évaluer la pertinence de ce dispositif, comme d'autres déclinés localement, évaluation trop souvent absente au niveau central ou des cours d'appel comme l'a déploré récemment le procureur général près la Cour de cassation, et alors même que les réformes législatives s'accumulent sans grande lisibilité.

Mais pour mettre en place ce type de mesure, comme demain la justice restaurative[21], il nous faut des moyens, ce dont nous manquons cruellement au quotidien. La septième édition du rapport de la Commission européenne pour l'efficacité de la justice souligne, deux ans après l'édition de 2016, que la France est toujours mal classée s'agissant des crédits alloués aux tribunaux. Sur les 45 États étudiés, la somme annuelle par habitant consacrée à la Justice est de 65,90 euros en France, juste devant Chypre contre 79 pour l'Espagne, 82 pour la Belgique, 119 pour les Pays-Bas et 112 pour l'Allemagne. La moyenne européenne est de 64 euros, nous sommes donc en milieu de tableau alors même que nous avons battu directement ou indirectement toutes ces équipes nationales au « Mondial » de juillet 2018.

Force est donc de constater que nous sommes meilleurs sur un stade de football que sur le terrain judiciaire !

Et si comparaison n'est pas raison, et à défaut d'avoir la rémunération mensuelle de Kylian Mbappé, nous aurions été très satisfaits d'avoir pu bénéficier, en plus des investissements du département immobilier[22] de notre administration centrale et de l'aide du service administratif interrégional de Bordeaux que je tiens à remercier, d'au moins une partie du budget du Paris Saint-Germain, le club de cet attaquant international de l'équipe de France, pour la rénovation de notre tribunal devenu trop vétuste.

L'institution judiciaire reste, principalement pour cette raison budgétaire, avec 0,25 % du produit intérieur brut affecté à la Justice, en grande difficulté comme l'Hôpital ou l'École dans certains quartiers. Ces moyens nous en avons besoin, car ce que l'homme supporte le plus difficilement c'est d'être jugé par d'autres hommes comme l'évoque Albert Camus dans ses écrits. En ce sens, nous sommes sensibles aux inquiétudes actuelles du barreau concernant une réforme territoriale qui ne dit peut-être pas son nom et qui porte en elle le germe d'éloigner le citoyen d'un égal accès à son juge pour faire valoir ses droits.

Cela explique aussi sans doute le manque d'attractivité des fonctions de parquetier eu égard à la charge de travail inhérente à cette fonction comme l'a souligné le récent rapport de l'Inspection générale de la justice[23]. Mais également certaines sujétions du greffe liées à des conditions de travail dégradées, dénoncées à juste titre par les organisations syndicales pour l'ensemble du personnel judiciaire, et qui font que nous sommes, faute de moyens suffisants, au bord de l'asphyxie. La journaliste Olivia Dufour, rédactrice à la Gazette du palais[24], dans un livre document *Justice, une faillite française* rapporte objectivement l'exercice difficile, voire périlleux, de nos métiers, auxiliaires de justice compris, qui génèrent de réels risques psycho-sociaux.

Restons attentifs à ces problèmes récurrents, réactifs comme nous l'avons été collectivement lors de l'incendie qui s'est propagé au début de l'année 2018 au sein du tribunal. Faisons en tout cas tout ce qui est en notre pouvoir pour que ce nouveau palais, dont les travaux débutent dans quelques jours pour s'achever à l'été 2020, ressemble plus à *La maison des jours meilleurs* de l'architecte Jean Prouvé qu'au *Bateau-usine* de l'écrivain Takiji Kobayashi, qui décrit les conditions de travail insupportables de marins japonais sur une embarcation de fortune destinée à la pêche aux crabes.

Mais comme le disait notre ancienne procureure générale, aujourd'hui directrice des affaires criminelles et des grâces, lorsque les difficultés s'accumulaient, pour ne pas dire nous submergeaient dans nos cinq tribunaux du ressort de la cour d'appel, Bordeaux, Angoulême, Périgueux, Libourne et Bergerac : « *hauts les cœurs !* ».

Avançons donc avec détermination et pour reprendre cette citation de Francis Scott Fitzgerald dans *Gatsby le magnifique* : « *Il faudrait comprendre que les choses sont sans espoir, et pourtant être décidé à les changer.* »

C'est sous la férule de ce chef de file du courant littéraire dit de la génération perdue, et sans perdre plus de temps, que je vais en moins de deux minutes « chrono » vous présenter la priorité d'action publique du ministère public pour l'année 2019 : la prévention et la répression des infractions au cadre de vie en la déclinant à partir du nouvel organigramme du parquet.

Madame ----, vice-procureure, a développé l'année écoulée des partenariats très efficaces avec les services déconcentrés de l'État en matière d'atteintes à l'environnement[25]. Elle poursuivra son action en 2019 dans l'esprit de la charte départementale d'action commune en faveur du développement durable que nous avons signée avant l'été 2018 au moment où, hasard du calendrier, paraissait le dernier livre du romancier américain Richard Powers *L'arbre-monde*.

Mais cette nouvelle priorité d'action publique ne s'arrête pas au seul rapport de domination de l'homme sur la nature. Il convient de l'élargir dans une approche là aussi plus transversale, que j'emprunte à l'anthropologue Philippe Descola avec son concept d'*Écologie des relations*. En ce sens madame ----, vice-procureure, investira au niveau départemental et local la question de l'habitat indigne[26] qui est aussi une priorité de nos deux sous-préfets et de plusieurs élus locaux avec la mise en place du « permis de louer », et ce pour le parquet dans le but d'identifier et de poursuivre les marchands de sommeil.

Madame ----, vice-procureure, prendra des initiatives dans le domaine du harcèlement[27] qui revêt de nouvelles formes dans le couple, au travail ou à l'école. Avec l'aide d'un assistant spécialisé en matière de lutte contre les phénomènes de radicalisation violente, j'essaierai quant à moi de ramener dans le cadre d'une République que j'espère bientôt apaisée et d'une Nation réconciliée, des citoyens égarés dans des idéologies haineuses et complotistes qui prospèrent sur les réseaux sociaux.

Mais en tout état de cause, et pour conclure définitivement mon propos, conservons en cette période difficile dans l'intérêt des citoyens qui nous saisissent ou que nous jugeons, ce que Christian de Chergé, moine cistercien de Tibhirine, appelait « *un regard attentif vers le paysage de l'autre* ».

Madame la présidente, j'ai l'honneur qu'il vous plaise de bien vouloir constater qu'il a été satisfait aux prescriptions de l'article R. 111-2 du code de l'organisation judiciaire, déclarer close l'année judiciaire 2018 et ouverte l'année judiciaire 2019, me donner acte de mes réquisitions et du tout dire qu'il sera dressé procès-verbal conformément à la loi.

CONCLUSION

LE PROCUREUR “**FUNAMBULE**”

LE CHOC D’HUMANITÉ

OU

COMMENT DÉFENDRE, À HAUTEUR D’HOMME,
LES INTÉRÊTS DE LA SOCIÉTÉ

Lors de son discours d'installation le 28 mai 2019, le nouveau procureur général près la cour d'appel de Bordeaux s'adressait aux procureurs de la République du ressort et à l'ensemble de leurs équipes en ces termes : « *vous prenez tous les chocs, gérez tous les immédiats, répondez à toutes les demandes* » dans un contexte « *matériel, juridique, institutionnel peu favorable à l'exercice de votre mission* ». C'est à ce constat que j'aboutissais en achevant le dernier chapitre de ce livre « témoignage » d'une institution en grande souffrance expliquant en partie le manque d'attractivité des fonctions du parquet, et ce à travers l'analyse du fonctionnement au quotidien du tribunal de grande instance de Libourne pendant presque sept ans.

L'année écoulée a été principalement marquée sur le plan législatif par la loi du 23 mars 2019 de programmation 2018-2022 et de réforme pour la justice. Constituée de cinq volets différents, son entrée en vigueur s'est poursuivie en 2020 avec la fusion des 164 tribunaux de grande instance et des 285 tribunaux d'instance. À travers ce nouveau dispositif territorial, l'objectif affiché du Gouvernement est de rapprocher la Justice du justiciable avec la consécration des tribunaux de proximité lorsque ces deux juridictions ne sont pas situées dans la même ville.

Mais un certain flou, à ce jour non dissipé, persiste avec le principe de la spécialisation[1] des tribunaux judiciaires sur la base de critères de volumétrie et de technicité qui ont été retenus par le législateur. Une large majorité des professionnels de la justice (avocats, magistrats, personnels de greffe) s'inquiète de la déclinaison locale de cette nouvelle architecture judiciaire et des moyens humains et matériels qui l'accompagnent.

En effet tout le monde convient que la justice qui est rendue au nom du peuple français doit être organisée en mettant le justiciable au centre de la réflexion pour améliorer l'ensemble du système judiciaire. C'est ce que préconisent, s'agissant du fonctionnement de la justice civile, plusieurs auteurs sous la direction de la professeure de droit Soraya Amrani-Mekki dans leur ouvrage *Et si on parlait du justiciable au 21e siècle ?* Mais encore faut-il que les moyens soient à la hauteur des attentes légitimes des citoyens et des enjeux de notre époque.

Or selon un sondage commandé par le Conseil national des barreaux[2] à l'institut Odoxa, et rendu public le 20 mai 2019, 69% des Français estiment qu'il est plus difficile aujourd'hui qu'hier de saisir un tribunal. Et 77% d'entre eux ont le sentiment que les libertés publiques et individuelles ont reculé ces dernières années, ce que l'écrivain et avocat François Sureau souligne dans son dernier essai *Sans la liberté*.

Seulement guidée par des indicateurs de performance, au sujet de laquelle la Cour des comptes[3] a pu récemment énoncer s'agissant des juridictions judiciaires qu'elle s'était dégradée depuis 2013, la Justice sera conduite à se replier sur elle-même. Or parce qu'il est un instrument de paix sociale et le meilleur rempart contre la vengeance privée dans un État de droit, le service public de la justice doit être renforcé. Dès lors quel niveau de consentement à l'impôt, les citoyens sont-ils prêts à accepter pour bénéficier d'un système judiciaire digne d'un pays classé au sixième rang mondial sur le plan économique ? La part du budget alloué à notre ministère pesait moins de 3% dans l'ensemble du budget de l'État en 2019. Est-ce suffisant ?

L'économiste Thomas Piketty dans son livre *Le capital au 21e siècle*, à propos de la construction européenne, pose la question suivante : « *dans une société idéale, quel serait le niveau souhaitable de dette publique ?* ». Et l'économiste d'ajouter qu'il « *n'existe pas de certitude absolue à ce sujet, et que seule la délibération démocratique peut permettre de répondre à cette question, en fonction des objectifs que se donne une société, et des défis particuliers auxquels elle fait face* ».

Il me semble que ce questionnement peut être transposé à la Justice en France, et plus particulièrement au profit des plus démunis éligibles à l'aide juridictionnelle. Une mission d'information sur ce thème a présenté son rapport à la Commission des lois de l'Assemblée nationale[4] le 23 juillet 2019 visant à en faciliter l'accès pour les justiciables tout en préconisant sa revalorisation pour les auxiliaires de justice. Le Gouvernement s'est engagé, dans le cadre de son projet de loi de finances[5] présenté en Conseil des ministres le 20 septembre 2019, à simplifier et moderniser le dispositif actuel de l'aide juridictionnelle, marqueur d'une démocratie réelle. C'est indispensable.

De la même façon ne convient-il pas de poursuivre les efforts financiers entrepris pour améliorer les conditions de détention en France, comme le préconise notamment le dernier rapport du contrôleur général des lieux de privation de liberté[6]. Une prise en charge défaillante des détenus est en effet un facteur susceptible d'entraver l'insertion ou la réinsertion future des personnes condamnées à de l'emprisonnement, et de favoriser par voie de conséquence la récidive.

Le pouvoir politique doit donc opérer des choix, qui sont plus difficiles en période de restriction budgétaire, et trouver des équilibres qui satisfassent le plus grand nombre de citoyens sur la base d'objectifs d'intérêts communs déterminés par l'exécutif qui tire sa légitimité à agir du suffrage universel dans une démocratie représentative.

La Justice, à la place qui est la sienne et parce qu'elle est l'ultime recours de chaque homme qui estime que ses droits ont été lésés ou qu'il a été accusé à tort, doit être en mesure d'apporter des décisions argumentées dans des délais raisonnables lorsqu'elle est saisie en matière civile ou pénale. Or faute de moyens et de temps, le magistrat n'est plus en capacité de faire vivre cette belle maxime de Pierre Drai ancien premier président de la Cour de cassation : « *Juger, c'est aimer écouter, essayer de comprendre, et vouloir décider.* »

Le ministère public, qui occupe une place à part dans le système judiciaire français, se trouve être également au cœur de cette problématique des libertés et des droits fondamentaux, tout comme les avocats dans le cadre de la défense pénale de leurs clients. Le parquet doit en effet trouver constamment un point d'équilibre, à tous les stades de la procédure pénale, entre la libre expression des libertés individuelles et la prise en compte d'éléments participant à la cohésion sociale lorsqu'une infraction est commise ou une condamnation prononcée.

C'est ainsi qu'au stade de l'enquête, l'article 39-3 du code de procédure pénale alinéa 2 précise que le procureur de la République « *veille à ce que les investigations tendent à la manifestation de la vérité et qu'elles soient accomplies à charge et à décharge, dans le respect des droits de la victime, du plaignant et de la personne suspectée* ». S'agissant des poursuites, le Conseil constitutionnel dans deux décisions récentes du 22 juillet 2016 et du 8 décembre 2017, rendues à la suite de questions prioritaires de constitutionnalité[7], a affirmé un principe selon lequel « *le ministère public exerce librement, en recherchant la protection des intérêts de la société, son action devant les juridictions* ».

Le magistrat du parquet qui soutient l'accusation à l'audience doit, conformément aux objectifs fixés par le législateur concernant la peine réclamée, être guidé dans ses réquisitions orales par le souci de faire « *sanctionner le mis en cause* », mais également de « *favoriser son amendement, son insertion ou sa réinsertion* ». Au bout de la chaîne pénale, il peut également mettre ou pas à exécution une peine d'emprisonnement aménageable en fonction de certaines circonstances précisées par l'article 723-16 du code de procédure pénale[8].

Ces décisions prises tous les jours par les magistrats du ministère public, qui obligent à concilier des intérêts parfois contradictoires, ne concernent pas la seule matière répressive. En matière d'assistance éducative, le parquet peut ainsi, contrairement au principe du contradictoire[9] et de l'organisation d'une audience préalable à toute mesure prise par le juge des enfants, envisager le placement en urgence d'un mineur comme l'y autorise l'article 375-5 alinéa 2 du code civil si « *la santé, la sécurité ou la moralité* » de celui-ci « *sont en danger, ou si les conditions de son éducation ou de son développement physique, affectif intellectuel et social sont gravement compromises* ». C'est ici le critère de l'intérêt supérieur de l'enfant[10] qui justifie cette intervention judiciaire exceptionnelle et qui prime sur les droits parentaux visant au maintien du mineur au sein de la cellule familiale.

Dans un tout autre domaine, celui des entreprises en difficulté, le ministère public peut initier des sanctions commerciales[11] contre un dirigeant à la suite d'une procédure collective mettant en évidence des carences graves dans sa gestion. Le choix d'engager des poursuites devant le tribunal de commerce, ou devant la juridiction correctionnelle si des infractions en droit des sociétés[12] ont été commises, s'explique par la volonté d'écarter de la sphère économique ceux qui ne méritent plus pour un temps d'exercer des responsabilités de décideur dans le secteur privé.

Cet exercice d'équilibriste auquel se livrent le procureur de la République et chacun des membres de son équipe, aidés en cela par les fonctionnaires du greffe, n'est pas sans risque. À une époque où l'opinion publique, par nature versatile, déverse sur les réseaux sociaux son diktat émotionnel, l'institution judiciaire doit continuer de construire des décisions fondées à l'inverse sur une analyse critique des faits et des litiges soumis à son expertise.

Or la charge de travail actuelle qui pèse sur les acteurs de la justice est de nature à obérer la qualité de leur travail. L'Union syndicale des magistrats avait déjà dénoncé cette situation en 2015 dans un livre blanc intitulé *Souffrance au travail des magistrats : état des lieux, état d'alerte*. Le Syndicat de la magistrature a publié au mois de juin 2019 les résultats d'une étude qui conclut à un même épuisement professionnel dans *L'envers du décor, enquête sur la charge de travail dans la magistrature*. Le troisième syndicat représentatif des magistrats, rattaché à la confédération Force Ouvrière, Unité magistrats, alerte également régulièrement les pouvoirs publics à travers ses publications sur la problématique des risques psycho-sociaux affectant l'ensemble des fonctionnaires de la justice.

Faute de temps et donc de moyens suffisants pour statuer sur des situations juridiques et humaines par définition problématiques, les relations se tendent entre professionnels du droit.

Ces tensions sont perceptibles notamment en région parisienne depuis la livraison en 2018 du nouveau palais de justice de Paris réalisé par l'architecte Renzo Piano. Et il est vrai que la conception de ce bâtiment de grande hauteur, situé à proximité de la porte de Clichy, moderne et lumineux, ne favorise pas l'émergence d'un lieu de justice apaisé compte tenu des nombreux dispositifs de sécurisation qui président aux flux de circulation des personnes. Il en résulte une certaine déshumanisation des rapports entre magistrats, avocats et personnels de greffe, les échanges dématérialisés et impersonnels d'aujourd'hui remplaçant dans une certaine mesure les dialogues et confrontations authentiques d'hier.

Il est également regrettable que le débat judiciaire se soit déplacé en dehors des prétoires[13] pour faire irruption sur le terrain médiatique et les réseaux sociaux. Puisse l'élégance d'un Maurice Garçon, mêlée de pugnacité voire d'ironie lorsqu'il prenait la parole à l'audience pour soutenir les intérêts de ses clients, servir de modèle à certains avocats pénalistes qui parfois oublient les principes de délicatesse et de modération[14] qui s'appliquent à leur profession.

De la même façon, et parce que le magistrat détient une forme de pouvoir, une dose de « *praotes* » que Jacqueline de Romilly évoque dans *La douceur de la pensée grecque* ou de respect et d'attention portés à autrui pour employer une terminologie adaptée à notre époque et qui constitue une de ses obligations déontologiques[15], ne serait pas superfétatoire dans les relations qu'il noue nécessairement avec les justiciables et les auxiliaires de justice. C'est en tout cas des vertus qui méritent en toutes circonstances d'être ravivées, et qui ne s'apparentent aucunement à de la docilité ou de la soumission.

C'est dans cet esprit que des assises ont été organisées par le barreau de Paris à la fin de l'année 2019 pour retisser des liens entre avocats et magistrats. Espérons que la présence des bâtonniers dans les conseils de juridictions[16] prévue et organisée par le décret 30 août 2019 sera également de nature à faciliter le rapprochement de ces deux professions qui participent chacune à la place qui est la leur, avec le concours de l'ensemble des fonctionnaires du greffe, à l'œuvre de justice.

Mais de façon encore plus emblématique, c'est la confiance des citoyens envers la Justice, qui occupe un espace particulier dans la Cité, qui doit être impérieusement restaurée. Lors de l'audience de rentrée solennelle de la Cour de cassation le 10 janvier 2020, la première présidente de la plus haute juridiction judiciaire française constatait en effet « *le développement d'une culture de la défiance, alors que toute organisation aussi régalienne soit-elle requiert la confiance des citoyens* ».

Cela procède, encore une fois, en grande partie de l'absence de moyens suffisants, en tout cas non proportionnés aux réformes engagées par les gouvernements successifs depuis 25 ans comme cela a été à plusieurs reprises souligné dans ces discours prononcés à Libourne.

Les deux présidents de cette juridiction de province et les trois bâtonniers de l'ordre des avocats qui se sont succédé entre 2014 et 2019 ont également mis en exergue lors de ces audiences de rentrée solennelle les conséquences sur le plan local de ressources humaines et matérielles trop limitées ne leur permettant pas de répondre qualitativement à la demande de justice.

À ce premier constat récurrent de moyens insuffisants programmés pour la justice s'ajoute un manque de lisibilité des trop nombreux textes de loi initiés par le pouvoir exécutif et votés par le législateur, et ce sans réelle évaluation de leur pertinence à moyen et long terme.

L'année 2020 s'annonce sur ce point encore très chargée avec sur le seul terrain pénal :

- la poursuite de la déclinaison de la loi du 23 mars 2019 de programmation 2018-2022 et de réforme pour la justice s'agissant des nouvelles dispositions en matière de peines[17] et des règles présidant au fonctionnement de la récente juridiction nationale chargée de la lutte contre la criminalité organisée[18] ;
- l'entrée en vigueur prochaine d'un nouveau code de la justice pénale des mineurs[19] ;
- le renforcement de la prévention et de la répression des violences conjugales à la suite du Grenelle lancé sur cette thématique par le Gouvernement et ayant donné lieu au vote de la loi du 28 décembre 2019[20] visant à agir plus fermement contre les féminicides[21].

Et pourtant de l'avis éclairé de nombreux professionnels du monde de la justice une pause est nécessaire s'agissant plus particulièrement des nombreuses modifications intervenues dans le domaine de la procédure pénale ces dernières années. Elle pourrait permettre, comme cela a été le cas pour la refonte du nouveau code pénal entré en vigueur en 1994 de trouver avec tous les protagonistes du procès pénal de nouveaux points d'équilibre au stade de l'enquête, des poursuites, du jugement des affaires pénales et de l'exécution des peines.

Une clarification d'ensemble des règles de notre système répressif, en distinguant peut-être celles qui s'appliquent en droit commun[22] de celles dérogatoires qui concerneraient la criminalité organisée ou les dossiers de terrorisme, s'impose en s'inspirant pourquoi pas de certains travaux approfondis et largement débattus comme ceux issus de la Commission *Justice pénale et Droits de l'homme*[23] présidée par la professeure de droit Mireille Delmas-Marty.

Mais il convient également, au-delà de la question des moyens budgétaires et de la cohérence des réformes législatives engagées, que l'indépendance de la justice soit assurée par le pouvoir exécutif qui ne doit pas interférer dans le processus judiciaire. Sur ce point précis il apparaît désormais incontournable, comme le préconise la Conférence nationale des procureurs de la République et comme l'a affirmé le procureur général près la Cour de cassation dans son discours de rentrée solennelle le 10 janvier 2020, de renforcer le statut du ministère public en France.

La décision du 12 décembre 2019 de la Cour de justice de l'Union européenne[24] a reconnu au parquet français un pouvoir autonome s'agissant de l'émission d'un mandat d'arrêt européen[25]. Le Gouvernement avait également présenté en conseil des ministres le 28 août 2019 une nouvelle version de la réforme institutionnelle qui prévoit de soumettre la nomination des magistrats du ministère public à l'avis conforme du Conseil supérieur de la magistrature qui statuerait également comme conseil de discipline[26] à leur égard. Mais cette nouvelle étape positive, pour autant qu'elle soit réellement inscrite dans les textes, n'est pas suffisante pour garantir dans l'esprit des citoyens et d'une presse avertie l'impartialité à laquelle est tenu le parquet conformément aux dispositions de l'article 31 du code de procédure pénale[27].

L'édiction de règles déontologiques, parfaitement nécessaires pour rappeler aux magistrats la portée des devoirs que contient leur prestation de serment[28], n'apparaît pas non plus de nature à rétablir automatiquement le lien de confiance qui s'est délité entre la société civile et l'autorité judiciaire.

Dès lors, me semble-t-il, pour protéger les citoyens qui doivent avoir l'assurance effective que la justice s'exerce à l'abri de toute forme de pression, il convient de transférer du garde des Sceaux au Conseil supérieur de la magistrature la décision visant à nommer les procureurs de la République et les procureurs généraux.

Cette évolution statutaire est à court terme d'autant plus impérieuse que le projet de loi relatif au parquet européen[29] qui sera dirigé par Laura Codruta Kövesi dont la candidature a été validée au mois d'octobre 2019 prévoit la désignation, pour chaque État membre associé à ce processus de coopération judiciaire renforcée, d'un procureur délégué par pays dont l'indépendance est garantie vis-à-vis des pouvoirs exécutif et législatif nationaux. Ce transfert serait en tout cas un acte hautement symbolique, de nature à réaffirmer avec force l'unité du corps judiciaire[30] inscrite dans l'ordonnance du 22 décembre 1958 portant loi organique relative au statut de la magistrature.

Le Politique n'a pas à craindre ce renforcement du statut du parquet dont la mission est d'appliquer la loi pénale sur la base des instructions générales du ministre de la Justice, et de rechercher la défense des intérêts de la société à tous les stades de la procédure dans chaque affaire soumise à son analyse.

Des hommes et des femmes de loi ont d'ailleurs été dans l'exercice de leur profession à l'origine d'avancées majeures sur le plan des droits et des libertés : le juge Paul Magnaud qui relaxe à la fin du XIXe siècle une femme qui avait volé du pain chez un boulanger pour « état de nécessité[31] », l'avocate Gisèle Halimi intervenue en 1972 dans les procès de Bobigny[32] qui a contribué à l'adoption de la loi Veil de 1975 dépénalisant l'interruption de volontaire de grossesse, l'avocat Robert Badinter dont le combat contre la peine capitale aboutit à son abolition, réforme qu'il a défendue et présentée à l'Assemblée nationale en 1981 comme garde des Sceaux, le procureur général Pierre Truche qui avait occupé le poste de l'accusation au procès de Klaus Barbie condamné en 1987 pour crime contre l'humanité[33], infraction dont il avait permis l'introduction dans le nouveau code pénal de 1994 après avoir contribué à mieux en définir les contours lors de cette audience historique.

Et plus récemment les convictions chevillées au corps de Michèle Bernard-Requin, avocate devenue magistrate, visant à permettre aux victimes d'infractions de trouver pleinement leur place au cours d'un processus pénal vécu souvent par les parties civiles comme étant trop long, heurté et parfois même violent. Emportée par la maladie à la fin de l'année 2019, elle avait également permis au grand public de mieux faire connaissance avec l'institution judiciaire en tournant dans deux documentaires de Raymond Depardon *Délits flagrants* et *10e chambre, instants d'audience*, ainsi que dans une comédie irrésistible d'Albert Dupontel *9 mois ferme*.

Que les pouvoirs publics, exécutif et législatif, soient donc rassurés sur la force de l'engagement des professionnels du monde de la justice, lesquels sont au cœur des nouveaux défis qui menacent la vie privée des individus et les fondements de notre démocratie représentative, comme le déferlement de haine sur les réseaux sociaux.

A la place qui est la sienne, dans la mesure où son indépendance est pleinement assurée conformément à l'article 64 de la Constitution[34] et si elle dispose de moyens humains et matériels de nature à lui permettre de remplir l'ensemble des missions qui lui sont dévolues par la loi, la Justice peut participer à la refondation d'un pacte républicain aujourd'hui fragilisé par la défiance des citoyens envers les institutions et la parole publique.

Avocat général près la cour d'appel de Paris depuis le mois de septembre 2019, je n'exerce plus les fonctions de procureur de la République qui ont été les miennes pendant dix années après avoir prêté serment en 1989 et avoir occupé différents postes du ministère public à Lille, à Marseille et en Guadeloupe. J'espère avoir exercé convenablement mes attributions depuis ma première nomination comme substitut en 1991, vice-procureur de 2003 à 2009 et ensuite comme procureur à Basse-Terre en Guadeloupe de 2009 à 2013 et à Libourne en Gironde de 2013 à 2019.

Affecté au service des assises avec sept autres magistrats du parquet général, j'essaie dans mes fonctions d'accusateur public aux audiences qui se tiennent à Paris, à Bobigny, à Créteil, à Évry et à Melun, d'user de ma liberté de parole pour le « *bien de la justice* » comme nous y invite l'article 33 du code de procédure pénale[35].

Je m'appliquerai à le faire dans chaque affaire avec conviction, mais également avec mesure, « *l'intransigeance exténuante de la mesure* », qu'Albert Camus opposait aux postures radicales génératrices de toutes les formes de violences. En effet la recherche de la protection des intérêts de la société ne doit jamais nous faire oublier de porter en toutes circonstances une attention équilibrée entre le devenir de l'accusé, présumé innocent et la prise en compte de la souffrance de la victime.

C'est à cette condition que la Justice, en matière pénale et plus encore en matière criminelle, sera rendue à hauteur d'homme.

Lexique à l'usage des lecteurs assidus ou des plus curieux

*Tous les termes définis dans ce lexique sont signalés par la présence d'un astérisque *.*

INTRODUCTION

LE PROCUREUR « SLASHEUR»

1. **Slasheur** : personne qui exerce plus d'une profession simultanément.

2. **Ministère public** : corps hiérarchisé de magistrats chargés de défendre les intérêts de la société* devant les juridictions pénales en exerçant l'action publique*. Il intervient également devant les juridictions civiles ou commerciales comme partie principale (par exemple en matière d'état des personnes ou « *pour la défense de l'ordre public à l'occasion des faits qui portent atteinte à celui-ci* » comme l'y invite l'article 423 du code de procédure civile) ou comme partie jointe « *lorsqu'il intervient pour faire connaître son avis sur l'application de la loi dans une affaire dont il a communication* » (article 424 du code de procédure civile). À la Cour de cassation*, le ministère public fait valoir en toute objectivité et impartialité son point de vue sur les problèmes de droit soulevés devant cette juridiction judiciaire supérieure.

3. **Garde des Sceaux** : titre donné au ministre de la Justice en ce qu'il est dépositaire du Sceau de la République française. Il conduit la politique pénale déterminée par le Gouvernement, adressant à cette fin aux magistrats du ministère public* des instructions générales* en matière de prévention et de répression de la délinquance. Depuis la loi du 25 juillet 2013, les instructions du garde des Sceaux aux procureurs de la République* dans les affaires individuelles sont proscrites.

4. **Conseil constitutionnel** : composé de neuf membres (outre les anciens présidents de la République) nommés pour neuf ans, renouvelables par tiers (trois par le Président de la République, trois par le président de l'Assemblée nationale et trois par le président du Sénat), cet organe a été institué par la constitution de 1958 pour assurer principalement le contrôle de constitutionnalité sur les lois avant leur promulgation et des engagements internationaux avant leur ratification. Il veille également à la régularité des opérations référendaires et des élections présidentielles et législatives. La révision constitutionnelle du 23 juillet 2008 a créé la possibilité pour une juridiction, saisie d'une question prioritaire de constitutionnalité*, lorsqu'il est soutenu devant elle qu'une disposition législative porte atteinte aux droits et libertés garantis par la constitution, de saisir le Conseil constitutionnel par la voie préjudicielle sur renvoi du Conseil d'État ou de la Cour de cassation*.

5. **Barreau** : les avocats inscrits auprès d'un tribunal judiciaire* constituent le barreau doté de la personnalité civile. Chaque barreau est administré par un conseil de l'Ordre présidé par un bâtonnier*. Plusieurs barreaux établis dans le ressort d'une même cour d'appel* peuvent décider de fusionner en un barreau unique. Il existe en outre un Conseil national des barreaux*.

6. **Loi du 23 mars 2019 de programmation 2018-2022 et de réforme pour la justice** (LPRJ) : dispositif législatif décliné sur une période de temps de cinq années issu de rapports dits des « chantiers de la justice » remis à la garde des Sceaux Nicole Belloubet en janvier 2018. Les thématiques retenues dans la LPRJ et la loi organique du 23 mars 2019 relative au renforcement de l'organisation des juridictions sont les suivantes : « la transformation numérique », « l'amélioration et la simplification de la procédure civile », « l'amélioration et la simplification de la procédure pénale », « le sens et l'efficacité des peines » et « l'adaptation de l'organisation judiciaire ».

7. **Procureur de la République** : magistrat dans l'ordre judiciaire qui dirige le ministère public* au sein d'une juridiction du premier degré ou chef de parquet*. Il contrôle l'activité de la police judiciaire, décide de poursuivre en opportunité* les auteurs identifiés d'infractions*, défend les intérêts de la société* aux audiences pénales et veille à l'exécution des peines* prononcées par les juridictions de jugement*. Il décline dans son ressort territorial la politique pénale définie au niveau national par le garde des Sceaux* et adaptée au niveau de la cour d'appel* par le procureur général*. Il est également chargé d'animer la politique de prévention de la délinquance* dans sa composante judiciaire. À compter du 1er janvier 2020, le procureur général*, sur le fondement de l'article L. 212-7 du code de l'organisation judiciaire* créé par la loi du 23 mars 2019 de programmation 2018-2022 et de réforme pour la justice*, pourra confier à l'un des procureurs de la République du ressort de la cour d'appel* un rôle de coordination au niveau départemental dans la mise en œuvre d'une politique partenariale, civile ou pénale. La nomination d'un procureur de la République pour une durée de sept ans maximum procède d'un décret du Président de la République après avis simple du Conseil supérieur de la magistrature*.

8. **Mise en examen** : décision par laquelle le juge d'instruction* (et le juge des enfants* pour les mineurs) considère qu'il existe à l'encontre d'une personne impliquée, dans une affaire pénale dont il est saisi, des « *indices graves ou concordants* » rendant vraisemblable sa participation, comme auteur ou complice, à la commission d'une ou plusieurs infractions*. Cette notion, qui s'est substituée à celle d'inculpation en 1993, doit être distinguée de la procédure de témoin assisté qui s'applique aux personnes qui sont seulement mises en cause dans le cadre d'une information judiciaire*. Le statut de témoin assisté permet à celui qui en bénéficie d'être défendu par un avocat* qui a accès au dossier du juge d'instruction.

9. **Présomption d'innocence** : principe au terme duquel toute personne poursuivie pour une infraction pénale* est à priori supposée ne pas l'avoir commise aussi longtemps que sa culpabilité n'est pas définitivement établie par une juridiction de jugement*.

10. **Procureur général** : magistrat dans l'ordre judiciaire placé à la tête du ministère public* d'une cour d'appel* ou de la Cour de cassation* assisté d'avocats généraux* et de substituts généraux*. Il est chargé d'animer et de coordonner l'action des procureurs de la République* de son ressort tant en matière de prévention que de répression des infractions* en application des instructions générales* du ministre de la Justice. En charge notamment de la surveillance et de la notation des officiers de police judiciaire*, il occupe le siège du ministère public* devant les juridictions d'appel. La nomination d'un procureur général pour une durée de sept ans maximum procède d'un décret du Président de la République après avis simple du Conseil supérieur de la magistrature*.

11. **Cour d'appel** : juridiction de droit commun de l'ordre judiciaire chargée d'examiner les appels interjetés contre les décisions rendues par les juridictions du premier degré. L'appel est jugé par la chambre compétente (chambre de la famille, chambre sociale, chambre des appels correctionnels…) composée d'un président et de deux conseillers. La décision rendue par la cour d'appel est appelée arrêt, qui peut être frappé d'un pourvoi porté devant la Cour de cassation*.

12. **Audience de rentrée solennelle** : audience tenue au début de chaque année civile dans les juridictions de première instance (tribunal judiciaire*, conseil de prud'hommes, tribunal de commerce*), dans les cours d'appel* et à la Cour de cassation*. Il est fait un exposé de l'activité de la juridiction correspondant à l'année écoulée, lequel peut être précédé dans les cours d'appel d'un discours portant sur « *un sujet d'actualité ou d'intérêt judiciaire* » conformément aux dispositions de l'article R. 111-2 du code de l'organisation judiciaire*.

13. **Président du tribunal judiciaire** : magistrat dans l'ordre judiciaire occupant le poste au siège* le plus élevé au sein d'une juridiction de première instance, et dont il assure l'administration avec le procureur de la République* et l'assistance d'un directeur des services de greffe judiciaires*. Le président dispose également d'attributions juridictionnelles spécifiques comme la matière des référés (décision provisoire exécutoire de plein droit prise en cas d'urgence ou d'absence de contestation sérieuse s'agissant d'un litige). Ce magistrat est nommé par décret du Président de la République sur proposition du Conseil supérieur de la magistrature* pour une durée de sept ans maximum.

14. **Tribunal judiciaire** : la loi du 23 mars 2019 de programmation 2018-2022 et de réforme pour la justice* et la loi organique du 23 mars 2019 relative au renforcement des juridictions organisent, à compter du 1er janvier 2020, la fusion des tribunaux de grande instance* et des tribunaux d'instance*. Lorsque ces deux juridictions sont situées dans une même ville, elles deviennent une juridiction unique dénommée tribunal judiciaire, et dans le cas contraire le tribunal d'instance devient une chambre du tribunal judiciaire dénommée tribunal de proximité*. En cas de pluralité de tribunaux judiciaires au sein d'un même département, ce dispositif envisage la possibilité d'en spécialiser* un ou plusieurs dans certaines matières limitativement énumérées par la loi.

15. **Premier président** : magistrat de l'ordre judiciaire occupant le poste au siège* le plus élevé et placé à la tête de la Cour de cassation* ou d'une cour d'appel*.

16. **Parquet** : terme qui désigne historiquement le lieu où se tenaient les procureurs du Roi* sous l'Ancien Régime. Cet espace clos, dénommé « petit parc » ou parquet, situé au centre de la salle d'audience était entouré sur trois côtés par des sièges réservés aux juges chargés de rendre une décision et sur le quatrième par la barre où avaient lieu les plaidoiries des avocats* représentant en matière pénale les accusés. Les magistrats du parquet sont placés sous l'autorité d'un procureur de la République* dans chaque tribunal judiciaire* et celle du procureur général* dans les cours d'appel et à la Cour de cassation*. Ils appartiennent au corps judiciaire* de la magistrature qui comprend également les magistrats du siège*, mais ne bénéficient pas comme ces derniers du principe de l'inamovibilité sur un plan statutaire. Ses membres sont soumis au principe hiérarchique qui caractérise le ministère public* dans le système judiciaire français et ils constituent un ensemble indivisible, chacun d'eux représentant le parquet tout entier.

17. **Greffier** : fonctionnaire chargé d'assister le magistrat dans ses missions juridictionnelles, de préparer et de retranscrire le déroulement des débats aux audiences et d'authentifier les actes de procédure. Le terme greffe désigne également l'ensemble des services et du personnel des juridictions placés sous la responsabilité d'un directeur des services de greffe judiciaires*. Attachés d'administration, secrétaires administratifs, adjoints administratifs et agents techniques, ainsi que des vacataires concourent également à l'activité du greffe. Au 1er janvier 2018, il était recensé 12 809 greffiers et directeurs des services de greffe judiciaires* en fonction dans les juridictions ou en position de détachement.

18. **Services pénaux** : le personnel de greffe se répartit entre des fonctionnaires qui assistent des magistrats statuant en matière civile, tandis que d'autres exercent leurs fonctions dans des unités relevant de la matière répressive. Les services pénaux sont ainsi composés par l'ensemble des agents qui interviennent pour enregistrer les procès-verbaux des unités d'enquête, préparer l'audiencement* des affaires pénales, retranscrire les débats judiciaires, dactylographier les jugements rendus et formaliser les modalités d'exécution des peines.

19. **Code de procédure pénale** : ensemble des normes juridiques organisant les étapes du processus judiciaire en matière répressive, c'est-à-dire des règles relatives à la constatation des infractions*, au déclenchement des poursuites pénales, à l'organisation des juridictions de jugement* et aux modalités d'exécution des peines*.

20. **Accusateur public** : le ministère public* soutient l'accusation aux audiences pénales. Il doit rapporter la preuve de la commission d'une infraction et de son imputation à un responsable pénal pour qu'une juridiction de jugement* entre en voie de condamnation. La notion d'accusateur public remonte à la Révolution française et plus particulièrement au décret du 10 mars 1793 qui a créé un tribunal criminel extraordinaire qui avait pour mission de connaître de tous les attentats contre la République et qui était composé de cinq juges, un accusateur public (et deux adjoints ou substituts*), et douze jurés. Antoine Fouquier-Tinville devient le premier accusateur public rattaché à cette juridiction qui siégeait dans une dépendance de la prison de la conciergerie située sur l'île de la Cité à Paris et qui deviendra le Tribunal révolutionnaire à compter du 29 octobre 1793. Il rend compte au Comité du salut public de ses activités qui consistent à faire procéder aux arrestations sur dénonciation des autorités constituées ou des citoyens, à poursuivre et à soutenir l'accusation contre les « conspirateurs ».

21. **Peine** : sanction à caractère punitif infligée par une juridiction de jugement* à l'auteur d'une infraction pénale*. Selon leur gravité on distingue pour les personnes physiques trois catégories de peines qui correspondent à la classification tripartite des infractions. Les peines criminelles prévues par les articles 131-1 et 131-2 du code pénal (assorties éventuellement d'une période de sûreté), sont d'une durée maximum de 15 ans, 20 ans, 30 ans ou à perpétuité. Les peines correctionnelles sont listées par l'article 131-3 du code pénal : l'emprisonnement (jusqu'à 10 ans maximum pour certains délits*), la détention à domicile sous surveillance électronique introduite par la loi du 23 mars 2019 de programmation 2018-2022 et de réforme pour la justice, le travail d'intérêt général*, l'amende, le jour-amende*, les peines de stage, les peines privatives ou restrictives de droit prévues à l'article 131-6 du code pénal comme la suspension du permis de conduire, la sanction-réparation ; peines auxquelles peuvent s'ajouter des sanctions complémentaires comme l'injonction de soins. Les peines de police ou contraventionnelles détaillées par les articles 131-12 et suivants du code pénal sont l'amende (dont le montant maximum hors hypothèse de la récidive légale* est de 1500 euros pour les contraventions de cinquième classe*), les peines privatives ou restrictives de droit, la sanction-réparation ; peines auxquelles peuvent s'ajouter une ou plusieurs sanctions complémentaires déclinées par les articles 131-16 et 131-17 du code pénal. Le législateur a envisagé depuis l'entrée en vigueur du nouveau code pénal* en 1994 des peines spécifiques prévues par les articles 131-37 et suivants du code pénal s'agissant des personnes morales. Elles encourent ainsi, outre une amende dont le taux maximum « *est égal au quintuple de celui prévu pour les personnes physiques par la loi qui réprime l'infraction** » ou 1 000 000 d'euros « *lorsqu'il s'agit d'un crime* pour lequel aucune peine d'amende n'est prévue à l'encontre des personnes physiques* », des sanctions comme la dissolution, la fermeture d'établissement ou l'exclusion des marchés publics.

22. **Code pénal** : ensemble des dispositions relatives aux infractions pénales* et aux peines* applicables à leurs auteurs. Le code pénal de 1810 a fait l'objet d'une refonte complète avec de nouvelles dispositions entrées en vigueur le 1er mars 1994 plus adaptées à l'évolution de la délinquance et intégrant les évolutions jurisprudentielles de la chambre criminelle de la Cour de cassation*.

23. **Infraction pénale** : action ou omission d'une personne qui viole une règle de conduite strictement définie par un texte de loi et susceptible d'entraîner sa responsabilité pénale. Les infractions pénales sont traditionnellement classées en trois catégories en fonction des peines prévues par les dispositions répressives, les crimes*, les délits* et les contraventions, et des juridictions compétentes pour juger leurs auteurs.

24. **Réquisitoire** : développement oral à l'audience par le représentant du ministère public* des moyens de l'accusation visant à établir une culpabilité et le prononcé d'une peine* par la juridiction de jugement*.

25. **Substitut** : magistrat de l'ordre judiciaire rattaché au parquet* placé sous l'autorité hiérarchique du procureur de la République* et exerçant ses missions au sein d'un tribunal judiciaire*. Certains substituts sont dits placés* auprès du procureur général* et peuvent exercer leurs fonctions au sein d'une cour d'appel* ou d'un tribunal judiciaire sur le ressort de la cour d'appel pour une période de temps déterminée.

26. **Juridiction de jugement** : en matière pénale, elle statue sur la culpabilité des personnes physiques ou morales soupçonnées d'avoir commis une infraction*. Les juridictions de jugement sont classées selon la nature des faits commis, le tribunal de police* pour les contraventions, le tribunal correctionnel* pour les délits*, la cour d'assises* pour les crimes* (ou le tribunal criminel départemental créé à titre expérimental par la loi du 23 mars 2019 de programmation 2018-2022 et de réforme pour la justice*), selon la qualité de leurs auteurs (juge des enfants* et tribunal pour enfants* pour les mineurs, Cour de justice de la République pour connaître de la responsabilité pénale des membres du Gouvernement s'agissant des actes accomplis dans l'exercice de leurs fonctions) ou selon le degré qu'elles occupent dans la hiérarchie judiciaire (juridiction de première instance, d'appel* ou de cassation*).

27. **Direction de la police judiciaire** : elle est exercée, sur le fondement de l'article 12 du code de procédure pénale par le procureur de la République* qui procède et fait procéder à tous les actes nécessaires à la constatation et à la recherche des infractions* à la loi pénale. Le Conseil constitutionnel* dans deux décisions du 10 mars 2011 et du 25 mars 2014, considère qu'il résulte de l'article 66 de la Constitution*, que la police judiciaire doit être placée sous la direction et le contrôle de l'autorité judiciaire.

28. **Action publique** : notion qui désigne la mise en œuvre des poursuites pénales contre l'auteur d'une infraction* et vise à réprimer l'atteinte à l'ordre social par le prononcé d'une sanction de nature répressive. Dans le système judiciaire français, c'est le ministère public* qui joue le rôle central dans la mise en mouvement de l'action publique. Sous certaines conditions légales, elle peut aussi être déclenchée par la partie civile*. Des priorités d'action publique sont définies par chaque procureur de la République* dans son ressort territorial et qui s'inscrivent dans le cadre de la politique pénale déterminée par le Gouvernement et conduite par le ministre de la Justice, dont les instructions générales* sont « *précisées et le cas échéant adaptées par le procureur général** » conformément à l'article 39-1 du code de procédure pénale.

29. **Exécution des peines** : service pénal du parquet* dont la mission, en lien avec le juge de l'application des peines*, est de mettre en œuvre les sanctions rendues par les juridictions de jugement*. L'article 707 du code de procédure pénale précise que les peines sont « *sauf circonstances insurmontables, mises à exécution de façon effective et dans les meilleurs délais* ». La loi du 23 mars 2019 de programmation 2018-2022 et de réforme pour la justice* a prévu, dans son volet relatif au « sens et à l'efficacité des peines », de favoriser leur aménagement* dès le stade du prononcé d'une condamnation à une peine privative de liberté par la juridiction de jugement*.

30. **Assistance éducative** : ensemble des mesures qui peuvent être prises par le juge des enfants* lorsque « *la santé, la sécurité, la moralité ou les conditions d'éducation ou de développement physique, affectif, intellectuel et social d'un mineur sont gravement compromises* ». Ce magistrat spécialisé peut maintenir l'enfant dans son milieu en imposant à ses parents le respect de certaines obligations, et notamment celle de se soumettre à un suivi de l'aide sociale à l'enfance du conseil départemental, ou ordonner son placement hors de sa famille. Cette dernière mesure, en cas d'urgence motivée, peut être décidée par le procureur de la République* sur le fondement de l'article 375-5 alinéa 2 du code civil.

31. **Prévention de la délinquance** : politique publique ayant pour objectif l'amélioration de la sécurité des citoyens et de la tranquillité publique dans la vie quotidienne. Elle se décline localement sur le fondement de plans élaborés au niveau départemental ou intercommunal et établis par différents acteurs intervenant dans les domaines social, éducatif, professionnel ou de la sécurité. L'article 39-2 du code de procédure pénale affirme explicitement que la mission d'animation et de coordination de « *la politique de prévention de la délinquance dans sa composante judiciaire* » incombe au procureur de la République* dans son ressort territorial, et ce « *conformément aux orientations nationales de cette politique déterminées par l'État, telles que précisées par le procureur général* en application de l'article 35* » de ce même code. Le parquet de Libourne a signé en octobre 2015 avec le président de la communauté d'agglomération du Libournais et le sous-préfet de Libourne une convention de stratégie territoriale de sécurité et de prévention de la délinquance, ainsi qu'un avenant à cette convention en janvier 2019.

32. **Juge d'instruction** : magistrat du siège spécialisé de l'ordre judiciaire en charge au sein d'un tribunal judiciaire* des dossiers pénaux à la suite de l'ouverture d'une information judiciaire*. Il procède aux recherches permettant la manifestation de la vérité, « *à charge et à décharge* », et rassemble des éléments de personnalité* sur les personnes mises en examen*. Son activité est placée sous le contrôle de la chambre de l'instruction de la cour d'appel* qui statue sur la régularité des ordonnances ou décisions rendues par le magistrat instructeur dans les affaires dont il est saisi par le procureur de la République* ou une partie civile* légalement constituée.

33. **Avocat général** : magistrat de l'ordre judiciaire rattaché au parquet général* d'une cour d'appel* ou de la Cour de cassation* et placé sous l'autorité du procureur général* desdites cours. Des postes de premiers avocats généraux sont également localisés à la Cour de cassation, et dans les cours d'appel de Paris, d'Aix-en-Provence, de Douai et de Versailles.

34. **Magistrat du siège** : magistrat dont l'indépendance statutaire est garantie par l'ordonnance du 22 décembre 1958 et le principe d'inamovibilité. Leurs missions sont de trancher des litiges en matière civile et de juger les affaires pénales portées à leur connaissance. Ils exercent leurs fonctions au sein des juridictions du premier degré (tribunaux judiciaires et tribunaux de proximité), du deuxième degré (cours d'appel*) et à la Cour de cassation*.

35. **Avocat** : auxiliaire de justice dont la profession libérale et indépendante est réglementée s'agissant de son accès et de son exercice rattaché à un barreau*. Les missions de l'avocat consistent à donner des consultations sur des problèmes juridiques, à rédiger des actes et à défendre devant les juridictions les intérêts de leurs clients.

36. **Égalité des armes** : principe énoncé dans l'article préliminaire du code de procédure pénale* en vertu duquel toutes les parties à un procès doivent bénéficier d'une parfaite égalité de traitement et de moyens dans la préparation et l'exposé de leur cause. Incluse dans le droit à un procès équitable, cette règle issue de la jurisprudence de la Cour européenne des droits de l'homme* vise à assurer un équilibre procédural entre l'accusation et la défense s'agissant de la phase d'instruction et de jugement des affaires pénales.

37. **Détention provisoire** : mesure d'incarcération d'un mis en examen* pendant la phase de l'information judiciaire* ou d'un prévenu* dans le cadre d'une comparution immédiate* ou de la nouvelle procédure de comparution à délai différé prévue par la loi du 23 mars 2019 de programmation 2018-2022 et de réforme pour la justice*. De caractère exceptionnel, la détention provisoire ne peut être prise que dans des cas déterminés par la loi, par un juge des libertés et de la détention* (cette décision est prise après un débat contradictoire au cours duquel le ministère public* s'exprime ainsi que le mis en examen* et son avocat*) ou par le tribunal correctionnel*. La durée de la détention provisoire varie suivant la nature criminelle ou délictuelle des faits reprochés et le passé judiciaire de la personne poursuivie.

38. **Crime** : terme qui désigne les infractions pénales* que la loi punit de peines de réclusion criminelle pour des faits de droit commun comme un homicide volontaire* ou un viol*, ou de détention criminelle s'agissant de certains crimes d'atteintes aux intérêts fondamentaux de la nation comme des faits de trahison ou d'espionnage au profit d'une « *puissance étrangère* ». Depuis la loi du 27 février 2017 portant réforme de la prescription, le déclenchement des poursuites pénales contre l'auteur d'un crime est possible pendant vingt ans « *à compter du jour où l'infraction* a été commise* » (article 7 alinéa1 du code de procédure pénale). Les crimes commis par les majeurs sont jugés par la cour d'assises* (ou le tribunal criminel départemental créé à titre expérimental par la loi du 23 mars 2019 de programmation 2018-2022 et de réforme pour la justice*), ceux commis par des mineurs de 16 ans au moins par la cour d'assises des mineurs et ceux commis par des mineurs de moins de 16 ans par le tribunal pour enfants*.

39. **Délit** : terme qui désigne les infractions pénales* que la loi punit d'une peine d'emprisonnement ou d'une peine d'amende supérieure ou égale à 3750 euros. La peine privative de liberté ne peut être supérieure à 10 ans (article 131-4 du code pénal), hors hypothèse de la récidive légale*. Depuis la loi du 27 février 2017 portant réforme de la prescription, le déclenchement des poursuites pénales contre l'auteur d'un délit est possible pendant six ans « *à compter du jour où l'infraction a été commise* » (article 8 alinéa1 du code de procédure pénale). Les délits commis par des majeurs sont jugés par le tribunal correctionnel*, mais peuvent faire également l'objet d'alternatives aux poursuites*. Les délits commis par les mineurs relèvent du tribunal pour enfants* et des dispositions spécifiques de l'ordonnance du 2 février 1945*. Le quantum de l'emprisonnement encouru pour un délit emporte des conséquences sur la durée de la détention provisoire* éventuellement ordonnée avant le jugement de l'affaire, sur le mode de poursuites* retenu par le ministère public* ou sur la formation (collégiale* ou à « juge unique* ») du tribunal correctionnel saisi du dossier.

40. **Droits de la défense** : ensemble des garanties procédurales (accès au dossier, assistance d'un avocat*, respect du principe du contradictoire*...) dont doit disposer un individu pour être en mesure de répondre aux accusations formulées à son encontre de la phase d'enquête jusqu'à la phase de jugement. Fait notamment partie des droits de la défense l'obligation d'être jugé dans un délai raisonnable par un tribunal indépendant et impartial.

41. **Partie civile** : nom donné à la victime d'une infraction pénale* lorsqu'elle exerce les droits qui lui sont reconnus en cette qualité devant les juridictions répressives. L'article 1 du code de procédure pénale précise dans son deuxième alinéa que la partie civile peut mettre en mouvement l'action publique* « *dans les conditions déterminées par le présent code* ». En cas de dépôt de plainte avec constitution de partie civile devant le juge d'instruction*, sa recevabilité est soumise soit à la décision du procureur de la République* de ne pas engager des poursuites pénales, soit à l'écoulement d'un délai de trois mois « *depuis qu'elle a déposé plainte devant ce magistrat, contre récépissé ou par lettre recommandée avec demande d'avis de réception, ou depuis qu'elle a adressé, selon les mêmes modalités, copie à ce magistrat de sa plainte déposée devant un service de police judiciaire* ». Par ailleurs le premier alinéa de l'article 2 du code de procédure pénale ajoute que « *L'action civile en réparation du dommage causé par un crime*, un délit* ou une contravention appartient à tous ceux qui ont personnellement souffert du dommage directement causé par l'infraction.*» Sur ce point la loi du 23 mars 2019 de programmation 2018-2022 et de réforme pour la justice* a renforcé les droits de la partie civile, notamment en permettant leur constitution par voie dématérialisée, en élargissant la recevabilité de celles intervenues tardivement, en étendant les possibilités pour la juridiction de jugement* de renvoyer l'affaire sur intérêts civils* et en créant une procédure spécifique relative aux omissions de statuer sur cette question.

42. **Chancellerie** : nom donné au ministère de la Justice en charge de l'action et de la gestion centrale des juridictions, des établissements pénitentiaires et des structures relevant de la Protection judiciaire de la jeunesse*. Elle est dirigée par le garde des Sceaux* qui conduit la politique pénale déterminée par le Gouvernement et veille à la cohérence de son application sur l'ensemble du territoire de la République.

43. **Arrondissement judiciaire** : étendue géographique correspondant à la compétence d'une juridiction du premier ou du second degré. Ce ressort peut couvrir plusieurs cantons administratifs, un ou plusieurs départements, voire l'ensemble du territoire de la République s'agissant des affaires de terrorisme ou plus récemment des dossiers relevant de la juridiction nationale chargée de la lutte contre la criminalité organisée*.

44. **Code de l'organisation judiciaire** : ensemble des dispositions relatives à l'organisation et au fonctionnement des juridictions de l'ordre judiciaire. La loi du 23 mars 2019 de programmation 2018-2022 et de réforme pour la justice* et la loi organique du 23 mars 2019 relative au renforcement de l'organisation des juridictions ont nécessité une refonte de certaines de ses dispositions consécutivement à la création des tribunaux judiciaires*.

45. **Directeur des services de greffe judiciaires** : depuis le 1er novembre 2015 la dénomination du corps de greffier en chef a été remplacée par celle de directeur des services de greffe judiciaires. Il exerce un rôle d'encadrement des fonctionnaires d'une juridiction, et participe à sa gestion administrative avec le président* et le procureur de la République* s'agissant du tribunal judiciaire*. Le directeur des services de greffe judiciaires dispose également d'attributions juridictionnelles propres comme la vérification des comptes de tutelles.

46. **Juge consulaire** : juge non professionnel qui siège à titre bénévole au sein d'un tribunal de commerce*. Il s'agit de commerçants élus par leurs pairs pour une durée de deux ans lors de leur première élection. « *Ils peuvent, à l'issue d'un premier mandat, être réélus par période de quatre ans, dans le même tribunal ou dans tout autre tribunal de commerce.*» Les juges consulaires règlent des litiges commerciaux et suivent les procédures collectives* concernant les difficultés des sociétés commerciales ou artisanales. L'École nationale de la magistrature*, en partenariat avec la Conférence générale des juges consulaires, assure leur formation conformément au décret du 27 juillet 2018.

47. **Administrateur judiciaire** : auxiliaire de justice désigné par le tribunal de commerce* lorsqu'une entreprise fait l'objet d'une procédure de sauvegarde ou de redressement judiciaire. Il est chargé de surveiller ou d'assister le débiteur dans la gestion de l'entreprise en difficulté face au mandataire judiciaire*. Il peut exceptionnellement intervenir dans le cadre de la procédure de liquidation judiciaire. Les administrateurs et les mandataires judiciaires* ont adopté de nouvelles règles professionnelles proposées par leur Conseil national (modalités d'exercice des missions, gestion des conflits d'intérêts…) qui ont été approuvées par arrêté du garde des Sceaux en date du 18 juillet 2018.

48. **Mandataire judiciaire** : auxiliaire de justice désigné par le tribunal de commerce* pour représenter les créanciers dans les procédures de sauvegarde, de redressement et de liquidation judiciaire des entreprises en difficulté. Il convient de ne pas le confondre avec le mandataire judiciaire au rétablissement personnel de particuliers qui se trouvent dans une situation financière irrémédiablement comprise nécessitant l'assistance d'un tiers désigné par le juge d'instance devenu le juge des contentieux et de la protection du tribunal judiciaire* ou du tribunal de proximité* depuis le 1er janvier 2020.

49. **Tribunal de commerce** : tribunal de première instance spécialement compétent pour tous les litiges en rapport avec la vie commerciale et en charge également des procédures collectives* en cas de défaillance des entreprises. La formation collégiale du tribunal de commerce se compose de trois juges, comprenant un président et deux assesseurs. Il y a en France, 134 tribunaux de commerce depuis la réforme de la carte judiciaire* de 2010. Le parquet de Libourne a signé en janvier 2016 une convention de mise en place des échanges électroniques avec le tribunal de commerce, les administrateurs et les mandataires judiciaires.

50. **Sous-préfet d'arrondissement** : délégué du préfet en fonction dans chaque arrondissement, autre que celui du chef-lieu du département, qui « *assiste le préfet dans la représentation territoriale de l'État* » en application du décret n° 2004-374 du 29 avril 2004 relatif aux pouvoirs des préfets, à l'organisation et à l'action des services de l'État dans les régions et départements.

51. **Officier de police judiciaire** (OPJ) : fonctionnaire pouvant être secondé par des agents de police judiciaire disposant d'une compétence générale pour recevoir les plaintes, constater les infractions* à la loi pénale et diligenter des enquêtes aux fins de rassembler les preuves et rechercher leurs auteurs. Exerçant leurs missions sous l'autorité des magistrats du parquet* et du juge d'instruction* pour les actes d'enquête, les OPJ sont placés sous la surveillance du procureur général* (qui les habilite à l'occasion de leur première affectation, les note tous les deux ans) et le contrôle de la chambre de l'instruction des cours d'appel*.

52. **Expert** : titre des personnes inscrites sur une liste officielle dans un domaine professionnel particulier comme la construction ou une spécialité médicale. Les experts sont désignés par l'autorité judiciaire pour les éclairer sur un point technique susceptible en matière pénale de participer à la manifestation de la vérité ou d'apporter un éclairage sur la personnalité de l'auteur supposé d'une infraction pénale* ou de la victime.

53. **Protection judiciaire de la jeunesse** (PJJ) : direction du ministère de la Justice chargée de l'ensemble des questions relatives au suivi des mineurs sous l'angle de l'assistance éducative* ou de la délinquance juvénile. Elle met en œuvre localement les décisions des juges des enfants* (contrôle judiciaire*, placement dans les foyers...) et des tribunaux pour enfants* (travail d'intérêt général*, mise sous protection judiciaire...). Les éducateurs de la PJJ ont un rôle d'accompagnement des mineurs qui sont suivis dans le cadre des dispositions qui s'appliquent à ceux qui commettent des infractions pénales* avant leur majorité. La Protection judiciaire de la jeunesse contrôle également l'ensemble des structures publiques et associatives habilitées accueillant des mineurs sous mandat de justice.

54. **Conseiller pénitentiaire d'insertion et de probation** : fonctionnaire de l'administration pénitentiaire dont la mission consiste dans la prise en charge des personnes placées sous main de justice* et le contrôle du respect de leurs obligations imposées par l'autorité judiciaire. Rattaché à un service pénitentiaire d'insertion et de probation*, il exerce son activité en milieu carcéral ou en milieu ouvert*.

55. **Médiateur** : personne qui a pour mission d'entendre les parties sur un différend, de confronter leur point de vue et de leur soumettre un projet de solution amiable de règlement du litige. En matière pénale le médiateur agit sous la direction du procureur de la République* qui le saisit dans le cadre d'une alternative aux poursuites*.

56. **Délégué du procureur** : citoyen mandaté par les magistrats du parquet* pour mettre en œuvre les mesures alternatives* aux poursuites engagées devant une juridiction de jugement* dans le cas d'infractions pénales* de faible gravité qui ne sont pas contestées par leurs auteurs, ainsi que pour notifier aux prévenus des ordonnances pénales*. Rémunéré forfaitairement pour chaque mission réalisée, le délégué du procureur bénéficie d'un statut spécifique consacré par un décret du 29 janvier 2001. Soumis à une période probatoire d'un an, il est ensuite habilité à exercer ses fonctions pour une durée de cinq ans renouvelable.

57. **Assistant spécialisé** : fonctionnaire de catégorie A ou B, ou personne titulaire dans des matières définies par décret, d'un diplôme national sanctionnant une formation d'une durée de quatre ans d'études supérieures après le baccalauréat, remplissant les conditions d'accès à la fonction publique et justifiant d'une expérience professionnelle minimale de quatre ans, affecté dans les juridictions spécialisées (juridiction interrégionale spécialisée*, pôle accidents collectifs*...). Il assiste les magistrats dans l'analyse des dossiers relevant de ces contentieux techniques et/ou complexes. On le distingue du juriste assistant qui est titulaire d'un doctorat en droit ou d'un diplôme correspondant à cinq années d'études supérieures juridiques avec deux années d'expérience professionnelle, nommé à temps partiel ou complet pour une durée maximale de trois ans, pour exercer des tâches que leur confient les magistrats des tribunaux judiciaires*, des cours d'appel* et de la Cour de cassation*, ainsi que les magistrats des juridictions administratives. Le tribunal judiciaire* de Libourne a bénéficié d'un assistant spécialisé en matière de lutte contre les phénomènes de radicalisation* et d'une juriste assistante pour apporter un éclairage technique dans le traitement du dossier de l'accident collectif de Puisseguin*.

58. **Cellule d'accueil d'urgence des victimes d'agressions** (CAUVA) : créée en 1999 cette structure est rattachée au CHU de Bordeaux. Son activité consiste principalement en la réalisation d'examens médico-légaux* sur la base de réquisitions* de l'autorité judiciaire visant à évaluer le préjudice de personnes se disant victimes de violences volontaires et/ou sexuelles, et à les accompagner sur le plan psychologique et des soins à organiser consécutivement au traumatisme subi. À la suite de la réforme de la médecine légale* en 2011, le CAUVA est devenu une unité médico-judiciaire. Un praticien hospitalier de cette cellule spécialisée intervient depuis le mois de septembre 2018 à l'hôpital Robert Boulin de Libourne dans le cadre de vacations dédiées à l'évaluation du préjudice physique résultant de la commission d'une infraction pénale*.

59. **Aide sociale à l'enfance** (ASE) : service placé sous l'autorité du président du conseil départemental dont la mission est de développer des actions de prévention et de protection des mineurs isolés, en rupture scolaire ou lorsque le ou les parents sont confrontés à des difficultés sociales compromettant l'équilibre familial et nécessitant une intervention extérieure d'aide sociale, psychologique ou financière. Les services de l'ASE peuvent saisir le procureur de la République* des situations de danger concernant des enfants ou adolescents victimes d'actes de maltraitance aux fins de déclenchement d'une enquête pénale et pour un éventuel placement en urgence du mineur dans une unité hospitalière ou une structure habilitée à le recevoir.

60. **Aide aux victimes** : dispositif d'accueil, d'information et d'orientation des victimes d'infractions pénales*. Regroupé au sein de structures associatives, leur personnel composé de juristes et de psychologues exerce habituellement ses missions au sein des bureaux d'aide aux victimes* localisés sur un site judiciaire.

61. **Sous main de justice** : notion caractérisant l'état d'une personne incarcérée ou soumise à des obligations imposées par une décision judiciaire avant d'être jugée (exemple du contrôle judiciaire*), par une juridiction de jugement* (exemple du sursis probatoire introduit par la loi du 23 mars 2019 de programmation 2018-2022 et de réforme pour la justice* dans son volet relatif à la réforme des peines) ou par un juge d'application des peines* (exemple de la libération conditionnelle). Un bien ou des valeurs peuvent également être placés sous main de justice au cours des procédures pénales dans le cadre d'une saisie* opérée à titre conservatoire pendant la phase d'enquête ou de l'information judiciaire*, ou par le prononcé d'une confiscation décidée par la juridiction de jugement*.

CHAPITRE 1

DISCOURS DE RENTRÉE SOLENNELLE DE JANVIER 2014 LE PROCUREUR « THÉRAPEUTE »

1. **Tribunal de grande instance** : juridiction de droit commun dénommée tribunal judiciaire à compter du 1er janvier 2020 sur le fondement de la loi du 23 mars 2019 de programmation 2018-2022 et de réforme pour la justice* et la loi organique du 23 mars 2019 relative au renforcement de l'organisation des juridictions.

2. **Vice-procureur** : magistrat de l'ordre judiciaire rattaché au parquet* placé sous l'autorité hiérarchique du procureur de la République* et exerçant ses missions au sein d'un tribunal judiciaire*. Certains vice-procureurs sont dits placés* auprès du procureur général* et peuvent exercer leurs fonctions au sein d'une cour d'appel* ou d'un tribunal judiciaire sur le ressort de la cour d'appel pour une période de temps déterminée.

3. **Forces de sécurité intérieure** : fonctionnaires ou militaires chargés du maintien de l'ordre public et de la sécurité des personnes et des biens. Elles regroupent les polices nationales et municipales, ainsi que la gendarmerie nationale depuis 2009.

4. **Carte judiciaire** : elle correspond à la géographie relative à l'implantation des tribunaux sur le territoire national. La réforme de la carte judiciaire de 2010 a supprimé 23 tribunaux de grande instance* et 178 tribunaux d'instance* (parallèlement 7 tribunaux d'instance et 7 juridictions de proximité* avaient été créés). En juin 2013 de nouveaux aménagements sur un plan territorial ont été introduits avec la réouverture des tribunaux de grande instance* de Saint-Gaudens, Saumur et Tulle et la mise en place de chambres détachées à Dole, Guingamp et Marmande. Avec la loi du 23 mars 2019 de programmation 2018-2022 et de réforme pour la justice* et la loi organique du 23 mars 2019 relative au renforcement de l'organisation des juridictions, il existe désormais 164 tribunaux judiciaires et 125 tribunaux de proximité.

5. **Délinquance générale** : notion qui désigne l'ensemble des infractions pénales* constatées par les forces de sécurité intérieure* et qui sont classées traditionnellement en trois catégories : les crimes*, les délits* et les contraventions. La délinquance générale fait l'objet d'études statistiques comme celles publiées par l'Observatoire national de la délinquance et des réponses pénales.

6. **Délinquance de proximité** : notion qui désigne certaines infractions pénales*, telles que des vols* ou des actes de dégradations volontaires*, commises par un auteur dans un périmètre géographique limité.

7. **Contravention de cinquième classe** : catégorie la plus élevée des contraventions divisées en cinq classes différentes dans le code pénal*. Le taux maximum de l'amende susceptible d'être prononcé est de 1500 euros pour les personnes physiques (3000 euros en cas de récidive légale*). Le tribunal de police* pour les majeurs et le juge des enfants ainsi que tribunal pour enfants* pour les mineurs sont compétents pour juger les auteurs d'infractions contraventionnelles de cinquième classe. Ils peuvent également prononcer des peines privatives ou restrictives de droit comme la suspension du permis de conduire, des peines complémentaires ainsi que la mesure de sanction-réparation.

8. **Bureau d'ordre** : service d'enregistrement des plaintes des particuliers et des procédures pénales transmises par les unités d'enquête ou les administrations déconcentrées de l'État*. Depuis 2008, l'ensemble des affaires portant sur des infractions pénales*, mais également les dossiers d'assistance éducative*, sont enregistrés sur un logiciel dénommé *Cassiopée* facilitant l'échange des informations entre les tribunaux judiciaires*, permettant d'assurer une plus grande traçabilité des dossiers pénaux portés à la connaissance de la justice, et par là même une meilleure information des victimes.

9. **Taux d'élucidation** : rapport entre le nombre de faits élucidés et le nombre des affaires pénales portées à la connaissance des services de police et de gendarmerie (ou générées par les unités d'enquête) ou des magistrats du parquet*. Le taux d'élucidation varie suivant qu'il s'agit de faits rattachés à la délinquance générale* ou à la délinquance de proximité*. Il n'intègre pas le « chiffre noir » de la délinquance qui correspond à la différence entre le nombre d'infractions* réellement commises et le nombre d'infractions constatées et donc répertoriées dans les statistiques du ministère de l'Intérieur.

10. **Atteintes volontaires à l'intégrité physique** : catégorie d'infractions* regroupant l'ensemble des faits criminels (assassinat*, viol*, actes de torture ou de barbarie…), délictuels (agressions sexuelles*, menaces de mort*…) et contraventionnels comme les violences volontaires avec une incapacité totale de travail inférieure à huit jours…) qui sont de nature à provoquer la mort de la victime ou lui causer un préjudice corporel et/ou psychique. Elles sont généralement opposées aux atteintes involontaires à l'intégrité physique désignant les infractions (délits* ou contraventions*) causant la mort ou des blessures à un tiers « *par négligence, maladresse, imprudence ou manquement délibéré à une obligation de prudence ou de sécurité* » sans que le résultat dommageable n'ait été recherché par son auteur. Les parquets* de Bordeaux et de Libourne ont signé en juin 2016 un protocole départemental avec les forces de sécurité intérieure et les associations « Vict'Aid* » et du « Prado* » visant à permettre, sur la base d'un questionnaire à renseigner par l'officier de police judiciaire*, l'évaluation des risques encourus par des victimes de violences physiques ou sexuelles suite à un dépôt de plainte.

11. **Cambriolage** : terme du langage courant qui correspond en droit pénal à une catégorie de vol aggravé* par le fait d'avoir été commis « *dans un local d'habitation ou dans un lieu destiné à l'entrepôt de fonds, valeurs ou matériels, en pénétrant dans les lieux par ruse, effraction ou escalade* ». Son auteur est punissable de sept ans d'emprisonnement et 100 000 euros d'amende (article 311-5 alinéa 1 du code pénal).

12. **Police de l'air et des frontières** : service de la police nationale chargé de contrôler l'immigration irrégulière, de concourir à la sûreté des moyens de transport internationaux (s'agissant notamment des réseaux ferrés) et d'assurer des missions de police aéronautique (sécurité générale des ports et aéroports).

13. **Direction interrégionale de la police judiciaire** (DIPJ) : située à Bordeaux pour la région Nouvelle-Aquitaine, elle regroupe les services régionaux de police judiciaire de Bordeaux et de Toulouse. Au niveau national la Direction centrale de la police judiciaire qui comprend neuf DIPJ s'occupe de la prévention et de la répression des formes spécialisées ou organisées de la délinquance et de la criminalité. La direction interrégionale de la police judiciaire participe localement à la lutte anti-terroriste et à la coopération policière internationale. Elle assure également la surveillance des établissements de jeux et des champs de courses.

14. **Services ou administrations déconcentrés de l'État** : structures qui assurent le relais et adaptent sur le plan local les décisions prises par l'administration centrale. Les magistrats du parquet* sont plus particulièrement en lien avec certains de ces services (ou administrations) déconcentrés comme la direction régionale ou départementale des finances publiques, la direction régionale des entreprises, de la concurrence, de la consommation, du travail et de l'emploi ou les services départementaux de l'Éducation nationale.

15. **Zone de sécurité prioritaire** : leur création en 2012 avait pour objectif d'apporter des réponses durables et concrètes aux territoires souffrant d'une insécurité quotidienne et d'une délinquance enracinée. Les communes de Libourne, Castillon-la-Bataille, Sainte-Foy-la-Grande et Pineuilh en Gironde sont concernées par ce dispositif visant à lutter principalement contre les trafics de stupéfiants* et l'économie souterraine, les cambriolages*, ainsi que les atteintes à la tranquillité publique.

16. **Trafic de stupéfiants** : notion qui désigne un certain nombre d'infractions* criminelles comme la production ou la fabrication illicite de substances ou de plantes classées par voie réglementaire comme des stupéfiants (les articles 222-34 et 222-35 du code pénal prévoient des peines de 20 ans de réclusion criminelle jusqu'à la perpétuité, et 7 500 000 euros d'amende), ou délictuelles comme le transport, la détention ou la cession de stupéfiants « *à une personne en vue de sa consommation personnelle* » prévus et réprimés par les articles 222-37 et suivants du code pénal d'un emprisonnement de 5 à 10 ans maximum et d'une amende de 75 000 à 7 500 000 euros, ainsi que les opérations de blanchiment* des produits financiers résultant de ces activités répréhensibles et punissables de 10 ans d'emprisonnement et de 750 000 euros d'amende par l'article 222-38 du code pénal. Ces faits en fonction de la nature et de la quantité des produits objet du trafic, du nombre de protagonistes impliqués ou d'éléments transfrontaliers, peuvent relever des dispositions particulières relatives à la délinquance et à la criminalité organisée* en termes d'enquête, de poursuites et de jugement de leurs auteurs.

17. **Cellule de coordination opérationnelle du partenariat** : co-présidée localement par le sous-préfet* de Libourne et le procureur de la République*, elle a pour mission de déterminer un plan d'action en matière de prévention de la délinquance* et d'assurer le suivi individuel des situations de (pré-)délinquance en réunissant un certain nombre de partenaires dont les forces de l'ordre, les élus, les chefs d'établissements scolaires, les bailleurs sociaux, les transporteurs publics et des représentants du tissu associatif. Elle constitue une des deux structures des zones de sécurité prioritaire* avec la cellule de coordination des forces de sécurité intérieure*.

18. **Homicide volontaire** : infraction criminelle définie par l'article 221-1 du code pénal comme « *le fait de donner volontairement la mort à autrui* ». L'homicide volontaire ou meurtre commis sans circonstances aggravantes* est puni de 30 ans de réclusion criminelle par ce même article. Il est puni de la réclusion criminelle à perpétuité dans certaines hypothèses. C'est le cas du meurtre « *qui précède, accompagne ou suit un autre crime* » (article 221-1 alinéa 1 du code pénal) ou de celui « *qui a pour objet soit de préparer ou de faciliter un délit, soit de favoriser la fuite ou d'assurer l'impunité de l'auteur ou du complice d'un délit* » (article 221-1 alinéa 2 du code pénal). La réclusion criminelle est également encourue pour l'une des causes d'aggravation listées par l'article 221-4 du code pénal comme le fait d'avoir été commis sur un mineur de 15 ans ou par le conjoint ou le concubin de la victime ou le partenaire lié à elle par un PACS. L'homicide volontaire se distingue des coups mortels qui consistent à commettre des « *violences ayant entraîné la mort sans intention de la donner* » prévus et réprimés d'une peine de 15 ans de réclusion criminelle par l'article 222-7 du code pénal.

19. **Pôle criminel de l'instruction** : les juges d'instruction* de certains tribunaux judiciaires* ont une compétence déterminée par décret pouvant recouvrir le ressort territorial de plusieurs juridictions du premier degré. C'est notamment le cas pour les affaires criminelles depuis la réforme issue de la loi du 5 mars 2007 qui désigne un ou plusieurs pôles dans cette matière par département. Pour la Gironde, il est situé à Bordeaux, le tribunal de Libourne étant sur ce plan une juridiction dite « infra-pôle* ».

20. **Vol aggravé** : notion qui désigne des faits de vol* commis avec une ou plusieurs circonstances aggravantes* de nature à entraîner une qualification pénale* délictuelle ou criminelle. Dans le premier cas il peut s'agir par exemple d'un vol commis en réunion, c'est-à-dire « *par plusieurs personnes agissant en qualité d'auteur ou de complice, sans qu'elles constituent une bande organisée** » punissable de 5 ans d'emprisonnement et de 75 000 euros d'amende (article 311-4 alinéa1 1° du code pénal). Est rattaché à la deuxième catégorie par exemple le vol « *précédé, accompagné ou suivi soit de violences ayant entraîné la mort, soit de tortures ou d'actes de barbarie* » punissable de la réclusion criminelle à perpétuité et de 150 000 euros d'amende (article 311-10 alinéa1 du code pénal).

21. **Braquage** : terme du langage courant désignant en droit pénal un vol* commis « *soit avec usage ou menace d'une arme, soit par une personne porteuse d'une arme soumise à autorisation ou dont le port est prohibé* ». L'article 311-8 du code pénal qui définit ainsi cette catégorie de vol aggravé* prévoit une peine de vingt ans de réclusion criminelle et de 150 000 euros d'amende.

22. **Service régional de police judiciaire** : structure opérant prioritairement en zone police sur plusieurs départements et spécialisée dans les investigations portant sur les formes organisées de la délinquance et de la criminalité, et rattachée à une direction interrégionale de la police judiciaire*.

23. **Brigade de recherches** : structure opérant en zone gendarmerie rattachée à une compagnie de gendarmerie et spécialisée dans les investigations portant sur les formes organisées de la délinquance et de la criminalité à l'échelon d'un arrondissement ou d'un département.

24. **Comparution immédiate** : modalité de saisine du tribunal correctionnel* par le ministère public* portant sur des affaires en état d'être jugées et présentant une forme de gravité liée à la nature des agissements reprochés et/ou à la personnalité du prévenu* qui est traduit devant cette juridiction de jugement à la fin de sa garde à vue*. Elle concerne des faits pour lesquels la peine encourue doit être en préliminaire* au moins égale à deux ans d'emprisonnement et au moins égale à six mois d'emprisonnement en cas de flagrant délit*. Cette procédure n'est pas applicable aux mineurs, aux délits de presse, aux affaires politiques ainsi qu'aux infractions pénales* dont la poursuite est prévue par une loi spéciale. Elle se distingue également de la procédure de jugement à délai différé introduite par la loi du 23 mars 2019 de programmation 2018-2022 et de réforme pour la justice* dans un nouvel article 397-1-1 du code de procédure pénale qui permet au magistrat du parquet* de saisir le juge des libertés et de la détention* aux fins de « *contrôle judiciaire*, d'assignation à résidence avec surveillance électronique ou de détention provisoire** » d'une personne poursuivie sous cette forme avant que d'être jugée dans le délai de deux mois maximum et ce dans l'attente des résultats de l'enquête (examens techniques ou médicaux) qui n'ont pas été obtenus dans le temps de la garde à vue*.

25. **Homicide involontaire en matière routière** : fait d'avoir causé involontairement la mort d'une victime en étant conducteur d'un véhicule terrestre à moteur par « *maladresse, imprudence, inattention, négligence ou par un manquement à une obligation de prudence ou de sécurité imposée par la loi ou le règlement* ». L'homicide involontaire est dit aggravé lorsqu'il s'accompagne d'une ou de plusieurs des circonstances suivantes : conduite addictive (alcool et/ou stupéfiants), absence de permis de conduire, grand excès de vitesse (plus de 50km/h), délit de fuite. Si les faits ont été commis avec une circonstance aggravante*, la peine d'emprisonnement encourue est de sept ans et de dix ans avec au moins deux circonstances aggravantes (article 221-6-1 du code pénal).

26. **Ordonnance du 2 février 1945** : Texte en vigueur énonçant les dispositions applicables aux mineurs ayant commis des infractions pénales* s'agissant de la phase d'enquête, des modalités de poursuites par le ministère public* et des règles relatives au jugement de ces affaires ainsi que l'exécution des sentences. Le principe directeur de ce texte, modifié à plusieurs reprises par le législateur et s'agissant des condamnations, est de privilégier les mesures éducatives par rapport aux sanctions pénales. La loi du 23 mars 2019 de programmation 2018-2022 et de réforme pour la justice* a prévu, à compter du 1er juin 2019 de nouveaux droits au profit du mineur suspect dont celui de pouvoir désigner un adulte accompagnateur au cours de la procédure (article 6-2 nouveau de l'ordonnance du 2 février 1945). Le Gouvernement a été autorisé sur la base de ce même dispositif législatif à réformer par voie d'ordonnance et de façon plus complète les règles applicables à la délinquance juvénile dans un code de la justice pénale des mineurs* dont l'entrée en vigueur est programmée pour le 1er octobre 2020.

27. **Modes de poursuites** : la loi prévoit différentes techniques visant au prononcé de peines* par les juridictions de jugement*. Le déclenchement de l'action publique* peut prendre la forme, après l'enquête dirigée par le parquet*, d'une convocation en justice du prévenu*, de sa présentation à l'issue de la garde à vue* aux fins de comparution immédiate*, de comparution par procès-verbal* (et plus récemment de comparution à délai différé prévue par la loi du 23 mars 2019 de programmation 2018-2022 et de réforme pour la justice*), de l'ouverture d'une information judiciaire* devant le juge d'instruction* ou d'une requête pénale devant le juge des enfants*. Le plaignant peut également, à certaines conditions précisées par les textes, engager des poursuites contre l'auteur supposé d'une infraction pénale* par la voie d'une citation directe devant la juridiction de jugement ou d'une constitution de partie civile* devant le juge d'instruction*.

28. **Officier du ministère public** : fonctionnaire du ministère de l'Intérieur qui tient le rôle du ministère public* devant le tribunal de police* pour les contraventions des quatre premières classes*, ainsi que pour les contraventions de la cinquième classe* relevant de la procédure de l'amende forfaitaire. Si l'officier du ministère public, qui est généralement un commissaire ou un commandant de police dépend administrativement de la direction départementale de la sécurité publique, il exerce ses attributions judiciaires sous la direction du procureur de la République*.

29. **Service de permanence du parquet** : au sein des tribunaux judiciaires* les parquets* sont notamment organisés sur la base d'une unité de permanence (voire pour les juridictions les plus importantes de plusieurs unités de ce type : permanence « majeurs », permanence « mineurs », permanence de « l'exécution des peines »...). Mis en place dans le courant des années 80, ces services composés d'un ou plusieurs magistrats du ministère public*, assistés de fonctionnaires du greffe, sont chargés d'apporter des réponses pénales par la voie téléphonique (et électronique plus récemment) aux enquêtes diligentées par les officiers de police judiciaire*, de contrôler la qualité des procédures pénales portées à leur connaissance et de décider en temps réel de leurs orientations.

30. **Taux de réponse pénale** : pourcentage des réponses délivrées par la justice pénale (alternatives aux poursuites* et affaires poursuivies*) lorsque l'auteur d'une infraction pénale* a été identifié et que l'affaire est dite poursuivable*. Ce taux, toutes matières confondues, s'établissait au plan national à 87,7 % en 2018 pour l'ensemble des affaires pénales transmises aux services du parquet*, tandis que 12,3% étaient classées sans suite* en opportunité* pour cette même année de référence.

31. **Tribunal correctionnel** : formation du tribunal judiciaire* compétente pour juger des délits*. Le tribunal correctionnel est, en sa formation collégiale*, composé de trois magistrats, un président et deux juges (dont l'un peut être un magistrat exerçant à titre temporaire). Il peut également siéger à juge unique* pour toute une série d'infractions délictuelles limitativement énumérées par la loi (article 398-1 du code de procédure pénale) et punissables depuis la loi du 23 mars 2019 de programmation 2018-2022 et de réforme pour la justice* d'une « *peine inférieure ou égale à cinq ans d'emprisonnement* ».

32. **Tribunal pour enfants** : juridiction spécialisée chargée de juger les mineurs délinquants selon des dispositions fixées par l'ordonnance du 2 février 1945* et prochainement par le code de la justice pénale des mineurs*. Le tribunal pour enfants est composé d'un juge (ou vice-président) des enfants* qui le préside et de deux assesseurs, magistrats non professionnels nommés pour quatre ans renouvelables par le garde des Sceaux*, choisis parmi des personnes de plus de trente ans qui se sont signalées par l'intérêt particulier qu'elles portent aux questions de l'enfance et par leurs compétences professionnelles. Il juge les crimes* des mineurs de moins de 16 ans ainsi que les délits* et contraventions de cinquième classe* commis par des auteurs âgés de moins de 18 ans.

33. **Tribunal de police** : formation du tribunal judiciaire* siégeant à juge unique, compétente en matière de contraventions, sous réserve de la compétence du juge des enfants et du tribunal pour enfants* pour les contraventions de cinquième classe* commises par des mineurs. Pour juger les contraventions des quatre premières classes*, à l'exception de celles déterminées par un décret, et les contraventions de cinquième classe lorsqu'elles relèvent de l'amende forfaitaire, le tribunal peut être présidé par un magistrat exerçant à titre temporaire. Avant le 1er juillet 2017, la juridiction de proximité* était compétente pour juger des contraventions des quatre premières classes.

34. **Tribunal de proximité** : créée par la loi d'orientation et de programmation sur la justice du 9 septembre 2002, cette juridiction formée de magistrats non professionnels, dont les compétences avaient été élargies par une loi du 26 janvier 2005, a été supprimée depuis le 1er juillet 2017. Les juges de proximité, remplacés depuis cette date par des magistrats à titre temporaire, intervenaient pour les petits litiges civils (- de 4000 euros) et pour les contraventions des quatre premières classes*, sauf en matière de droit de la presse*. Dans la loi du 23 mars 2019 de programmation 2018-2022 et de réforme pour la justice* et la loi organique du 23 mars 2019 relative au renforcement de l'organisation des juridictions, le tribunal de proximité est la nouvelle dénomination du tribunal d'instance lorsque celui-ci n'est pas situé dans la même ville que le tribunal judiciaire*.

35. **Information judiciaire** : phase de la procédure pénale au cours de laquelle un juge d'instruction* est saisi par un réquisitoire du parquet* généralement à la suite d'une enquête des services de police ou de gendarmerie ou sur le fondement d'une plainte avec constitution de partie civile*. Obligatoire en matière criminelle, l'information judiciaire est en principe réservée aux affaires graves et/ou complexes s'agissant des délits*, ou encore pour lesquelles une mesure de sûreté (contrôle judiciaire* ou détention provisoire*) est nécessaire durant le temps des investigations. La comparution à délai différé introduite par la loi du 23 mars 2019 de programmation 2018-2022 et de réforme pour la justice* permet dans les hypothèses prévues par le nouvel article 397-1-1 du code de procédure pénale d'éviter l'ouverture d'une information judiciaire et donc la saisine d'un juge d'instruction.

36. **Comparution sur reconnaissance préalable de culpabilité** (CRPC) : la procédure dite du « plaider-coupable » a été introduite par la loi du 9 mars 2004. Applicable uniquement aux délits* commis par des majeurs, elle consiste à éviter l'examen d'une affaire en audience publique dès lors que l'auteur reconnaît les faits qui lui sont reprochés. Dans cette hypothèse le procureur de la République saisit le président du tribunal en vue d'homologuer l'accord sur la peine* négociée avec le prévenu* en présence de son avocat*. En cas de refus d'homologation, l'affaire est renvoyée devant le tribunal correctionnel*. La loi du 23 mars 2019 de programmation 2018-2022 et de réforme pour la justice* a élargi le domaine de la CRPC en prévoyant la possibilité de proposer un emprisonnement jusqu'à trois ans, l'éventuelle révocation d'un sursis ou la non-inscription de la peine au bulletin n° 2 du casier judiciaire*.

37. **Ordonnance pénale** : procédure simplifiée de jugement des contraventions et de délits* limitativement énumérés par la loi (vol*, dégradations volontaires*, infractions au code de la route…). Elle est utilisée par le procureur de la République* pour des faits simples et établis dès lors que les renseignements concernant l'auteur de l'infraction* sont suffisants pour déterminer la peine*. Le magistrat du siège* saisi, s'il n'estime pas nécessaire un débat contradictoire, rend une ordonnance motivée qui, soit relaxe*, soit fixe une ou des peines à subir. La loi du 23 mars 2019 de programmation 2018-2022 et de réforme pour la justice* étend le domaine de l'ordonnance pénale à tous les délits, même commis en état de récidive légale*, pour lesquels le tribunal peut statuer à juge unique*, à l'exception des atteintes volontaires ou involontaires à l'intégrité des personnes. Ce même dispositif a élargi également le registre des peines susceptibles d'être prononcées en intégrant notamment le travail d'intérêt général* en cas d'acceptation de cette sanction par la personne poursuivie. L'intéressé a 30 jours en matière de police et 45 jours en matière délictuelle pour faire opposition à la décision rendue sous la forme d'une ordonnance pénale afin de présenter des moyens de défense devant le tribunal. En l'absence d'opposition la condamnation devient définitive et elle est inscrite au casier judiciaire*.

38. **Composition pénale** : mesure de compensation ou de réparation proposée par le parquet* à une personne physique (ou une personne morale depuis la loi du 23 mars 2019 de programmation 2018-2022 et de réforme pour la justice*) qui reconnaît avoir commis une contravention ou un délit* puni d'une peine d'amende ou d'une peine d'emprisonnement d'une durée inférieure ou égale à 5 ans. Soumis à la validation du président* du tribunal judiciaire (sauf depuis ce nouveau dispositif légal si pour un délit puni d'une peine d'emprisonnement d'une durée inférieure ou égale à 3 ans, l'amende ou la mesure de restitution n'excède pas le seuil de 3000 euros), elle consiste dans la réalisation d'une des interdictions ou obligations énumérées limitativement par la loi (amende, stage de citoyenneté* ou de sensibilisation aux dangers de l'usage de produits stupéfiants*, travail non rémunéré*...). En cas d'exécution, la composition pénale éteint l'action publique* et la procédure est classée sans suite*, mais elle est inscrite au casier judiciaire*. La loi du 23 mars 2019 de programmation 2018-2022 et de réforme pour la justice* a renforcé la mesure spécifique d'interdiction de paraître qui concerne les lieux dans lesquels l'infraction* a été commise ou « *dans lesquels réside la victime* ».

39. **Juge d'application des peines** : magistrat de l'ordre judiciaire rattaché au siège* en charge au sein d'un tribunal judiciaire* de fixer les principales modalités de l'exécution des peines privatives de liberté ou de certaines peines restrictives de liberté, en orientant et en contrôlant les conditions de leur application à l'intérieur (permissions de sortir, libération conditionnelle, placement sous surveillance électronique...) et à l'extérieur (travail d'intérêt général*, suivi socio-judiciaire...) des établissements pénitentiaires. Son activité est contrôlée par la chambre de l'application des peines de la cour d'appel*. Pour l'exercice de ses missions, le juge d'application des peines est assisté par le service pénitentiaire d'insertion et de probation*.

40. **Délai de jugement** : période qui s'écoule entre la poursuite pénale décidée par le parquet* (ou la partie civile* par voie de citation directe devant la juridiction de jugement*) et le prononcé de la décision d'un tribunal de première instance ou d'une cour d'appel* en matière répressive. Ces délais varient en fonction de la nature des faits commis (gravité, complexité...), du nombre de protagonistes (prévenus*, victimes et témoins) dans un dossier, ainsi que du type de poursuites engagées (poursuites dites rapides comme la comparution immédiate* ou à l'inverse citation d'un mis en examen* à la suite d'une ordonnance de mise en accusation devant une cour d'assises* ou de renvoi devant un tribunal correctionnel* rendue par un juge d'instruction* à la fin d'une information judiciaire* dont le déroulement est plus long).

41. **Substitut général** : magistrat de l'ordre judiciaire rattaché au parquet général et placé sous l'autorité du procureur général* au sein d'une cour d'appel.

42. **Alternatives aux poursuites** : ensemble des procédures mises en œuvre par le parquet*, ou un officier de police judiciaire* sur autorisation du procureur de la République*, se substituant à des poursuites devant une juridiction de jugement* pour des infractions pénales* commises par un majeur ou un mineur ne portant pas gravement atteinte à l'ordre public. Ces mesures peuvent consister en un rappel à la loi*, la réparation du dommage causé à la victime, la régularisation de la situation, une orientation vers une structure sanitaire, sociale ou professionnelle, une médiation pénale*, et depuis la loi du 23 mars 2019 de programmation 2018-2022 et de réforme pour la justice* l'interdiction de paraître dans certains lieux. En cas d'exécution de la mesure, la procédure est classée sans suite* et la sanction n'est pas inscrite au casier judiciaire*.

43. **Affaires poursuivies** : dossiers pénaux pour lesquels le procureur de la République* ou une partie civile* décident de saisir un juge d'instruction* ou une juridiction de jugement* visant à voir prononcer une condamnation contre l'auteur supposé d'une infraction pénale*. S'agissant du parquet* il existe plusieurs modes de poursuites* emportant soit la convocation du mis en cause devant un tribunal répressif, soit sa présentation physique devant un magistrat du parquet après une mesure de garde à vue* aux fins d'ouverture d'une information judiciaire* devant le juge d'instruction*, d'une comparution immédiate*, d'une convocation par procès-verbal, et depuis la loi du 23 mars 2019 de programmation 2018-2022 et de réforme pour la justice* de convocation à délai différé prévue par le nouvel article 397-1-1 du code de procédure pénale.

44. **Affaires poursuivables** : procédures dont le traitement a permis de caractériser une infraction pénale* et d'identifier son auteur. Le volume des affaires poursuivables permet de calculer le taux de réponse pénale d'une juridiction, c'est-à-dire la proportion des affaires effectivement poursuivies devant une juridiction de jugement*, ou sous la forme d'une alternative aux poursuites*, sur l'ensemble de celles susceptibles de l'être. Elle constitue un indicateur de performance* pour la Direction des affaires criminelles et des grâces* et une donnée chiffrée retenue par la Direction des services judiciaires* pour la localisation d'emplois* des magistrats et des personnels de greffe.

45. **Frappe des jugements** : dactylographie des décisions judiciaires rendues en matière pénale ou civile. La frappe de ces jugements qui comporte en matière répressive des renseignements sur les protagonistes du dossier, la nature des faits reprochés, le jugement de condamnation ou de relaxe* prononcé (et des dommages et intérêts éventuellement accordés à la victime) est réalisée par un greffier*. Cette même opération est réalisée par des fonctionnaires du greffe s'agissant des arrêts rendus par les cours d'appel et par la Cour de cassation*.

46. **Fiches d'exécution des peines** : à l'issue de toute décision pénale devenue définitive et qui emporte une déclaration de culpabilité, la juridiction édite des extraits des jugements permettant au ministère public* de faire exécuter la sentence prononcée. On distingue la fiche « casier » adressée au service du casier judiciaire national*, la fiche « finance » valant autorisation de recouvrement des amendes pour le trésor public, la fiche écrou de mise à exécution d'une peine d'emprisonnement sans sursis communiquée à l'administration pénitentiaire et la fiche dite « référence 7 » à la préfecture concernant les mesures restrictives relatives au permis de conduire.

47. **Bâtonnier** : avocat* élu pour une durée de deux ans par l'assemblée générale des avocats inscrits au barreau* institué dans le ressort de chaque tribunal judiciaire* pour assurer la présidence du conseil de l'Ordre et exercer à ce titre des fonctions administratives (désignations et commissions d'office, représentation de l'Ordre dans les actes de la vie civile...) et disciplinaires en tant qu'autorité de poursuite. Le bâtonnier est chargé de régler les incidents entre les avocats et les litiges qui peuvent surgir entre ces derniers et leurs clients. Il participe également à la Conférence nationale des bâtonniers au sein d'une structure associative dont l'objet principal est la défense de la profession d'avocat*.

48. **Aide juridictionnelle** : assistance qui garantit aux personnes les plus démunies de faire face aux frais de justice et aux honoraires des auxiliaires de justice (avocat*, notaire, huissier...). Le bureau d'aide juridictionnelle du tribunal judiciaire* décide d'accorder cette assistance selon les revenus de la personne. En 2019 le plafond des ressources maximales mensuelles donnant droit à l'aide juridictionnelle totale, pour un justiciable n'ayant aucune personne à sa charge, était fixé à 1031 euros, et pour l'aide juridictionnelle partielle à 1546 euros.

49. **Indicateurs de performance** : éléments de mesure du volume et de la qualité des réponses civiles et pénales rendues par les juridictions. Les indicateurs de performance font l'objet d'échanges chaque année entre les chefs des tribunaux judiciaires*, les chefs des cours d'appel* et la Direction des services judiciaires* du ministère de la Justice.

50. **Conférence nationale des procureurs de la République** (CNPR) : instance de représentation des procureurs de la République* dont les membres du conseil d'administration sont élus par leurs pairs. Dans le *Livre noir du ministère public** publié au mois de juillet 2017, la CNPR dénonce le manque de moyens des parquets* en France (et de la Justice d'une façon plus générale) eu égard plus particulièrement à la multiplication des lois en matière répressive et à l'élargissement de leurs missions par les pouvoirs exécutif et législatif ces dernières années. Il existe également une Conférence nationale des présidents des tribunaux judiciaires* pour les juridictions de première instance, ainsi qu'une Conférence nationale des premiers présidents* et une Conférence nationale des procureurs généraux* s'agissant des cours d'appel*.

51. **Indépendance du ministère public** : les magistrats du parquet* ne bénéficient pas du principe de l'inamovibilité garantissant leur indépendance statutaire, comme les juges du siège*, en ce qu'ils sont soumis au pouvoir exécutif s'agissant de leurs conditions de nomination, et d'un régime disciplinaire spécifique. Ce lien hiérarchique trouve sa justification dans la nécessité pour le ministre de la Justice de garantir une cohérence générale dans l'application de la loi pénale sur le territoire national. Dans un arrêt Medvedyev du 10 juillet 2008 rendu par la Cour européenne des droits de l'homme*, largement commenté par la doctrine, le ministère public* tel qu'il est organisé en France n'est pas considéré par cette instance juridictionnelle supranationale comme étant une autorité judiciaire pleinement indépendante au sens de l'article 5 de la Convention européenne des droits de l'homme*.

52. **Cour de cassation** : juridiction placée au sommet de la hiérarchie de l'ordre judiciaire. Elle est chargée d'unifier les décisions des juridictions du fond en statuant sur la base d'un pourvoi fondé sur des questions de droit. Le recours est porté devant l'une des chambres (criminelle, civiles, commerciale ou sociale) de la Cour de cassation qui, selon les cas, peut soit « casser » la décision attaquée et désigner une autre juridiction chargée de rejuger l'affaire, soit « rejeter » le pourvoi. Elle peut être également saisie pour donner son avis sur un problème juridique présentant une difficulté sérieuse d'interprétation et se posant dans un grand nombre de cas. Depuis une réforme intervenue en 2008, elle joue un rôle de filtre en matière de question prioritaire de constitutionnalité*. La Cour de cassation a adopté, à compter du 1er octobre 2019, de nouvelles règles de rédaction de ses décisions visant à plus d'intelligibilité par l'utilisation du style direct et d'une rédaction des arrêts selon un plan uniformisé : faits, procédures, examen des moyens, dispositif.

53. **Géolocalisation des personnes recherchées** : dispositif technique permettant de localiser en temps réel un individu sur le territoire national par le suivi de son téléphone portable ou de son véhicule au moyen d'une balise* installée à cet effet. Véritable alternative à la surveillance physique, la géolocalisation a fait l'objet d'un premier encadrement législatif le 28 mars 2014. La loi du 23 mars 2019 de programmation 2018-2022 et de réforme pour la justice* a modifié la rédaction de l'article 230-32 du code de procédure pénale afin de permettre le recours à la géolocalisation pour toutes les enquêtes et informations judiciaires* portant sur un crime* ou un délit* puni d'au moins trois ans d'emprisonnement. Lorsqu'elles sont décidées par le parquet* leur durée est limitée à huit jours sauf dans le cadre de procédures de recherche des causes de la mort, des causes d'une disparition inquiétante ou d'une personne en fuite (articles 74 à 74-2 du code de procédure pénale) et pour les enquêtes de flagrance* ou préliminaire* portant sur un crime*, ou encore sur des faits de délinquance ou de criminalité organisée*. Dans ces hypothèses cette durée est de 15 jours. La prolongation de la durée des géolocalisations est faite par le juge des libertés et de la détention* pour une période d'un mois renouvelable. Et le dernier alinéa de l'article 230-33 du code de procédure pénale de préciser que « *La décision du procureur de la République*, du juge des libertés et de la détention ou juge d'instruction* est écrite et motivée par référence aux éléments de fait et de droit justifiant que ces opérations sont nécessaires.* »

54. **Magistrat placé** : magistrat nommé dans le ressort d'une cour d'appel et dépendant pour son affectation au sein d'un tribunal judiciaire* ou de la juridiction d'appel d'une décision prise par le premier président* pour les fonctions du siège* (juge ou vice-président placé) et du procureur général* pour les fonctions du parquet* (substitut* ou vice-procureur placé*). Après deux années d'exercice le magistrat placé peut bénéficier à sa demande d'une nomination prioritaire au tribunal judiciaire du siège de la cour d'appel* ou dans le tribunal judiciaire le plus important du département du siège de la cour d'appel.

55. **Scellés** : dispositif d'authentification fixé par un cachet de cire portant l'empreinte d'un sceau sur un bien (objet, document...) à la suite d'une saisie en matière pénale dans le cadre d'une enquête du parquet* ou sur commission rogatoire* par un juge d'instruction*. Le bris ou le détournement d'une pièce à conviction* placée sous scellé est un délit* réprimé de deux ans d'emprisonnement et de 30 000 euros d'amende par l'article 434-22 du code pénal.

56. **Justice du XXIe siècle** : Processus de réflexion entamé en 2012 ayant abouti à la rédaction et au vote de la loi dite de « modernisation de la justice du XXIe siècle » du 18 novembre 2016 visant à adapter l'institution judiciaire aux évolutions de notre société. Au titre des mesures prévues par cette loi figure notamment la suppression des juridictions de proximité* et des tribunaux correctionnels pour mineurs. Le texte précité va également limiter l'intervention du juge en matière de délits routiers*, de surendettement ou encore de divorce par consentement mutuel. Cette loi de modernisation des institutions judiciaires comporte enfin des dispositions visant à renforcer l'indépendance du ministère public*.

57. **Commission de modernisation du ministère public** : par lettre de mission du 2 juillet 2013 la garde des Sceaux a créé une commission visant à engager « une réflexion approfondie sur les missions et les méthodes d'action du parquet* au sein de l'institution judiciaire et dans la cité ». Les travaux de la commission présidée par Jean-Louis Nadal ont porté sur quatre axes : la conduite et la déclinaison de la politique pénale, la direction de la police judiciaire*, la délimitation de la sphère de compétence du ministère public* et l'organisation des parquets*.

58. **Traitement en temps réel des procédures pénales** : notion qui désigne une innovation pratique mise en place par les procureurs de la République* à la fin des années 80/début des années 90 visant à réduire le délai s'écoulant entre la commission de l'infraction* et la réponse judiciaire aux actes de délinquance par un contrôle accru du ministère public* sur les investigations entreprises par les unités d'enquête et une diversification des modes de poursuites*. Depuis la fin des années 2000/début des années 2010, cette évolution s'est accélérée par la mise en contact systématique de l'enquêteur avec un magistrat du parquet* au sein de services de permanence* permettant la délivrance immédiate (par téléphone ou courriel) d'instructions ou de décisions en matière pénale.

59. **Garde à vue** : mesure de contrainte par laquelle un officier de police judiciaire* retient dans des locaux dédiés, d'office ou sur instructions du procureur de la République* ou du juge d'instruction* pendant une durée légalement déterminée et sous le contrôle de l'autorité judiciaire, toute personne à l'encontre de laquelle il existe « *une ou plusieurs raisons plausibles de soupçonner qu'elle a commis ou tenté de commettre un crime* ou un délit* puni d'une peine d'emprisonnement* ». Depuis 2011 la personne gardée à vue a le droit d'être assistée par un avocat* lors des auditions, confrontations et certains actes d'enquête. La loi du 23 mars 2019 de programmation 2018-2022 et de réforme pour la justice* prévoit désormais le principe d'une prolongation de cette mesure de contrainte sans présentation physique de la personne gardée à vue au procureur de la République*.

60. **Vol** : l'article 311-1 du code pénal définit cette infraction délictuelle comme « *la soustraction frauduleuse de la chose d'autrui* ». Il est puni de 3 ans d'emprisonnement et de 45 000 euros d'amende lorsqu'il est commis sans circonstances aggravantes*.

61. **Viol** : crime* défini par l'article 222-23 du code pénal comme « *tout acte de pénétration sexuelle, de quelque nature qu'il soit, commis sur la personne d'autrui par violence, contrainte, menace ou surprise* » et puni par ce même article de quinze ans de réclusion criminelle. Depuis la loi du 14 mars 2016 les faits de viol sont qualifiés d'incestueux lorsqu'ils ont été commis sur la personne d'un mineur par un frère, une sœur, un oncle, une tante, un neveu ou une nièce, ou par un ascendant ou une personne ayant autorité de droit ou de fait sur le mineur comme le conjoint, le concubin ou le partenaire lié par un PACS à la mère de l'enfant. Le viol est puni de vingt ans de réclusion criminelle lorsqu'il est accompagné de l'une des circonstances aggravantes* prévues par l'article 222-24 du code pénal comme le fait d'avoir été commis « *avec usage ou menace d'une arme* » ou « *sur une personne dont la particulière vulnérabilité due à son âge, à une maladie, à une infirmité, à une déficience physique ou psychique ou à un état de grossesse, est apparente ou connue de l'auteur* ». Il est puni de trente ans de réclusion criminelle « *lorsqu'il a entraîné la mort de la victime* » (article 222-25 du code pénal) et de la réclusion criminelle à perpétuité lorsqu'il est « *précédé, accompagné, ou suivi de tortures ou d'actes de barbarie* » (article 222-26 du code pénal).

62. **Groupes d'intervention régionaux** (GIR) : créés par une circulaire interministérielle du 22 mai 2002, ils sont composés de policiers, de gendarmes, des fonctionnaires du ministère de l'action des comptes publics et de personnels des douanes. Au nombre de trente-six sur le territoire national, les GIR agissent en appui des services d'enquête sur le volet patrimonial des personnes mises en cause dans les procédures pénales relatives à la délinquance organisée* ou financière*. Sur le plan local, leur stratégie d'action est définie par le préfet de région et les procureurs généraux* près les cours d'appel* sur le ressort desquelles ils exercent leurs missions. Une instruction du Gouvernement en date du 6 mai 2019, après une première réforme intervenue en 2010, conforte les compétences de cette instance désormais dénommée groupe interministériel de recherches.

63. **Avoirs criminels** : biens susceptibles de faire l'objet de la peine complémentaire de confiscation par une juridiction de jugement* définis par l'article 131-21 du code pénal, c'est-à-dire « *tous les biens meubles ou immeubles, quelle qu'en soit la nature, divis ou indivis, ayant servi à commettre l'infraction* ou qui étaient destinés à la commettre, et dont le condamné est propriétaire ou sous réserve des droits du propriétaire de bonne foi, dont il a la libre disposition* », ainsi que « *tous les biens qui sont l'objet ou le produit direct ou indirect de l'infraction, à l'exception des biens susceptibles de restitution à la victime* » et par exception « *tout bien meuble ou immeuble défini par la loi ou le règlement qui réprime l'infraction* ». C'est l'Agence de gestion et de recouvrement des avoirs saisis et confisqués*, qui est chargée depuis sa création en 2010 de les gérer et de les recouvrer.

64. **Travail illégal** : notion qui désigne soit une dissimulation de l'activité d'une personne ou d'une entreprise, soit une dissimulation de salariés par un employeur. Dans le premier cas, il s'agit par exemple de se livrer à une activité commerciale, artisanale ou agricole en se soustrayant à l'obligation de requérir son immatriculation au répertoire des métiers ou des entreprises, ou au registre du commerce et des sociétés, ou en ne procédant pas aux déclarations devant être faites aux organismes de protection sociale ou à l'administration fiscale (article L. 8223-1 du code du travail). S'agissant de la deuxième catégorie, il s'agit pour un employeur de ne pas déclarer les salariés aux organismes de protection sociale, de ne pas délivrer de bulletins de paie, de ne pas avoir procédé à la déclaration nominative préalable à l'embauche ou de ne pas mentionner l'intégralité des heures de travail accomplies par un salarié (article L. 8221-5 du code du travail). Ces deux formes de travail illégal ou dissimulé sont punies, hors circonstances aggravantes* de trois ans d'emprisonnement et 45 000 euros d'amende (article L. 8224-1 du code du travail). La lutte contre le travail illégal est désormais coordonnée localement dans le cadre des comités opérationnels départementaux anti-fraude*.

65. **Infractions fiscales** : notion qui désigne des comportements pénalement répréhensibles visant pour les personnes physiques ou les sociétés à échapper totalement ou partiellement aux règles d'imposition d'un État. L'article 1741 du code général des impôts prévoit cinq ans d'emprisonnement et 500 000 euros d'amende, hors circonstances aggravantes*, pour s'être soustrait à l'établissement ou au paiement de l'impôt en omettant volontairement de faire sa déclaration dans les délais prescrits, en dissimulant volontairement une part des sommes sujettes à l'impôt, en organisant son insolvabilité ou en faisant obstacle par des manœuvres frauduleuses au recouvrement de l'impôt. L'article 1743 du code général des impôts prévoit les mêmes peines s'agissant d'une personne qui « *a sciemment omis de passer ou de faire passer des écritures ou a passé ou fait passer des écritures inexactes ou fictives au livre-journal prévu par les articles L. 123-12 à L. 123-14 du code de commerce, ou dans les documents qui en tiennent lieu* » ou qui « *en vue de faire échapper à l'impôt tout ou partie de la fortune d'autrui, s'entremet, soit en favorisant les dépôts de titres à l'étranger, soit en transférant ou en faisant transférer des coupons à l'étranger pour y être encaissés ou négociés, soit en émettant ou en encaissant des chèques ou tous autres instruments créés pour le paiement des dividendes, intérêts, arrérages ou produits quelconques de valeurs mobilières* ». Jusqu'à la loi du 23 octobre 2018, les poursuites pénales fondées sur les articles 1741 et 1743 du code général des impôts ne pouvaient être engagées que sur plainte de l'administration fiscale après avis de la commission des infractions fiscales (article 228 du livre des procédures fiscales). Ce nouveau dispositif législatif a assoupli ce monopole appelé le « verrou de Bercy » en imposant à l'administration fiscale de transmettre automatiquement au procureur de la République* les faits de fraude les plus graves.

66. **Comités opérationnels départementaux anti-fraude** : instances installées au mois de mars 2010 après une période expérimentale issue du décret du 18 avril 2008 créant simultanément la Délégation nationale à la lutte contre la fraude. Elles réunissent sous la co-présidence du préfet et du procureur de la République* du chef-lieu du département, les services de l'État (police, gendarmerie, administrations fiscale, douanière et du travail) et les organismes locaux de protection sociale (pôle emploi, URSSAF, caisses d'allocations familiales, d'assurance maladie et de retraite, RSI et MSA) dans la perspective d'apporter une réponse concertée (instaurant pour le bon fonctionnement de cette instance un principe de levée du secret professionnel) aux phénomènes de fraudes sur les prélèvements obligatoires ou les prestations sociales.

67. **Bureau des enquêtes** (BDE) : service pénal réservé à la gestion d'affaires nécessitant un contrôle accru de la direction d'enquête dans le cadre préliminaire*, compte tenu de leur technicité (contentieux économique et financier, trafic de stupéfiants*...), et permettant éventuellement d'éviter l'ouverture d'une information judiciaire*. La constitution des dossiers au sein d'un BDE suppose l'assistance d'un fonctionnaire du greffe qui assure l'interface entre le parquet* et le service d'investigations, en conservant une copie (éventuellement numérique) de la procédure dans son état d'avancement, ainsi que les actes et instructions du magistrat référent en charge de son suivi. Trois bureaux des enquêtes étaient constitués au parquet de Libourne : un premier concernant les actes de maltraitance sur les mineurs, un deuxième ayant trait à la criminalité organisée* et un troisième portant sur les affaires financières sensibles et les procédures d'atteintes à la probité publique*.

68. **Médiation pénale** : mesure décidée par le parquet* et mise en œuvre par un délégué du procureur* ou une structure associative habilitée préalable au déclenchement éventuel de poursuites, et visant à obtenir un accord entre l'auteur et la victime d'une infraction pénale* dans le but d'assurer « *la réparation du dommage causé, de mettre fin au trouble résultant des faits ou de contribuer au reclassement du mis en cause* ». En matière de violences conjugales, cette mesure n'est mise en place que si la victime « *en a fait expressément la demande* ».

69. **Classement sous condition** : forme d'alternative aux poursuites* consistant en un rappel à la loi* ou à imposer des obligations à l'auteur d'une infraction* qui est mise en œuvre directement par le procureur de la République* ou par l'intermédiaire d'un officier de police judiciaire* ou d'un délégué du procureur* ou médiateur*. Cette mesure consiste s'agissant des obligations mises à sa charge d'orienter le mis en cause vers une structure sanitaire, sociale ou professionnelle, ou de lui demander de régulariser sa situation au regard de la loi ou des règlements, ou de réparer le dommage causé, ou de le soumettre à une médiation pénale*, ou à l'évincer ou lui interdire le domicile du conjoint, concubin ou partenaire lié par un PACS dans le cas de violences intrafamiliales*. Comme pour la composition pénale*, la loi du 23 mars 2019 de programmation 2018-2022 et de réforme pour la justice* a renforcé l'obligation spécifique d'interdiction de paraître qui concerne les lieux dans lesquels l'infraction a été commise ou « *dans lesquels réside la victime* ».

70. **Rappel à la loi** : mesure alternative à une poursuite au terme de laquelle le procureur de la République*, directement ou par l'intermédiaire d'un officier de police judiciaire* ou d'un délégué du procureur*, s'efforce d'expliquer à l'auteur de faits constituant une infraction pénale* les obligations et les devoirs qu'implique la vie en société.

71. **Prévenu** : personne contre laquelle est exercée l'action publique* devant les juridictions de jugement* en matière correctionnelle et contraventionnelle. Un individu soupçonné d'un crime* et traduit pour ce fait devant la cour d'assises* (ou le tribunal criminel départemental créé à titre expérimental par la loi du 23 mars 2019 de programmation 2018-2022 et de réforme pour la justice*) afin d'y être jugé est appelé « accusé ».

72. **Relaxe** : décision rendue par les juridictions répressives (tribunal correctionnel*, tribunal pour enfants*, tribunal de police*) déclarant non coupable le prévenu* ou le mis en examen* poursuivi devant elles. Devant la cour d'assises* (ou le tribunal criminel départemental créé à titre expérimental par la loi du 23 mars 2019 de programmation 2018-2022 et de réforme pour la justice*), c'est le terme d'acquittement qui correspond à la décision déclarant non coupable l'accusé traduit devant elle pour des faits de nature criminelle. On distingue en droit un jugement de relaxe totale, d'un jugement de relaxe partielle lorsque la personne poursuivie est condamnée pour une partie seulement des faits délictuels (ou contraventionnels) visés dans l'acte de poursuite.

73. **Intérêts civils** : montant des dommages et intérêts qu'il convient d'accorder à une victime à la suite du préjudice causé par la commission d'une infraction pénale* et après que son auteur a été déclaré coupable des faits reprochés par la juridiction de jugement*. Le tribunal répressif peut se prononcer dans une seule et même décision sur le plan pénal et sur l'octroi des dommages et intérêts. Il a la faculté également, dans l'hypothèse où il ne peut pas se prononcer en l'état sur cette demande, d'accorder à la partie civile* une provision. La loi du 23 mars 2019 de programmation 2018-2022 et de réforme pour la justice* a renforcé les droits de la partie civile, notamment en permettant leur constitution par voie dématérialisée, en élargissant la recevabilité de celles intervenues tardivement, en étendant les possibilités pour la juridiction de jugement* de renvoyer l'affaire sur intérêts civils et en créant une procédure spécifique relative aux omissions de statuer sur cette question.

74. **Rappel à l'ordre** : procédure au terme de laquelle un maire ou son représentant formule verbalement à un auteur de faits susceptibles de porter atteinte « *au bon ordre, à la sûreté, à la sécurité ou à la salubrité publiques* » les dispositions qui s'imposent à lui pour se conformer aux règles de vie en société. Cette mesure qui peut concerner aussi bien un auteur majeur qu'un auteur mineur peut faire l'objet d'un protocole entre le maire d'une commune et le procureur de la République* sur le fondement de l'article 11 de la loi du 5 mars 2007 relative à la prévention de la délinquance*.

75. **Principe d'opportunité des poursuites** : principe procédural, qui s'oppose à celui de la légalité des poursuites, et en vertu duquel les magistrats du parquet* peuvent décider d'un classement sans suite* dans une affaire pénale ayant permis de caractériser une infraction* et d'en identifier son auteur. Ce principe peut être remis en cause par la victime susceptible d'exercer un recours auprès du procureur général* ou de saisir une juridiction de jugement* par voie de citation directe ou encore de se constituer partie civile* devant un juge d'instruction.

76. **Stages de citoyenneté** : sanction consistant, pour la personne poursuivie devant une juridiction de jugement* ou faisant l'objet d'une mesure de composition pénale* décidée par le ministère public*, à accomplir un stage tendant à l'apprentissage des valeurs de la République et des devoirs des citoyens, tout en visant à favoriser l'insertion sociale du mis en cause ou du condamné. Le stage qui doit être accepté peut être financé par le biais des frais de justice pour les personnes en situation de précarité sociale. Le tribunal judiciaire* de Libourne a signé en janvier 2014 un protocole relatif aux animateurs du stage de citoyenneté.

77. **Travaux non rémunérés** (TNR) : alternative aux poursuites* décidée par le parquet* dans le cadre d'une mesure de composition pénale* consistant dans l'accomplissement d'un travail bénévole au profit d'une collectivité d'une durée maximum de 60 heures (20 heures pour les mineurs) à effectuer dans un délai de six mois. Les TNR se distinguent des travaux d'intérêt général* qui sont des peines* prononcées par une juridiction de jugement*.

78. **Projet de réforme de l'instruction** : dispositif relatif à la collégialité de cette phase du processus pénal et enregistré à la présidence de l'Assemblée nationale le 24 juillet 2013. Cette réforme qui n'est pas entrée en vigueur était présentée comme renforçant le principe du contradictoire* au stade de l'information judiciaire* ainsi que les droits de la défense*. L'article 1 du projet de loi prévoyait de supprimer les juges d'instruction* exerçant seuls dans les juridictions infra-pôle* et à l'inverse de regrouper plusieurs d'entre eux au sein de tribunaux de grande instance* (devenus des tribunaux judiciaires avec la loi du 23 mars 2019 de programmation 2018-2022 et de réforme pour la justice et la loi organique du 23 mars 2019 relative au renforcement de l'organisation des juridictions) plus importants dans des pôles de l'instruction*.

79. **Juge des libertés et de la détention** (JLD) : magistrat de l'ordre judiciaire spécialisé rattaché au siège* en charge au sein d'un tribunal judiciaire* des décisions relatives à la détention provisoire* d'une personne mise en examen* par le juge d'instruction* ou le juge des enfants*. Il autorise à la demande des magistrats du parquet*, certaines mesures prévues en matière de délinquance organisée* comme les perquisitions* sans assentiment, et peut sur réquisitions* du ministère public* placer un individu sous contrôle judiciaire* dans l'attente de son jugement. En matière civile, le JLD a reçu une compétence particulière dans le domaine des soins psychiatriques imposés à une personne. Il contrôle également (et prolonge éventuellement) les placements en rétention administrative des étrangers en situation irrégulière sur le territoire national.

80. **Juge des enfants** : magistrat de l'ordre judiciaire spécialisé rattaché au siège* en charge au sein d'un tribunal judiciaire* des dossiers d'assistance éducative* et des affaires pénales concernant les mineurs auteurs d'infractions*. Il peut également intervenir dans la gestion des prestations familiales sur le fondement des dispositions de l'article 275-9-1 du code civil.

81. **Bureau d'aide aux victimes** (BAV) : structure d'accueil des plaignants/victimes d'infractions pénales* composée de représentants d'une ou plusieurs associations qui ont pour mission de les informer sur leurs droits, de les accompagner dans leurs démarches juridiques et de les orienter, au besoin, vers des avocats s'agissant de la défense de leurs intérêts devant les tribunaux. Les BAV sont mis en place dans chaque tribunal judiciaire* par conventions passées entre les chefs de cour d'appel*, les barreaux* et les structures associatives concernées. La convention portant création du bureau d'aide aux victimes de Libourne a été signée au mois d'octobre 2013.

82. **Convocation par officier de police judiciaire** (COPJ) : procédure, sans instruction préparatoire par laquelle un mis en cause est convoqué devant une juridiction de jugement*, ou un délégué du procureur* pour les mesures alternatives aux poursuites* ou la notification d'une ordonnance pénale*. Elle s'applique également aux mineurs auteurs d'infractions pénales* aux fins de mise en examen* devant le juge des enfants* ou aux fins de jugement à certaines conditions d'âge, de peine* encourue et de poursuites antérieures. À peine de nullité, la convocation énonce « *le fait poursuivi, vise le texte de loi qui le réprime et indique le tribunal saisi, le lieu, la date et l'heure de l'audience* ». La loi du 23 mars 2019 de programmation 2018-2022 et de réforme pour la justice* a modifié l'article 390-1 du code de procédure pénale* en ajoutant la possibilité d'être convoqué également par des fonctionnaires et agents des administrations auxquels des lois spéciales attribuent certains pouvoirs de police judiciaire.

83. **Procédures simplifiées** : elles correspondent aux comparutions sur reconnaissance préalable de culpabilité* et aux ordonnances pénales* qui sont rattachées à la catégorie des affaires dites poursuivies*. Les procédures simplifiées s'appliquent à des infractions* limitativement énumérées par la loi et prévoient des peines* moins élevées que celles prononcées par les juridictions de jugement* saisies autrement par le parquet*. Elles sont dites simplifiées parce que le président* du tribunal judiciaire*, ou un magistrat du siège* désigné par lui, homologue ou valide la sanction proposée par le ministère public*. La loi du 23 mars 2019 de programmation 2018-2022 et de réforme pour la justice* a étendu le recours aux procédures dites simplifiées.

84. **Bracelet électronique** : modalité d'exécution d'une peine privative de liberté qui consiste à s'assurer de la présence du condamné à des périodes fixées et dans un lieu déterminé par le juge d'application des peines* au moyen d'un système électronique de contrôle à distance matérialisé par un bracelet fixé à la cheville. L'article 723-7 du code de procédure pénale* précise que la peine* s'exécutera sous ce régime « *soit en cas de condamnation à une ou plusieurs peines privatives de liberté dont la durée totale n'excède pas deux ans, soit lorsqu'il reste à subir par le condamné une ou plusieurs peines privatives de liberté dont la durée totale n'excède pas deux ans* ». L'assignation à résidence avec surveillance électronique peut également être décidée par le juge d'instruction* ou le juge des libertés et de la détention* dans le cadre d'une information judiciaire* (articles 142-5 et suivants du code de procédure pénale). La loi du 23 mars 2019 de programmation 2018-2022 et de réforme pour la justice* a également prévu que cette mesure puisse être envisagée dans le cadre de la nouvelle procédure de convocation à délai différé devant le tribunal correctionnel* (article 397-1-1 du code de procédure pénale).

85. **Aménagement de peine** : mesure prononcée par une juridiction de jugement* ou le juge d'application des peines* visant à éviter l'incarcération d'une personne condamnée à une peine d'emprisonnement ferme ou à favoriser une sortie anticipée d'un détenu en le soumettant à un certain nombre d'interdictions et d'obligations contrôlées par l'autorité judiciaire et le service pénitentiaire d'insertion et de probation* en milieu ouvert*. La loi du 23 mars 2019 de programmation 2018-2022 et de réforme pour la justice* privilégie ce principe dès le stade de l'audience en prévoyant lorsque l'emprisonnement est encouru « *la peine de détention à domicile sous surveillance électronique* pendant une durée comprise entre quinze jours et six mois* » (article 131-4-1 du code pénal). La modification des dispositions de l'article 720 du code procédure pénale relatives à la libération sous contrainte permet également de faciliter les aménagements d'une ou plusieurs peines privatives de liberté en systématisant leur exécution, lorsqu'elles sont d'une durée inférieure ou égale à cinq ans, sous une forme aménagée, à compter des deux tiers de celle-ci « *sous le régime de la libération conditionnelle, de la détention à domicile sous surveillance électronique, du placement à l'extérieur ou de la semi-liberté* ».

86. **Casier judiciaire** : relevé national et automatisé des condamnations pénales et de certaines autres décisions de justice s'appliquant aux personnes physiques comme aux personnes morales. Les informations ainsi centralisées font l'objet de trois bulletins (B1 - B2 - B3) dont le contenu varie, et qui peuvent être délivrées à des autorités ou destinataires différents (exemple du bulletin n°1 consultable par les autorités judiciaires, les greffes des établissements pénitentiaires et les services pénitentiaires d'insertion et de probation* pour les seuls besoins des procédures judiciaires ou pour le suivi des condamnés). Plus récemment des fichiers spéciaux ont été créés comme le fichier judiciaire national automatisé des auteurs d'infractions sexuelles ou violentes, le fichier judiciaire national automatisé des auteurs d'infractions terroristes, ou le répertoire des expertises qui permet à l'autorité judiciaire dans le cadre du traitement d'un dossier de disposer d'un accès facilité aux examens et expertises psychiatriques, médico-psychologiques et psychologiques, ainsi que des évaluations pluridisciplinaires de dangerosité, obtenus au cours d'autres procédures pénales concernant des infractions passibles de la peine de suivi socio-judiciaire.

CHAPITRE 2

DISCOURS DE RENTRÉE SOLENNELLE DE JANVIER 2015 LE PROCUREUR « COMMUNICANT »

1. **Loi sur la liberté de la presse de 1881** : dispositif qui impose un cadre légal à toute publication et affichage publics. Elle incrimine pénalement certains comportements, du type diffamation ou injure, susceptibles de constituer des abus à la liberté d'expression. Ce texte a été à plusieurs reprises modifié, notamment le 21 juin 2004 pour l'adapter au moyen de communication au public par voie électronique et le 4 janvier 2010 pour intégrer la notion de protection des sources des journalistes. La loi du 23 mars 2019 de programmation 2018-2022 et de réforme pour la justice* a institué une instruction préparatoire dérogatoire en cette matière en insérant un nouvel article 51-1 dans la loi sur la liberté de la presse.

2. **Section anti-terroriste du parquet de Paris** : magistrats du ministère public* exerçant au sein du tribunal judiciaire* de Paris chargés de diriger les enquêtes pénales et d'organiser les poursuites contre les auteurs d'infractions* « *en relation avec une entreprise individuelle ou collective ayant pour but de troubler gravement l'ordre public par l'intimidation et la terreur* ». La loi du 23 mars 2019 de programmation 2018-2022 et de réforme pour la justice* a créé un parquet national antiterroriste installé le 1er juillet 2019 et dirigé par un procureur de la République* spécialisé dans ce domaine.

3. **État de droit** : situation d'un pays dont les institutions agissent en conformité avec des règles préétablies où les citoyens bénéficient de garanties procédurales et juridictionnelles protectrices de leurs droits fondamentaux. La Commission de Venise, organe consultatif du Conseil de l'Europe, composée d'experts* indépendants en droit constitutionnel créée en 1990 après la chute du mur de Berlin, a établi en 2016 une liste des critères caractérisant un État de droit : légalité, sécurité juridique, procès équitable, prévention de l'abus de pouvoir...

4. **Profession réglementée** : activité ou ensemble d'activités professionnelles dont l'accès, l'exercice ou une des modalités d'exercice est subordonné directement ou indirectement, en vertu de dispositions législatives, réglementaires ou administratives, à la possession de qualifications déterminées. Relèvent de cette catégorie les professions libérales et les offices ministériels (notaires, huissiers, greffiers des tribunaux de commerce...). Les conditions d'accès et d'exercice de certaines de ces professions juridiques réglementées ont été modifiées par la loi du 6 août 2015 pour « la croissance, l'activité et l'égalité des chances économiques ».

5. **Commission européenne pour l'efficacité de la justice** (CEPEJ) : structure interétatique réunissant des experts* des 47 États membres du Conseil de l'Europe. La CEPEJ procède à l'analyse comparative des résultats (données quantitatives et qualitatives) des systèmes judiciaires concernés sur la base d'études qui font l'objet de publications en vue de faire des propositions visant à en améliorer le fonctionnement.

6. **Auxiliaires de justice** : ensemble des professionnels du droit (avocats*, huissiers, experts*, administrateurs* et mandataires judiciaires*...) dont la mission est destinée à faciliter l'instance judiciaire en assistant les magistrats ou les parties au procès.

7. **Contraventions des quatre premières classes** : elles correspondent à des infractions* classées selon l'importance de l'amende encourue par l'article 131-13 du code pénal qui prévoit 38 euros d'amende maximum pour les contraventions de première classe, 150 euros d'amende maximum pour les contraventions de deuxième classe, 450 euros d'amende maximum pour les contraventions de troisième classe et 750 euros d'amende maximum pour les contraventions de quatrième classe. Elles peuvent faire l'objet de la procédure simplifiée* de l'ordonnance pénale* mise en œuvre par l'officier du ministère public* ou de l'amende forfaitaire prévue par les articles 529 et suivants du code de procédure pénale.

8. **Vol avec violences** : catégorie de vol aggravé* de nature délictuelle ou criminelle suivant l'état des blessures infligées à la victime et constatées sur un plan médical. Son auteur encourt cinq ans d'emprisonnement et 75 000 euros d'amende si les violences n'ont pas entraîné d'incapacité de travail (article 311-4 alinéa 1 4° du code pénal), sept ans d'emprisonnement et 100 000 euros d'amende si elles ont entraîné une incapacité totale de travail inférieure ou égale à huit jours (article 311-5 alinéa 1 1° du code pénal) et dix ans d'emprisonnement et 150 000 euros d'amende si elles ont entraîné une incapacité totale de travail supérieure à huit jours (article 311-6 du code pénal). Dans d'autres hypothèses son auteur est passible de la cour d'assises* : il encourt quinze ans de réclusion criminelle et 150 000 euros d'amende si les violences ont entraîné une mutilation ou une infirmité (article 311-7 du code pénal), la réclusion criminelle à perpétuité si elles ont entraîné la mort ou si le vol a été commis avec torture ou des actes de barbarie (article 311-10 du code pénal).

9. **Infractions révélées par l'action des services** : faits réprimés par la loi découlant des opérations effectuées par les unités de police et de gendarmerie d'initiative ou dans le cadre de certaines réquisitions* délivrées par un magistrat du parquet* aux fins de contrôles d'identité et d'inspection ou de fouille de bagages sur le fondement des articles 78-2 et suivants du code de procédure pénale.

10. **Service national de douane judiciaire** (SNDJ) : créé par un arrêté du 5 décembre 2002, il est dirigé par un magistrat. Les officiers de douane judiciaire rattachés à cette structure disposent des mêmes pouvoirs que les officiers de police judiciaire* dans le cadre des enquêtes qu'ils mènent sous le contrôle du parquet* ou d'un juge d'instruction*. Disposant d'un pouvoir propre de transaction en matière pénale, les missions du SNDJ concernent des infractions* prévues notamment par le code des douanes comme les contrefaçons et les infractions de contrebande, ou en matière de contributions indirectes des escroqueries à la TVA, ainsi que le blanchiment de toutes ces infractions mais aussi les faits constitutifs de trafic de stupéfiants*. La loi du 23 mars 2019 de programmation 2018-2022 et de réforme pour la justice* a créé un nouvel article 365-1 dans le code des douanes permettant à un agent de cette administration de délivrer une convocation judiciaire* à un prévenu sur instructions du procureur de la République*. Le champ de compétence de ce service, qui est devenu à compter du 1er juillet 2019 le service d'enquêtes judiciaires des finances est amené à être élargi à l'ensemble des infractions fiscales*. Il regroupe désormais au sein d'une structure unique les officiers de douane judiciaire et les officiers fiscaux judiciaires.

11. **Criminalité organisée** : ensemble des crimes* et des délits*, répertoriés par les articles 706-73, 706-73-1 et 706-74 du code de procédure pénale, caractérisés par une préparation en amont d'infractions pénales* par plusieurs auteurs et comportant généralement des éléments de dimension internationale. Le traitement judiciaire de ces affaires relève de modalités particulières d'enquête, de poursuite, d'instruction et de jugement mises en place par les dispositions de la loi du 9 mars 2004 portant sur l'adaptation de la justice aux évolutions de la criminalité dite loi Perben II* et créant les juridictions interrégionales spécialisées*. La loi du 23 mars 2019 de programmation 2018-2022 et de réforme pour la justice* a renforcé certaines techniques spéciales d'enquête dans ce domaine et institué une juridiction nationale chargée de la lutte contre la criminalité organisée*.

12. **Juridiction interrégionale spécialisée** (JIRS) : créées par la loi du 9 mars 2004, les JIRS regroupent des magistrats du parquet*, de l'instruction* et du siège* pénal possédant une expérience en matière de lutte contre la criminalité organisée* et la délinquance financière* dans les affaires présentant une « *grande complexité** ». Au nombre de huit, les JIRS sont implantées eu égard à l'importance des contentieux traités et aux aspects liés à la coopération transnationale à Paris, Lyon, Marseille, Lille, Rennes, Bordeaux, Nancy et Fort-de-France en Martinique. La loi du 23 mars 2019 de programmation 2018-2022 et de réforme pour la justice* prévoit une compétence nationale concurrente de la JIRS de Paris pour la criminalité et la délinquance organisées d'une « *très grande complexité* » avec la mise en place de la juridiction nationale de lutte contre la criminalité organisée*.

13. **Commission rogatoire** : acte par lequel un magistrat délègue ses pouvoirs à un autre magistrat ou à un officier de police judiciaire* pour qu'il exécute à sa place des investigations. Une telle délégation est possible en France à la demande d'un État étranger et à l'étranger à la demande de l'État français sous la forme d'une commission rogatoire internationale.

14. **Escroquerie** : l'article 313-1 du code pénal définit l'escroquerie comme le fait, soit par l'usage d'un faux nom ou d'une fausse qualité (ou l'abus d'une qualité vraie), soit par l'emploi de manœuvres frauduleuses de « *tromper une victime pour la déterminer à remettre des fonds, des valeurs ou un bien quelconque, à fournir un service ou à consentir un acte opérant obligation ou décharge* ». Est assimilée à l'escroquerie, par exemple, la filouterie qui consiste à se faire servir des biens de consommation (boissons ou aliments) ou à obtenir certains services (chambre d'hôtel, carburant) alors que son auteur est dans l'incapacité absolue de payer ou est déterminé à ne pas payer.

15. **Section de recherches** : constituées à partir de 1975, ces unités de la gendarmerie nationale exercent exclusivement des missions de police judiciaire. Les enquêtes diligentées par les sections de recherches portent sur des faits de délinquance ou de criminalité organisée*, des crimes de sang et des infractions sérielles à l'échelle régionale ou nationale. Elles partagent leurs compétences avec les services régionaux de police judiciaire*. Les sections de recherches sont rattachées administrativement à une région de gendarmerie.

16. **Violences intrafamiliales** : notion qui désigne l'ensemble des agissements pénalement répréhensibles commis au sein de la structure familiale par l'un de ses membres. Il peut s'agir de violences physiques ou psychologiques concernant un couple, d'actes de maltraitance commis sur les enfants, des faits de viol* ou d'agression sexuelle perpétrés dans ce cadre et susceptibles s'agissant des mineurs qui en sont victimes d'être qualifiés d'incestueux depuis l'entrée en vigueur de la loi du 14 mars 2016. Ce concept peut être élargi aux violences commises « *sur un ascendant légitime ou naturel, ou sur les père ou mère adoptifs* » si ces derniers vivent sous le même toit que l'auteur des faits. La loi du 28 décembre 2019* vise à agir plus efficacement contre ce type de violences, et notamment les plus graves que constituent les féminicides*. Le parquet de Libourne a signé en juillet 2015 avec l'association d'enquête et de médiation une convention portant sur les stages de responsabilisation pour la prévention et la lutte contre les violences au sein du couple et sexistes.

17. **Qualification pénale** : acte par lequel le magistrat vérifie la réalité des éléments constitutifs d'une infraction* avec le dispositif répressif susceptible de s'appliquer à son auteur.

18. **Cyber-attaque** : acte malveillant envers un dispositif informatique destiné à provoquer un dommage aux informations et aux systèmes qui les traitent. Depuis les années 2000, il est constaté une multiplication de ce type d'intrusion dans les systèmes de gestion automatisée de données au préjudice de sociétés privées ou de services publics. Cette nouvelle forme de délinquance en lien avec soit des agissements terroristes, soit des escroqueries et/ou des extorsions (ou tentatives de ces infractions* relevant en l'espèce de la criminalité organisée*) a entraîné la création d'unités spécialisées d'enquêteurs ainsi que de magistrats au sein des tribunaux judiciaires* et des cours d'appel*.

19. **Radicalisation** : processus mental par lequel un individu accepte et soutient des idéologies extrémistes, associé depuis les attentats de 2015 en région parisienne à la violence djihadiste. Des réunions sont organisées au niveau préfectoral avec l'autorité judiciaire pour prévenir les phénomènes de radicalisation et assurer le suivi des individus radicalisés. Des assistants spécialisés* ont été recrutés pour alerter les services compétents en cas de détection d'une situation problématique et pour apporter une aide dans la déclinaison de politiques partenariales dans ce domaine. Un plan national présenté au début de l'année 2018 prévoit une extension du dispositif expérimenté en Ile-de-France des centres de prise en charge individualisée des personnes placées sous main de justice* aux villes de Lille, Lyon et Marseille. L'objectif de ces structures, après l'échec des centres dits de « déradicalisation », est d'après la circulaire de la Direction des affaires criminelles et des grâces* du 29 mars 2019 « *d'œuvrer au désengagement de la radicalisation violente et à la prévention du risque de passage à l'acte violent, tout en favorisant la réinsertion sociale et l'acquisition des valeurs de la citoyenneté* ».

20. **Loup solitaire** : personne qui commet des actes de violence extrême en rapport avec une idéologie terroriste perpétrés en dehors de toute structure de commandement. Pour un certain nombre de chercheurs et de spécialistes du terrorisme, ce concept n'est pas opérant, en ce que la réalisation des infractions pénales* qui se rattachent à ce phénomène suppose nécessairement des contacts et des soutiens logistiques.

21. **Apologie du terrorisme** : notion qui désigne toute action de communication publique présentant sous un jour favorable des actes terroristes ou ceux qui les ont commis. Ce délit* qui était prévu par la loi du 29 juillet 1881 sur la liberté de la presse* est depuis la loi du 13 novembre 2014* réprimé, comme la provocation au terrorisme, par l'article 421-2-5 du code pénal de cinq ans d'emprisonnement et 75 000 euros d'amende (peines* portées à sept ans d'emprisonnement et 100 000 euros d'amende si l'infraction pénale* est commise en utilisant un service de communication en ligne). Le transfert de ces dispositions en droit commun* permet désormais de poursuivre son auteur selon la procédure de comparution immédiate*.

22. **Loi du 13 novembre 2014** : dispositions visant à renforcer la lutte contre le terrorisme de nature à adapter les réponses administratives (interdictions d'entrée et de sortie du territoire) et répressives au développement de ce phénomène sur le sol français et à l'étranger. Ce texte permet également le blocage de sites internet faisant l'apologie du terrorisme* ou y provoquant. La loi du 30 octobre 2017 a mis fin à l'état d'urgence déclaré le 14 novembre 2015 et prorogé à six reprises. Pour répondre à une menace durable et permanente, le législateur a accru les contrôles frontaliers en particulier autour des ports, aéroports et gares ferroviaires ou routières ouvertes au trafic international et les mesures de surveillance à l'égard des individus dont le comportement présente un danger d'une particulière gravité pour la sécurité et l'ordre publics. Il a également facilité les conditions de fermeture des lieux de culte « *dans lesquels les propos qui sont tenus, les idées ou les théories qui sont diffusées ou les activités qui se déroulent provoquent à la violence, à la haine ou à la discrimination* », et également ceux qui favorisent « *la commission d'actes de terrorisme ou font l'apologie de tels actes* ».

23. **Infraction à caractère raciste** : notion qui désigne des comportements inspirés par une attitude d'hostilité à l'égard d'une catégorie déterminée de personnes et fondée sur le postulat de l'existence de races inégales au sein de l'espèce humaine. Ces faits sont prévus et réprimés soit par le code pénal, soit par des dispositions particulières comme la loi sur la liberté de la presse de 1881*. Ainsi la persécution d'une population pour des raisons d'ordre racial ou ethnique constitue une des catégories de crime contre l'humanité* punissable de la réclusion criminelle à perpétuité (article 212-1 alinéa 1 8° du code pénal). En matière délictuelle « *les violences volontaires ayant entraîné une incapacité de travail inférieure ou égale à huit jours ou n'ayant entraîné aucune incapacité de travail* » commises « *à raison de l'appartenance ou de la non-appartenance, vraie ou supposée de la victime à une ethnie... une prétendue race...* » sont punissables de trois ans d'emprisonnement et 45 000 euros d'amende (article 222-13 alinéa 1 5° *bis* du code pénal). La loi du 27 janvier 2017 pose le principe général d'une aggravation des peines* en cas d'infraction* à finalité raciste ou de discrimination* (articles 132-76 et 132-77 du code pénal). Quant à la loi sur la liberté de la presse de 1881*, elle réprime spécifiquement la provocation à la haine raciale de un an d'emprisonnement et 45 000 euros d'amende (article 24) et prévoit des peines plus élevées pour des faits d'injure ou de diffamation commis pour ce motif (articles 32 et 33).

24. **Récidive légale** : cause d'aggravation de la peine*, dont la durée pour l'emprisonnement et le montant pour l'amende peuvent être doublés (ou la perpétuité prononcée pour un crime* puni de 20 ou 30 ans de réclusion), résultant pour un délinquant de la commission d'une nouvelle infraction pénale* dans les conditions précisées par la loi, après avoir été condamné définitivement pour un premier acte répréhensible. La récidive légale doit être distinguée de la simple réitération qui suppose pour l'auteur d'une première infraction pénale de ne pas avoir été définitivement condamné par une juridiction de jugement* avant que d'en commettre une seconde.

25. **Dégradation volontaire** : catégorie d'infractions* se rapportant à des atteintes aux biens* ou à la propriété. Elle regroupe des agissements de nature délictuelle qualifiés plus précisément de « *destruction, dégradation ou détérioration* » punissables par les articles 322-1 alinéa 1 et 322-2 à 322-4 du code pénal d'un emprisonnement qui varie de deux à dix ans et de 30 000 à 150 000 euros d'amende (ou « *jusqu'à la moitié de la valeur du bien détruit, dégradé ou détérioré* ») en fonction des circonstances de commission des faits comme la réunion, la qualité de la victime (personne vulnérable) ou la nature de l'objet (bien classé, archéologique, culturel…) et d'autres de nature contraventionnelle lorsqu'ils n'ont causé qu'un « *dommage léger* » prévus et réprimés de 1500 euros d'amende par l'article R. 635-1 du code pénal. Les tags définis comme « *des inscriptions, des signes ou des dessins, sans autorisation préalable, sur les façades, les véhicules, les voies publiques ou le mobilier urbain* » font l'objet d'une répression particulière (3750 euros d'amende et peine de travail d'intérêt général*) « *lorsqu'il n'en est résulté qu'un dommage léger* » (article 322-1 alinéa 2 du code pénal).

26. **Milieu ouvert** : notion qui regroupe l'ensemble des mesures alternatives à l'incarcération comme le travail d'intérêt général*, la libération conditionnelle, et plus récemment la détention à domicile sous surveillance électronique. La durée de cette dernière mesure créée par la loi du 23 mars 2019 de programmation 2018-2022 et de réforme pour la justice* est de quinze jours à six mois. Axées sur la responsabilisation du délinquant, ces mesures sont contrôlées par le juge d'application des peines* et suivies à sa demande par le service pénitentiaire d'insertion et de probation* dès le prononcé du jugement ou après une période de détention.

27. **Emprisonnement ferme aménageable** : lorsqu'une peine privative de liberté prononcée par une juridiction de jugement* est égale ou inférieure à deux ans (à un an si le condamné est en état de récidive légale*), l'emprisonnement est dit aménageable en ce qu'il peut être exécuté hors de la prison sur décision du tribunal correctionnel* (aménagement *ab initio*) ou du juge d'application des peines* (aménagement *a posteriori*). Certains aménagements concernent les modalités pratiques d'exécution des peines comme la semi-liberté ou le placement sous surveillance électronique mobile. D'autres ont vocation à influencer la durée de la peine comme la libération conditionnelle. La loi du 23 mars 2019 de programmation 2018-2022 et de réforme pour la justice* a prévu que le seuil d'aménagement des peines d'emprisonnement serait d'une année maximum à compter du 24 mars 2020. Ce seuil restera de deux ans en ce qui concerne les aménagements intervenant après l'incarcération du condamné.

28. **Convocation par procès-verbal** : procédure accélérée de poursuite initiée par le ministère public* qui convoque le prévenu à comparaître devant le tribunal correctionnel* dans un délai compris entre dix jours et six mois après son déferement* devant le procureur de la République*. Cette convocation peut être assortie d'un contrôle judiciaire* dont les obligations sont fixées par le juge des libertés et de la détention* sur la saisine d'un magistrat du parquet*.

29. **Interception téléphonique** : mesure d'investigation technique permettant l'interception, l'enregistrement et la transcription de correspondances émises par la voie des télécommunications sur différents supports tels que les téléphones fixes ou mobiles, tablettes ou ordinateurs. En raison de l'atteinte qu'elles portent au secret des correspondances, ces actes d'enquête et d'instruction qui les autorisent sont strictement encadrés par la loi. Les interceptions téléphoniques sont autorisées par le juge des libertés et de la détention* sur requête du procureur de la République* dans le cadre d'une procédure relative à certaines catégories d'infractions* énumérées aux articles 706-73 et 706-73-1 du code de procédure pénale* et pour une durée maximum d'un mois, renouvelable. Au stade de l'information judiciaire*, elles sont ordonnées par le juge d'instruction* dans le cadre de dossiers portant sur des crimes* ou des délits* passibles d'une peine égale ou supérieure à trois ans d'emprisonnement et pour une durée maximum de quatre mois renouvelable « *sans que la durée totale de l'interception puisse excéder un an ou s'il s'agit d'une infraction prévue aux articles 706-73 et 706-73-1 du code de procédure pénale, deux ans* ». La loi du 23 mars 2019 de programmation 2018-2022 et de réforme pour la justice* prévoit expressément que cette mesure d'investigation soit assortie d'une motivation de l'autorité judiciaire « *par référence aux éléments de fait et de droit justifiant que ces opérations sont nécessaires* ».

30. **Loi du 28 mars 2014** : dispositif législatif visant à mettre le droit français en conformité avec les exigences posées par la Cour européenne des droits de l'homme* et la chambre criminelle de la Cour de cassation* en matière de géolocalisation*. Cette loi encadre les pouvoirs des officiers de police judiciaire*, mais également les prérogatives du ministère public*, pour la mise en place de cette technique spéciale d'enquête intrusive s'agissant de la vie privée des citoyens.

31. **Agence de gestion et de recouvrement des avoirs saisis et confisqués** : établissement public administratif placé sous la double tutelle des ministères de la Justice et du Budget créé par la loi du 9 juillet 2010. Cette structure est chargée d'assurer sur le fondement de décisions judiciaires, la gestion des sommes et biens saisis, confisqués ou faisant l'objet d'une mesure conservatoire au cours d'une procédure pénale, voire leur aliénation ou destruction. La loi du 23 mars 2019 de programmation 2018-2022 et de réforme pour la justice* harmonise les régimes des saisies opérées en flagrance* et dans le cadre préliminaire*.

32. **Audience collégiale** : formation du tribunal correctionnel* composée de trois magistrats du siège* (un président et deux assesseurs) assistés d'un greffier* pour statuer sur les affaires pénales portées à leur connaissance et ne relevant pas de la compétence des audiences dites à « juge unique* ». Un des assesseurs peut être remplacé par un magistrat à titre temporaire, ou plus exceptionnellement, par un avocat*. La formation collégiale est obligatoire en matière correctionnelle pour les délits* les plus sévèrement réprimés par le code pénal*, ou lorsque le prévenu* est détenu provisoirement dans la procédure pour laquelle il est jugé lors de sa comparution à l'audience ou lorsqu'il est poursuivi selon la procédure de comparution immédiate*.

33. **Juge unique** : formation du tribunal correctionnel* composée d'un seul magistrat du siège* assisté d'un greffier* pour statuer sur les affaires pénales portées à sa connaissance. L'article 398-1 du code de procédure pénale précise de façon limitative les délits* relevant de sa compétence comme la majorité des infractions routières et celles relatives aux transports (sauf les homicides involontaires relevant de la collégialité*), un certain nombre d'atteintes aux personnes et aux biens, ainsi que des faits prévus par des lois spéciales (urbanisme, environnement…). La liste des délits a été élargie depuis le 1er septembre 2019 en application de la loi du 23 mars 2019 de programmation 2018-2022 et de réforme pour la justice* lorsqu'ils sont punis d'une « *peine inférieure ou égale à cinq ans d'emprisonnement* ».

34. **Service de l'audiencement** : structure placée sous l'autorité des parquets* en charge de la fixation des dossiers pénaux aux audiences, de leur mise en état et de la gestion des renvois sollicités par les parties et décidés par la juridiction de jugement*. Dans certains tribunaux, les agents de ce service peuvent également occuper les fonctions de greffier* aux audiences. Devant le tribunal de police, c'est l'officier du ministère public*, sous le contrôle du procureur de la République*, qui s'occupe de l'audiencement portant sur les contraventions des quatre premières classes*.

35. **La loi du 5 juillet 1985** : dispositif tendant à l'amélioration de la situation des victimes d'accidents de la circulation et à l'accélération des procédures visant à assurer leur indemnisation. La mise en circulation prochaine des véhicules dits autonomes, intégrant par le biais de capteurs et de caméras l'environnement extérieur, est susceptible de modifier ce régime dérogatoire au droit commun* de la responsabilité du fait des choses au profit d'une nouvelle forme de responsabilité rattachée aux règles plus larges applicables à l'intelligence artificielle.

36. **Traite des êtres humains** : infraction pénale* consistant dans le « *fait de recruter une personne, de la transporter, de la transférer, de l'héberger ou de l'accueillir à des fins d'exploitation* » en échange d'une rémunération ou de tout autre avantage (ou d'une promesse de rémunération ou davantage). Cette mise à disposition forcée auprès d'un tiers, même non identifié, a notamment pour but de permettre la commission contre elle d'infractions de proxénétisme, d'agressions ou d'atteintes sexuelles*, d'actes de mendicité ou de conditions de travail ou d'hébergement contraires à sa dignité. Les peines* encourues en matière délictuelle peuvent aller jusqu'à dix ans d'emprisonnement et 1 500 000 euros d'amende (article 225-4-2 du code pénal).

37. **Direction des affaires criminelles et des grâces** (DACG) : direction du ministère de la Justice chargée de l'élaboration, de l'animation et du suivi de la politique pénale définie par le garde des Sceaux*. Sur le plan législatif et réglementaire, la DACG participe à tous les projets normatifs en matière répressive, et contribue également aux négociations internationales dans ce domaine. À travers l'activité du service du casier judiciaire* national qui lui est directement rattachée, cette direction est garante de la mémorisation et de la restitution des condamnations prononcées par les juridictions de jugement.

38. **Agence régionale de santé** (ARS) : établissement public à caractère administratif dont la mission est de décliner à l'échelon régional la politique de santé publique du Gouvernement. Les ARS sont à ce titre chargées notamment de l'organisation des soins psychiatriques sur leur territoire, en lien avec l'autorité judiciaire (le juge des libertés et de la détention*) et les établissements spécialisés pour les affaires relatives aux hospitalisations sous contrainte*.

39. **Atteintes aux biens** : catégorie d'infractions pénales* violant le droit de propriété par un acte de soustraction frauduleuse comme le vol* ou par l'emploi de manœuvres frauduleuses caractérisant l'escroquerie* et les délits assimilés. Les faits de dégradations volontaires* commis au préjudice de particuliers ou de l'État font également partie de cette rubrique qui est traditionnellement opposée aux atteintes (volontaires et involontaires) aux personnes.

40. **Classement sans suite** : décision prise par le ministère public* en vertu du principe de l'opportunité des poursuites* écartant le déclenchement de l'action publique*. Les motifs de classement sans suite à la disposition du parquet* sont divers et limitativement énumérés : absence d'infraction*, auteur inconnu, irresponsabilité pénale de l'auteur, comportement de la victime, composition pénale* réussie... Le plaignant peut contester cette décision en saisissant le procureur général*, en se constituant partie civile* devant le juge d'instruction* ou en citant directement le mis en cause devant une juridiction de jugement* (sauf en matière criminelle).

41. **Association « Vict'aid »** : structure locale d'aide aux victimes, dont le siège est situé à Bordeaux, qui informe, oriente et accompagne toute personne majeure ou mineure qui a subi une atteinte corporelle, psychique ou aux biens. Composée d'une coordonnatrice, de juristes et de psychologues ainsi que d'intervenants sociaux, cette association est rattachée à la fédération nationale des associations d'aide aux victimes « France Victimes », anciennement INAVEM (Institut national d'aide aux victimes et de médiation). Elle a été particulièrement active, ainsi que la Fédération nationale des victimes d'attentats et d'accidents collectifs, s'agissant de la prise en charge indemnitaire et psychologique des blessés et des proches des défunts dans l'accident collectif de Puisseguin*.

42. **Numérisation des procédures pénales** : un arrêté du 16 janvier 2008 a autorisé la création par le ministère de la Justice d'un traitement de données à caractère personnel dénommé « numérisation des procédures pénales » mis en œuvre au sein des juridictions. Ce texte, qui complète le dispositif de dématérialisation de certaines procédures en matière pénale prévu par la loi du 5 mars 2007, vise à rationaliser le travail des magistrats et des services de greffe ainsi qu'à accélérer la communication des dossiers numérisés à certains auxiliaires de justice*. Le décret du 24 mai 2019 portant application des dispositions de la loi du 23 mars 2019 de programmation 2018-2022 et de réforme pour la justice* renforce ce processus et consacre, dans la loi, le recours au « dossier de procédure numérique ». Les parquets* de Bordeaux et de Libourne ont signé en décembre 2015 un protocole départemental relatif à la transmission dématérialisée de certaines procédures établies par les services de gendarmerie.

43. **Visio-conférence** : technique de télécommunication permettant de réaliser un acte de procédure à distance (audition, prolongation de garde à vue*...) lorsque les nécessités de l'enquête ou de l'instruction le justifient. Ce procédé est également utilisable devant une juridiction de jugement* pour l'audition des témoins, parties civiles* ou experts* et, avec l'accord de toutes les parties, pour la comparution d'un prévenu* ou d'un mis en examen* détenu.

44. **Plan national d'apurement des véhicules automobiles** : dispositif mis en œuvre par la Chancellerie* en 2014 visant à assurer la traçabilité des véhicules automobiles saisis ou immobilisés judiciairement dans le cadre d'affaires pénales, et à en diminuer le nombre en lien avec les fourrières pour réduire les frais de justice. Un dispositif similaire a été créé en 2015 concernant les scellés* biologiques. Ces plans ont succédé à un premier dispositif d'apurement de scellés dits « sensibles » (2010-2011) en matière de produits stupéfiants.

45. **Pièce à conviction** : notion qui désigne tout objet produit devant une juridiction répressive qui a pour objectif d'attester de la matérialité d'une infraction pénale*.

46. **Ordre de dépôt** : décision par laquelle un magistrat autorise un service de police ou de gendarmerie dans le cadre d'une enquête judiciaire à acheminer et remettre une pièce à conviction* dans un lieu dédié du tribunal judiciaire* afin qu'elle y soit conservée sous la garde du directeur des services de greffe judiciaires* qui a, en cette matière, une compétence et une responsabilité propre.

47. **Contrainte pénale** : peine correctionnelle introduite par la loi du 15 août 2014 qui constitue une alternative à l'emprisonnement encouru par les personnes physiques majeures. Elle emporte pour le condamné l'obligation de se soumettre, sous le contrôle du juge d'application des peines*, pendant une durée comprise entre six mois et cinq ans fixée par le tribunal correctionnel*, à des mesures de contrôle et d'assistance ainsi qu'à des obligations et interdictions particulières destinées à prévenir la récidive* en favorisant son insertion ou sa réinsertion. La loi du 23 mars 2019 de programmation 2018-2022 et de réforme pour la justice* a prévu la suppression de cette peine à compter du 24 mars 2020 pour l'intégrer dans un nouveau dispositif de sursis probatoire regroupant cette sanction, le sursis avec mise à l'épreuve* et le sursis avec obligation d'accomplir un travail d'intérêt général*.

48. **Point d'accès au droit** : lieu d'accueil permettant l'accès à une information de proximité pour des personnes confrontées à des problèmes ou litiges d'ordre juridique. Des structures associatives partenaires de l'institution judiciaire y tiennent des permanences, ainsi que les avocats* dans le cadre de consultations gratuites, pour informer les justiciables sur leurs droits et les orienter sur les recours dont ils disposent.

49. **Comité départemental d'accès au droit** (CDAD) : instance qui a pour mission de mettre en œuvre une politique locale de développement de l'accès au droit, notamment en ciblant les publics les plus démunis. Ce comité est présidé par le président du tribunal judiciaire du chef-lieu du département. Les points d'accès au droit* et les relais d'accès au droit sont les déclinaisons locales de cette structure départementale qui s'intéresse également en y apportant des réponses concrètes à certaines problématiques génératrices d'inégalités entre les citoyens comme « la fracture numérique ».

50. **Secrétariat général du ministère de la Justice** : organisme composé de sept services internes (« ressources humaines », « immobilier ministériel », « finance et achats », « pilotage et soutien de proximité », « accès au droit et à la justice et à l'aide aux victimes* », « expertise et modernisation », « information et communication ») et d'une délégation nationale (affaires européennes et internationales), outre plusieurs délégations interrégionales, qui assiste le garde des Sceaux dans l'administration et la modernisation du ministère de la Justice.

51. **École nationale de la magistrature** (ENM) : établissement public de formation des magistrats de l'ordre judiciaire en France. Fondée en 1958 sous le nom de « Centre national d'études judiciaires », sa mission est d'assurer le recrutement et la formation initiale des auditeurs de justice*, ainsi que la formation continue des magistrats en exercice et de magistrats étrangers. La mission « Thiriez » mise en place au mois de mai 2019 propose dans son rapport une réforme des carrières dans la haute fonction publique visant à en diversifier le recrutement. Il est ainsi prévu une réforme du cursus initial des auditeurs de justice qui suivraient un tronc commun de formation avec les candidats reçus à d'autres concours administratifs comme celui de l'École nationale d'administration.

52. **Réquisitoire introductif** : acte procédural visant à engager des poursuites consistant pour le ministère public* à saisir le juge d'instruction*, à la suite d'une enquête de flagrance* ou préliminaire*, et à lui demander de procéder à des investigations sur des infractions pénales* de nature criminelle ou délictuelle. L'information judiciaire* est ouverte contre X ou contre personne(s) dénommée(s). Le parquet* peut également saisir ce même magistrat du siège* spécialisé d'un réquisitoire introductif à la suite d'une constitution de partie civile* d'un plaignant sous certaines conditions légales précisées par les articles 85 et suivants du code de procédure pénale.

53. **Réquisitoire définitif** : acte procédural, une fois clôturée l'information judiciaire*, par lequel le ministère public*, procédant par une démonstration factuelle et juridique, donne son avis au juge d'instruction* sur la suite à donner à l'action publique* : réquisitoire de non-lieu, réquisitoire de renvoi en matière correctionnelle ou de police et réquisitoire de mise en accusation en matière criminelle. Dans ce même réquisitoire définitif, le magistrat du parquet* qui en est le rédacteur se prononce sur le maintien (ou pas), et ce jusqu'à l'audience de jugement, des mesures de sûreté (détention provisoire*, assignation à résidence avec surveillance électronique ou contrôle judiciaire*) éventuellement en cours concernant le ou les mis en examen*.

CHAPITRE 3

DISCOURS DE RENTRÉE SOLENNELLE DE JANVIER 2016 LE PROCUREUR « STATISTICIEN »

1. **Assassinat** : l'article 221-3 alinéa 1 du code pénal définit ce crime* puni de la réclusion criminelle à perpétuité comme un homicide volontaire* commis « *avec préméditation ou guet-apens* ». Le deuxième alinéa de ce même article précise s'agissant de la période de sûreté prévue par l'article 132-23 du code pénal que la cour d'assises* peut par décision spéciale soit la porter à trente ans, soit décider qu'aucune des mesures énumérées à l'article 132-23 du même code (permissions de sortir, libération conditionnelle...) ne pourra être accordée au condamné « *lorsque la victime est un mineur de quinze ans et que l'assassinat est précédé ou accompagné d'un viol, de tortures ou d'actes de barbarie* » ou « *lorsqu'il a été commis sur un magistrat, un fonctionnaire de la police nationale, un militaire de la gendarmerie, un membre du personnel de l'administration pénitentiaire ou tout autre personne dépositaire de l'autorité publique*, à l'occasion de l'exercice ou en raison de ses fonctions* ».

2. **Bande organisée** : circonstance aggravante* de certains faits pénalement répréhensibles, définie par l'article 132-71 du code pénal comme « *tout groupement formé ou toute entente établie en vue de la préparation, caractérisée par un ou plusieurs faits matériels d'une ou de plusieurs infractions** ».

3. **Affaires de santé publique** : deux pôles ont été créés respectivement au sein des tribunaux judiciaires* de Paris et de Marseille en application de la loi du 4 mars 2002 relative aux droits des malades et à la qualité du système de santé. En matière pénale, cette spécialisation qui concerne les dossiers d'une grande complexité* par rapport à la réglementation applicable et au nombre de victimes déclarées, fait suite à plusieurs drames sanitaires fortement médiatisés comme l'affaire du sang contaminé. Les autres dossiers ne présentant pas ces caractéristiques sont traités par les tribunaux judiciaires* non spécialisés.

4. **Perquisition administrative** : dans le cadre de l'état d'urgence*, puis de la loi du 30 octobre 2017 renforçant la sécurité intérieure et la lutte contre le terrorisme, l'autorité préfectorale se voit conférer le pouvoir d'ordonner des perquisitions en présence d'un officier de police judiciaire* s'il existe des raisons sérieuses de penser que le lieu visé est fréquenté par une personne dont le comportement constitue une menace pour la sécurité et l'ordre public. Cette mesure utilisée à plusieurs reprises après les attentats terroristes commis en France doit être distinguée des perquisitions judiciaires*.

5. **Assignation à résidence** : mesure prise par l'autorité préfectorale consistant à soumettre une personne, sur le fondement de l'article 28 de l'ordonnance du 2 novembre 1945 relative aux conditions d'entrée et de séjour des étrangers en France, à des obligations particulières (ne pas se déplacer au-delà d'un périmètre géographique déterminé, se présenter périodiquement à un service de police ou de gendarmerie...). Le ministre de l'Intérieur peut également assigner à résidence un individu dont le comportement constitue une menace d'une particulière gravité pour la sécurité et l'ordre public (article 3 de la loi du 30 octobre 2017 renforçant la sécurité intérieure et la lutte contre le terrorisme). On la distingue de la mesure judiciaire d'assignation à résidence avec surveillance électronique obligeant une personne mise en examen* ou condamnée à demeurer dans un lieu fixé par l'autorité judiciaire, et à ne s'en absenter qu'aux conditions et pour les motifs déterminés par le juge d'instruction*, le juge des libertés et de la détention* ou le juge d'application des peines*.

6. **Groupes d'enquête de lutte anti-cambriolage** : unités composées de plusieurs enquêteurs au sein des services de la gendarmerie dont l'objectif est de constater et d'élucider les affaires de vols* sériels commis « *dans un local d'habitation ou dans un lieu utilisé ou destiné à l'entrepôt de fonds, valeurs, marchandises ou matériels* ».

7. **Peloton de surveillance et d'intervention de la gendarmerie** : unité spécialisée de la gendarmerie nationale dans la lutte contre la délinquance de proximité* dans des zones territoriales déterminées et sur des périodes de temps sensibles (notamment nocturnes). Rattachée généralement à une compagnie de gendarmerie, cette structure opère en soutien des unités locales en cas de trouble à l'ordre public et peut participer à certaines missions de police judiciaire.

8. **Dispositif « Alerte-Enlèvement »** : système institué en 2006 visant à informer la population de l'enlèvement d'un enfant mineur par une diffusion large et régulière d'un appel à témoin via les principaux réseaux d'information. Le dispositif est engagé par le procureur de la République* du lieu de l'enlèvement après accord du parquet général* et validation par la Direction des affaires criminelles et des grâces* du ministère de la Justice. Il est déclenché si les critères suivants sont réunis : un enlèvement avéré (et pas seulement une disparition inquiétante), la minorité de la victime de l'enlèvement, un danger pour sa vie ou son intégrité physique, des informations précises à la disposition de l'autorité judiciaire permettant d'identifier la victime ou l'auteur susceptibles d'être diffusées.

9. **Agression sexuelle** : notion qui désigne une infraction de nature délictuelle, distincte en cela du crime de viol*, et qui est définie par l'article 222-22 alinéa1 du code pénal comme une atteinte sexuelle commise « *avec violence, contrainte, menace ou surprise* » et réprimée, hors circonstances aggravantes*, de cinq ans d'emprisonnement et 75 000 euros d'amende (article 222-27 du code pénal). Depuis la loi du 14 mars 2016 les faits d'agression sexuelle sont qualifiés d'incestueux lorsqu'ils ont été commis sur la personne d'un mineur par un frère, une sœur, un oncle, une tante, un neveu ou une nièce, ou par un ascendant ou une personne ayant autorité de droit ou de fait sur le mineur comme le conjoint, le concubin ou le partenaire lié par un PACS à la mère de l'enfant. Les articles 222-28 à 222-30 du code pénal prévoient une aggravation des peines* dans certaines hypothèses. Ainsi « *lorsque la victime a été mise en contact avec l'auteur des faits grâce à l'utilisation, pour la diffusion de messages à destination d'un public non déterminé, d'un réseau de communication électronique* » elles sont portées à sept ans d'emprisonnement et 100 000 euros d'amende (article 222-28 6° du code pénal), et lorsque les agressions sexuelles « *sont imposées à un mineur de quinze ans* » elles sont portées à 10 ans d'emprisonnement et 150 000 euros d'amende (article 222-29-1 du code pénal).

10. **Sécurité intérieure** : créée par le décret du 30 avril 2014, la Direction générale de la sécurité intérieure est chargée sur l'ensemble du territoire de rechercher, de centraliser et d'exploiter le renseignement intéressant la sécurité nationale. Elle s'est substituée à la Direction centrale du renseignement intérieur qui avait regroupé en 2008, la Direction de la surveillance du territoire et la Direction centrale des renseignements généraux.

11. **Renseignement territorial** : service spécialisé de l'État ayant pour mission, sur le territoire national et à l'étranger de rechercher et de porter à la connaissance du gouvernement au niveau central et de l'autorité préfectorale au niveau local, des informations relatives aux menaces et risques majeurs pouvant affecter la vie de la nation, comme les mouvements protestataires violents, les dérives urbaines et le repli identitaire, et plus récemment les comportements en lien avec la radicalisation* de type djihadiste. Créé le 9 mai 2014, ce service succède à la Sous-direction de l'information générale.

12. **Contrôle de fonctionnement** : réalisé sur la base d'outils dénommés « référentiels » et de guides méthodologiques internes, il a pour objet de mesurer le niveau d'activité et la performance* des juridictions. Le contrôle de fonctionnement aboutit à la rédaction d'un rapport provisoire comportant une liste de recommandations transmis par la voie hiérarchique de l'autorité de contrôle à la juridiction ou au service contrôlé, et adressé au Conseil supérieur de la magistrature*. Ce rapport contient également un suivi contradictoire dans le temps des mesures préconisées.

13. **Écrou** : acte qui constate officiellement sur un registre la date de l'entrée d'une personne détenue dans un établissement pénitentiaire. La sortie d'un individu d'un établissement pénitentiaire, dite levée d'écrou, est également notée sur ce même registre. Sont écroués des individus condamnés à des peines privatives de liberté non aménagées par les juridictions de jugement* et le juge d'application des peines*, ainsi que certaines personnes avant jugement dans le cadre de la détention provisoire*.

14. **Mise à l'épreuve** : mesure de sursis total ou partiel de l'exécution d'une peine d'emprisonnement de 5 ans au plus, combinée avec certaines obligations consistant pour le condamné à les respecter tout en pouvant obtenir certaines aides destinées à favoriser son reclassement social avec le concours du service pénitentiaire d'insertion et de probation*. Le bénéfice de ce sursis avec mise à l'épreuve, contrôlé par le juge d'application des peines*, est susceptible de révocation totale ou partielle en cas de nouvelle condamnation à certaines peines pendant le délai d'épreuve ou si le condamné ne respecte pas les obligations qui lui sont imposées. La loi du 23 mars 2019 de programmation 2018-2022 et de réforme pour la justice* intègre cette sanction à compter du 24 mars 2020 dans un nouveau dispositif de « sursis probatoire » regroupant cette peine avec la contrainte pénale* et le sursis avec l'obligation d'accomplir un travail d'intérêt général*.

15. **Service pénitentiaire d'insertion et de probation** : service déconcentré de l'administration pénitentiaire regroupant l'ensemble des travailleurs sociaux intervenant tant en milieu carcéral qu'en milieu ouvert* et dont la mission essentielle est d'assurer la réinsertion des personnes condamnées sur le fondement des décisions de justice rendues en matière répressive.

16. **Délinquance en col blanc** : traduit de l'anglais « white-collar criminal », cette expression forgée par le sociologue américain E. Sutherland désigne les comportements délictuels des classes sociales élevées. Il s'agit essentiellement d'une délinquance financière* faisant appel à des procédés illicites complexes employés dans la vie des affaires, et ce dans le but de ne pas déclarer certains revenus ou de s'approprier frauduleusement des capitaux (fraude fiscale*, abus de biens sociaux, infractions boursières...).

17. **Affaire de Puisseguin** : accident routier mortel survenu le 23 octobre 2015 sur la commune de Puisseguin en Gironde impliquant un camion et un bus entrés en collision et ayant provoqué le décès de quarante-trois personnes, sept autres étant grièvement blessées et traumatisées. Ce dossier, qui est le plus grave en France en matière routière depuis l'accident de Beaune en 1982, a fait l'objet d'une ouverture d'information judiciaire* au tribunal judiciaire* de Libourne.

18. **Expertise** : moyen juridique consistant à demander à un spécialiste, en général inscrit sur une liste tenue dans chaque cour d'appel ou près la Cour de cassation, d'examiner et d'analyser des éléments d'un dossier pour en tirer des conclusions retranscrites dans un rapport, et portant en matière répressive sur la matérialité des infractions pénales* reprochées ou sur des éléments de personnalité* de son auteur supposé.

19. **Cadre de la flagrance** : est qualifié crime* ou délit* flagrant le crime ou le délit qui se commet actuellement ou qui vient de se commettre. Il y a également flagrance lorsque, « *dans un temps très voisin de l'action, la personne soupçonnée est poursuivie par la clameur publique, ou est trouvée en possession d'objets, ou présente des traces ou indices laissant penser qu'elle a participé au crime ou au délit* ». Ce cadre procédural confère à l'enquêteur pendant huit jours (renouvelable une fois), et sous le contrôle du parquet*, des pouvoirs d'investigations et de contrainte accrus comme le fait de pouvoir opérer des perquisitions* sans assentiment de la personne au domicile duquel elle se déroule.

20. **État civil** : notion qui désigne l'ensemble des éléments permettant d'identifier une personne dans une société donnée (nom, prénoms, sexe, filiation, date et lieu de naissance...). Le décret du 6 mai 2017 relatif à l'état civil pris en application de la loi du 18 novembre 2016 de modernisation de la justice du XXIe siècle a toiletté l'ensemble des règles portant sur la tenue et la gestion des actes de l'état civil. Si ce dispositif a assoupli certaines démarches en cette matière, la modification des informations retranscrites dans les actes dressés par l'officier d'état civil est strictement encadrée et contrôlée par le procureur de la République* qui dispose à ce titre du pouvoir de faire procéder à leur rectification administrative en cas d'omissions ou de simples erreurs matérielles. Dans le cadre d'une procédure contentieuse, le ministère public* peut demander l'annulation d'un acte d'état civil, notamment pour fraude, ou s'opposer à une demande de rectification lorsqu'il l'estime infondée.

21. **Secrétariat général du parquet général** : organe de gestion administrative pour le parquet d'une cour d'appel* ou de la Cour de cassation* occupé par un magistrat du ministère public appelé secrétaire général.

22. **Pôle accident collectif** : le décret du 26 décembre 2014 désigne les tribunaux judiciaires* de Paris et de Marseille pour l'enquête, la poursuite, l'instruction et le jugement des délits d'homicides ou de blessures involontaires* dans les affaires qui comportent une pluralité de victimes, ou qui apparaîtraient d'une grande complexité*. La création de ces deux pôles prévus par la loi du 17 décembre 2011 relative à la répartition des contentieux et à l'allègement de certaines procédures juridictionnelles répond à la nécessité de spécialiser deux juridictions importantes, compte tenu de la technicité des investigations à diligenter et des difficultés matérielles engendrées par le traitement de ces dossiers eu égard au nombre important de victimes.

23. **Service de l'accès au droit et à la justice et de l'aide aux victimes** : service placé sous l'autorité du Secrétariat général de la Chancellerie* qui regroupe « le bureau d'aide juridictionnelle* », « le bureau de l'accès au droit » et « le bureau de l'aide aux victimes* et de la politique associative ».

24. **Coordonnateur national** : haut fonctionnaire nommé par les services du Premier ministre ou du ministère des transports chargé de l'information, de l'orientation et de l'accompagnement des familles de victimes d'un accident collectif dans leurs démarches administratives, et ce en lien avec l'autorité judiciaire s'agissant de la phase d'enquête.

25. **Institut de recherche criminelle de la gendarmerie nationale** (IRCGN) : unité de la gendarmerie nationale chargée des aspects scientifiques des investigations de police judiciaire* dans des dossiers présentant une sensibilité particulière. Les techniciens de l'IRCGN ont notamment pour mission d'analyser les prélèvements effectués sur une scène de crime ou d'un accident collectif comme l'affaire de Puisseguin*.

26. **Unité de médecine légale** : structure dédiée au sein d'un hôpital qui regroupe l'activité médicale dite du vivant (constatation de lésions ou traumatismes, détermination d'une incapacité totale de travail…), au sein d'une unité médico-judiciaire et l'activité de thanatologie (autopsies, prélèvements post-mortem…), au sein d'un institut médico-légal. Les médecins rattachés à ces services effectuent des actes sur réquisitions* d'un magistrat ou d'un officier de police judiciaire* dans le cadre des affaires pénales.

27. **Localisation d'emploi** : la Direction des services judiciaires* édite tous les ans un document précisant, pour chaque juridiction implantée sur le territoire national, le nombre exact de postes théoriques ainsi que les grades et les catégories de magistrats et de fonctionnaires qui doivent y être affectés.

28. **Auditeur de justice** : élève à l'École nationale de la magistrature* recruté par concours sur épreuves ouvert tous les ans, ou sans concours sur titres. Les auditeurs de justice font partie du corps judiciaire* et relèvent du statut de la fonction publique. Ils prêtent serment* et sont astreints au secret professionnel. À l'issue de leur formation, composée de cours théoriques et de stages (en juridiction, dans un cabinet d'avocats, au sein d'unités d'enquête de police ou de gendarmerie…), et qui dure 31 mois, ils deviennent des magistrats du siège* ou du parquet*.

29. **Résidence alternée** : organisation d'hébergement de l'enfant mineur dont les parents séparés ne partagent pas le même domicile. La loi du 4 mars 2002 énonce que la résidence de l'enfant peut être fixée en alternance au domicile de chacun des parents ou au domicile de l'un d'eux.

30. **Juge aux affaires familiales** : magistrat du tribunal judiciaire* rattaché au siège* et délégué au contentieux de la famille. Il est spécialement chargé dans ce cadre de veiller à la sauvegarde des intérêts des enfants mineurs en cas de conflit parental.

31. **Magistrat d'astreinte** : les services du parquet* et du siège* sont organisés au sein des tribunaux judiciaires* pour répondre à certaines situations qui imposent des réponses immédiates, notamment restrictives de droits et de libertés dans le respect des délais imposés par le code de procédure pénale*. Il en est ainsi de la saisine du juge des libertés et de la détention* pour statuer sur l'éventuelle incarcération d'un prévenu* dans l'hypothèse où « *la réunion du tribunal est impossible le jour même* » de son défèrement* devant le procureur de la République* (article 396 alinéa 1 du code de procédure pénale).

32. **Service administratif régional** (SAR) : structure placée auprès du premier président* et du procureur général* chargée de veiller à gérer les moyens humains, financiers et informatiques sur le ressort d'une cour d'appel*. Plus précisément l'article R. 312-70 du code de l'organisation judiciaire précise que les SAR assistent les chefs de cour dans l'exercice de leurs attributions en matière d'administration des services judiciaires dans les domaines suivants : « *la gestion administrative de l'ensemble du personnel, la formation du personnel à l'exception de celle des magistrats, la préparation et l'exécution des budgets opérationnels de programme ainsi que la passation des marchés, la gestion des équipements en matière de systèmes d'information, la gestion du patrimoine immobilier et le suivi des opérations d'investissement dans le ressort* ».

33. **Judiciarisation**: notion qui désigne une tendance visant à la saisine d'une instance judiciaire pour réguler des situations conflictuelles ou trancher des litiges.

34. **Dépénalisation du droit** : action qui consiste à enlever à un fait son caractère infractionnel. Elle peut reposer sur une décision qui rend les conditions d'une infraction pénale* plus restrictives, en écartant certains comportements anciennement répréhensibles, ou sur une décision de sanctionner un auteur par un moyen autre qu'une peine* prononcée par une juridiction répressive.

35. **Antécédents judiciaires** : données à caractère personnel concernant des personnes mises en cause dans des procédures comme auteur ou complice d'une infraction pénale*. Le traitement des antécédents judiciaires est un fichier créé par la loi du 14 mars 2011 qui est alimenté par les personnels habilités de la police et de la gendarmerie nationale, et contrôlé par le procureur de la République*.

36. **Réparation du préjudice** : la juridiction de jugement* qui statue en matière répressive est compétente sur le plan civil pour allouer des dommages et intérêts aux victimes qui en font la demande, dans le but de les indemniser pour le préjudice corporel, matériel et moral résultant de l'infraction pénale* commise par un auteur déclaré coupable. La loi du 23 mars 2019 de programmation 2018-2022 et de réforme pour la justice* vise à faciliter les démarches de celui qui réclame une indemnisation en bénéficiant si nécessaire « *du concours d'une association d'aide aux victimes agréée* » (article 10-2 4° du code de procédure pénale).

37. **Association du « Prado »** : association dont le siège est situé à Bordeaux et qui accompagne les enfants, adolescents et adultes fragilisés rencontrant des difficultés familiales, sociales, scolaires ou psychologiques. Elle intervient dans les domaines de la protection de l'enfance, de l'enfance en situation de handicap, de la Protection judiciaire de la jeunesse et de l'insertion par l'activité économique et suit des mesures de contrôle judiciaire* sur désignation d'un magistrat.

38. **Défense pénale des mineurs** : spécialisation développée dans un certain nombre de barreaux* à la suite de l'entrée en vigueur de la convention internationale des droits de l'enfant (1989). La continuité de l'intervention d'un avocat auprès d'un même mineur contribue à l'amélioration de la réponse éducative (et pénale) en assurant une connaissance partagée entre la juridiction et le défenseur de la personnalité du mineur et de son évolution dans le temps. Le tribunal judiciaire* de Libourne et le barreau* rattaché à cette juridiction ont signé une convention de défense pénale des mineurs au mois de janvier 2017.

CHAPITRE 4

DISCOURS DE RENTRÉE SOLENNELLE DE JANVIER 2017 LE PROCUREUR « FINANCIER »

1. **Procureur financier** : magistrat responsable du parquet* auprès des chambres régionales des comptes qui assure la fonction du ministère public* et dont l'ancienne dénomination était celle de commissaire du gouvernement. Il est le correspondant du procureur général* près la Cour des comptes, veille à l'application de la loi et contrôle le bon déroulement des procédures relatives aux comptes des collectivités locales et des établissements publics (hôpitaux, offices HLM, syndicats intercommunaux...). Il convient de ne pas le confondre avec le procureur de la République du parquet national financier qui a une compétence exclusive pour la poursuite des délits d'initiés et de manipulation des cours, et concurrente avec celle des parquets normalement compétents pour toute une série d'infractions* énumérées par l'article 705 du code de procédure pénale (manquements au devoir de probité*, corruption et trafic d'influence...) pour des affaires qui sont ou apparaissent d'une « grande complexité* ».

2. **Cour européenne des droits de l'homme** : juridiction internationale sise à Strasbourg instituée par le Conseil de l'Europe, composée de juges indépendants, et dont la mission est d'assurer le respect des engagements souscrits par les États signataires de la Convention européenne des droits de l'homme et des libertés fondamentales* adoptée le 4 novembre 1959 à Rome, et de ses protocoles additionnels. En cas de violation de l'une de ses dispositions comme le droit à un procès équitable prévu par l'article 6 de cette convention, la Cour européenne des droits de l'homme condamne l'État en le contraignant le cas échéant à modifier sa législation et en mettant à sa charge l'indemnisation du requérant qui l'a saisie.

3. **Parquet « infra-pôle »** : la réforme du mois de mars 2007 a créé des pôles de l'instruction au sein des tribunaux de grande instance* (devenus des tribunaux judiciaires depuis la loi du 23 mars 2019 de programmation 2018-2022 et de réforme pour la justice et la loi organique du 23 mars 2019 relative au renforcement de l'organisation des juridictions) les plus importants en termes d'activité pénale. Les juges d'instruction* rattachés à ces pôles sont seuls compétents pour connaître des informations judiciaires* en matière de crimes* et celles qui donnent lieu à une co-saisine sur tout leur ressort de compétence. Par défaut, les parquets* et les juges d'instruction* qui n'exercent pas leurs fonctions au sein de ces tribunaux appartiennent à des juridictions dites « infra-pôle ».

4. **Grande complexité** : au sens des articles 704 et 705 du code de procédure pénale, certaines affaires présentent cette caractéristique en raison d'un grand nombre de protagonistes impliqués (auteurs et victimes), du mode opératoire déployé pour la réalisation des infractions* constatées et/ou de la dimension nationale, voire internationale des agissements pénalement répréhensibles. Au regard de ces spécificités, la compétence territoriale d'un tribunal judiciaire* peut être étendue au ressort de plusieurs cours d'appel* pour l'enquête, la poursuite, l'instruction des crimes* et délits*, ainsi qu'en matière de jugement de ces dossiers.

5. **Cryptoloker** : logiciel malveillant de type virus sous la forme d'un cheval de Troie, dit « rançongiciel » ou logiciel de rançon, qui prend en otage des données personnelles, sollicite de leur propriétaire ou détenteur un versement d'argent (extorsion) en échange de la clé permettant de déchiffrer les données sous la menace de les détruire.

6. **Réquisitions** : sur le plan pénal, elles désignent d'une part les injonctions adressées aux services enquêteurs par le parquet* ou le juge d'instruction* aux fins de procéder à un acte d'investigation général ou particulier (audition, perquisition*, saisie...) et d'autre part, des demandes du ministère public* aux magistrats du siège* des juridictions de l'ordre judiciaire (diligences, transmission de pièces, mesures de sûreté...). En matière civile, le ministère public* intervient sous la forme de conclusions lorsqu'une affaire lui est communiquée ou qu'il estime devoir faire connaître son avis.

7. **État d'urgence** : régime restrictif des libertés publiques introduit par la loi du 3 avril 1955 pouvant être appliqué sur tout ou partie du territoire national, soit en cas de « *péril imminent résultant d'atteintes graves à l'ordre public* », soit face à des événements qui, en raison de leur nature et de leur gravité, présentent le caractère de « *calamité publique* ». À la suite des attentats du 13 novembre 2015, l'état d'urgence a été décrété en Conseil des ministres et prorogé à plusieurs reprises, permettant notamment le recours à des assignations à résidence* et des perquisitions administratives*. Il a été levé le 1er novembre 2017, l'essentiel des dispositions qui le caractérisaient ayant été incorporées dans le droit commun* par la loi du 30 octobre 2017 renforçant la sécurité intérieure et la lutte contre le terrorisme.

8. **Circonstances aggravantes** : événements ou qualités limitativement énumérés par la loi et dont la constatation entraîne l'application d'une peine* exceptionnellement plus élevée que celle applicable en principe. On les oppose traditionnellement aux circonstances atténuantes, qui ont disparu depuis la réforme du code pénal* et qui entraînaient à l'inverse une modulation de la peine dans le sens d'une plus grande clémence de la part du juge. Mais le principe de l'individualisation des peines permet toujours aux juridictions de jugement de tenir compte des éléments de personnalité* d'une personne déclarée coupable d'avoir commis une infraction pénale* pour lui appliquer une sanction adaptée à son profil.

9. **Loi du 3 juin 2016** : ce dispositif législatif confie au parquet* le contrôle de la légalité et de la proportionnalité des actes d'enquête en matière de police judiciaire. Dans le cadre de ses attributions, la loi précise également que le procureur de la République* veille à ce que les investigations policières tendent à la manifestation de la vérité et qu'elles soient accomplies « *à charge et à décharge, dans le respect des droits de la victime, du plaignant et de la personne suspectée* » (article 39-3 alinéa 2 du code de procédure pénale).

10. **Groupes de tribunaux :** les tribunaux judiciaires* sont classés par le ministère de la Justice en quatre groupes en fonction du volume de leur activité civile et pénale. La juridiction de Libourne était classée à la 138e place en 2015 sur les 164 tribunaux de grande instance* implantés en France.

11. **Déferement** : procédure consistant à traduire une personne appréhendée sur le fondement d'un mandat*, d'une mesure de garde à vue* ou de rétention, devant l'autorité judiciaire compétente.

12. **Mandat** : en matière pénale ordre écrit par lequel un magistrat ou une juridiction de jugement* décide de la recherche, de la comparution ou de la mise en détention d'une personne. Le code de procédure pénale* distingue les règles qui s'appliquent au mandat de recherche, au mandat d'amener, au mandat d'arrêt, au mandat de comparution et au mandat de dépôt. Au plan international, il a été créé un mandat d'arrêt européen*.

13. **Agence régionale pénitentiaire des extractions judiciaires** : instance de régulation et de programmation des extractions judiciaires chargée de présenter les personnes détenues aux magistrats mandants ou aux juridictions de jugement*. Avant la réforme de 2011, les extractions judiciaires étaient réalisées par les services de police ou de gendarmerie.

14. **Autopsie judiciaire** : notion qui désigne l'examen post-mortem approfondi d'un cadavre réalisé par des médecins spécialisés rattachés à un service de médecine légale* et requis par l'autorité judiciaire pour analyser les circonstances d'une mort provoquée par un crime* ou suspecte. Cet acte « médico-légal » est souvent complété par des analyses toxicologiques, voire d'un examen d'anatomopathologie. On la distingue de l'autopsie clinique qui est effectuée également en structure hospitalière, mais à la demande de la famille du défunt ou pour des raisons liées à la recherche médicale.

15. **Instructions générales de politique pénale** : directives élaborées par le ministre de la Justice, à travers la Direction des affaires criminelles et des grâces*, qui prennent la forme de circulaires et de dépêches et qui sont diffusées à l'ensemble des procureurs généraux* et des procureurs de la République* visant à définir des priorités dans la lutte contre la délinquance et à privilégier certains types de réponses pénales sur l'ensemble du territoire national. Cette même Direction est également en charge de l'animation, de la coordination et de l'évaluation de ces instructions.

16. **Téléphone grave danger** (TGD) : ce dispositif de téléprotection des personnes en grave danger, après une période expérimentale sur plusieurs départements, a été introduit par la loi du 4 août 2014 portant sur l'égalité entre les hommes et les femmes. Les juridictions compétentes pour délivrer un TGD sont les tribunaux judiciaires* et seuls les magistrats du ministère public* sont habilités à en faire bénéficier une femme victime de violences. La loi du 28 décembre 2019 « visant à agir contre les violences au sein de la famille » a modifié l'article 41-3-1 du code de procédure pénale relatif au « téléphone grave danger » afin d'en faciliter l'accès. Il peut être attribué non seulement lorsqu'a été prononcée une interdiction judiciaire d'entrer en contact avec la victime, mais également « *en cas de danger avéré et imminent lorsque l'auteur des violences est en fuite ou n'a pas encore été interpellé* ».

17. **Saisie pénale immobilière** : mesure ordonnée par un magistrat du siège* (juge d'instruction* ou juge des libertés et de la détention*) à la demande ou après avis du ministère public* aux fins de priver le mis en cause du produit de l'infraction* ou de faciliter la confiscation ultérieure du bien par la juridiction de jugement*.

18. **Enquête préliminaire** : notion qui désigne les investigations diligentées d'initiative ou à la demande du parquet* par la police ou la gendarmerie. Strictement encadrée par le code de procédure pénale* s'agissant des pouvoirs dévolus aux enquêteurs sous le contrôle du ministère public*, l'enquête préliminaire qui se prolonge dans le temps est opposée à l'enquête de flagrance* dont la durée ne peut en principe dépasser huit jours. Dans ce cadre en principe « *les perquisitions*, visites domiciliaires et saisies de pièces à conviction* ou de biens dont la confiscation est prévue à l'article 131-21 du code pénal ne peuvent être effectuées sans l'assentiment exprès de la personne chez laquelle l'opération à lieu* » (article 76 alinéa 1 du code de procédure pénale).

19. **Procureur adjoint** : magistrat de l'ordre judiciaire rattaché au parquet* exerçant ses missions au sein d'un tribunal judiciaire*. Il est l'adjoint direct, ou l'un des adjoints directs dans les plus grandes juridictions de première instance, du procureur de la République*.

20. **Probité publique** : le droit pénal sanctionne les manquements à l'intégrité, à laquelle sont tenus tous les agents publics ainsi que les personnes chargées d'une mission de service public ou investies d'un mandat électif. Les faits de corruption, de trafic d'influence, de concussion (perception ou exonération indue de sommes par une personne exerçant une fonction publique), de prise illégale d'intérêt ou de favoritisme constituent des infractions* relatives à ce domaine et dont les peines* maximales peuvent aller jusqu'à 10 ans d'emprisonnement et 1 000 000 d'euros (et « *dont le montant peut être porté au double du produit tiré de l'infraction* »). Le but poursuivi par ces incriminations spécifiques est de sanctionner toute forme de collusion entre deux ou plusieurs protagonistes par l'utilisation du pouvoir de décision ou de l'influence réelle ou supposée de celui qui dispose de prérogatives de puissance publique qu'il tient de la loi.

21. **Équivalent temps plein** : unité de mesure d'une charge de travail. Le calcul « ETP » évalue les effectifs théoriques d'agents publics nécessaires à la réalisation d'une activité, de magistrat ou de greffe, à une date donnée. Rapporté au temps de travail sur l'année, l'équivalent temps plein permet d'exprimer les plafonds d'emplois et la consommation de ces plafonds sur un site ou dans un service judiciaire.

22. **Direction des services judiciaires** (DSJ) : direction du ministère de la Justice dont la mission principale est de veiller à l'organisation et au bon fonctionnement des juridictions judiciaires. À ce titre la DSJ élabore les statuts des magistrats et fonctionnaires des services judiciaires, assure le recrutement, la formation, l'emploi et la gestion des ressources humaines, réglemente et contrôle l'activité des personnes qui collaborent directement à l'exercice des fonctions juridictionnelles. Elle participe à l'élaboration des projets de lois ou de règlements ayant une incidence sur l'organisation et le fonctionnement judiciaire, élabore les textes de création ou de suppression, d'organisation et de fonctionnement des juridictions de l'ordre judiciaire. La DSJ détermine les objectifs stratégiques et opérationnels, définit les besoins de fonctionnement et d'équipement, répartit les ressources et les moyens entre les différents responsables fonctionnels ou territoriaux.

23. **Infractions routières** : notion désignant tous les délits* et contraventions commis par le conducteur ou le propriétaire d'un véhicule terrestre à moteur et réprimés par certaines dispositions du code pénal et par le code de la route. Il peut s'agir d'accidents survenus sur la voie publique, et pour lesquels la loi distingue ceux qui ont entraîné un préjudice physique à la victime (la mort ou une incapacité totale de travail supérieure ou inférieure à trois mois) ou seulement des dégâts matériels résultant d'un défaut de maîtrise. Il peut s'agir également d'infractions qui affectent la capacité à conduire un véhicule (comme le défaut de permis ou la conduite malgré une suspension ou une annulation administrative ou judiciaire du permis), de faits pénalement répréhensibles liés soit à des addictions (conduite en état alcoolique, en état d'ivresse manifeste ou après usage de stupéfiants), soit à une vitesse excessive, ainsi que des comportements incivils comme le délit de fuite ou le refus d'obtempérer à « *une sommation de s'arrêter émanant d'un fonctionnaire ou agent chargé de constater les infractions* et muni des insignes extérieurs et apparents de sa qualité* » (article L. 233-1 du code de la route). Le parquet de Libourne a signé au mois de mars 2014 une convention relative aux stages de sensibilisation à la sécurité routière avec l'association « Cap Sécur » et le comité de prévention routière de la Gironde.

24. **Contentieux techniques** : notion qui désigne en matière répressive des infractions pénales* qui présentent dans leur réalisation des caractéristiques juridiques particulières. La constatation de ces agissements pénalement répréhensibles et le traitement de ces dossiers sont en général confiés à des services spécialisés disposant de pouvoirs d'enquête et qui transmettent leurs procès-verbaux au parquet* qui décide des suites à donner. Il peut s'agir de pratiques commerciales trompeuses punissables de deux ans d'emprisonnement et 300 000 euros d'amende par les articles L. 121-6 et L. 132-2 du code de la consommation, du délit de marchandage ou de prêt illicite de main-d'œuvre punissable de deux ans d'emprisonnement et 30 000 euros d'amende par les articles L. 8234-1 et L. 8243-1 du code du travail ou de constructions sans permis de construire ou au mépris des prescriptions légales ou réglementaires prévus par l'article L. 480-4 du code de l'urbanisme. Pour certaines de ces infractions, des sanctions de nature administrative (avertissement, amende, transaction ou mise en conformité...) sont envisagées par les services verbalisateurs en lien avec l'autorité judiciaire. Le parquet de Libourne a signé en avril 2017 avec le préfet de la région Nouvelle-Aquitaine un protocole portant sur les infractions en matière de construction.

25. **Procédures collectives** : mode de règlement collectif des créanciers par des débiteurs devant faire face à une difficulté qu'ils ne sont pas en mesure de surmonter seuls (procédure de sauvegarde) ou se trouvant en état de cessation des paiements caractérisée par un actif disponible inférieur au passif exigible (procédures de redressement et de liquidation judiciaire). La mise en place d'une procédure collective a pour effet d'interrompre les poursuites individuelles des créanciers qui seront désintéressés selon un ordre légal de préférence. En fonction de l'activité de l'entreprise, la compétence retenue est celle du tribunal de commerce ou celle du tribunal judiciaire*. Elles peuvent déboucher sur des sanctions commerciales* en cas de faute de gestion avérée, voire pénales si des agissements répréhensibles à l'encontre d'un dirigeant sont mis en évidence. Une ordonnance du 12 mars 2014 a élargi les mesures relatives à la détection et à la prévention des difficultés des entreprises et renforcé le rôle du ministère public* en cette matière.

26. **Article 39-3 alinéa 1 du code de procédure pénale** : « *dans le cadre de ses attributions de direction de la police judiciaire*, le procureur de la République* peut adresser des instructions générales ou particulières aux enquêteurs. Il contrôle la légalité des moyens mis en œuvre par ces derniers, la proportionnalité des actes d'investigation au regard de la nature et de la gravité des faits, l'orientation donnée à l'enquête ainsi que la qualité de celle-ci* ».

27. **Article 130-1 du code pénal** : « *Afin d'assurer la protection de la société, de prévenir la commission de nouvelles infractions* et de restaurer l'équilibre social, dans le respect des intérêts de la victime, la peine* a pour fonctions :*
- de sanctionner l'auteur de l'infraction ;
- de favoriser son amendement, son insertion ou sa réinsertion. »

28. **Comité d'étude et d'information sur la drogue et les addictions** : association située à Bordeaux, fondée en 1972, dont les missions principales consistent en l'accueil et la prise en charge des personnes présentant des problèmes liés à des usages de substances toxiques (alcool, drogues...), mais également à des pratiques addictives (jeux d'argent, réseaux sociaux...).

29. **Service public de la justice** : si constitutionnellement la Justice est une autorité, elle est aussi un service public en ce qu'elle remplit une mission d'intérêt général consistant principalement à rendre des décisions judiciaires. Certains principes traditionnels s'appliquent à l'organisation du service public de la justice, comme les principes de continuité, d'égalité devant la loi, de neutralité et de gratuité (qui n'exclut cependant pas l'existence de frais de justice). D'autres principes d'organisation sont spécifiques à l'activité judiciaire : la publicité des débats qui permet à tout citoyen d'assister à la plupart des audiences, la loyauté qui est une garantie apportée à chaque partie que sa cause sera entendue équitablement, ou la collégialité qui exige dans certaines matières l'intervention de plusieurs juges pour délibérer et rendre une décision. La responsabilité de l'État du fait d'un dysfonctionnement du service public de la justice peut aussi être engagée sous certaines conditions prévues par la loi.

30. **Éléments de personnalité** : ensemble des informations (identité, situation familiale, parcours professionnel, antécédents judiciaires...) concernant l'auteur supposé d'une infraction pénale* permettant d'éclairer le magistrat sur son environnement ou une juridiction de jugement* pour statuer sur le prononcé d'une mesure de sûreté ou d'une peine* si le tribunal entre en voie de condamnation. Le recueil de ces éléments, qui comportent notamment le casier judiciaire* de la personne poursuivie, est obligatoire « *avant toute réquisition de placement en détention provisoire* lorsque la peine encourue n'excède pas cinq ans d'emprisonnement* », en cas de poursuites selon la procédure de comparution immédiate* ou selon la procédure de comparution sur reconnaissance préalable de culpabilité*. La loi du 23 mars 2019 de programmation 2018-2022 et de réforme pour la justice* ajoute que le service pénitentiaire d'insertion et de probation* ou le service de protection judiciaire de la jeunesse* peuvent être requis par le procureur de la République* pour « *vérifier la faisabilité matérielle de certaines peines ou aménagements de peine* pouvant être prononcés* ». L'article 132-70-1 du code pénal prévoit par ailleurs la possibilité pour le tribunal correctionnel* d'ajourner le prononcé d'une peine en ordonnant à l'égard de la personne poursuivie « *des investigations, le cas échéant complémentaires, sur sa personnalité ou sa situation matérielle, familiale et sociale de nature à permettre le prononcé d'une peine adaptée* ».

CHAPITRE 5

DISCOURS DE RENTRÉE SOLENNELLE DE JANVIER 2018
LE PROCUREUR « DÉCIDEUR »

1. **Décret de nomination** : acte administratif individuel pris par le Président de la République, garant de l'indépendance de l'autorité judiciaire, portant affectation des magistrats.

2. **Parquet général** : nom donné à l'ensemble des magistrats du ministère public* exerçant leurs fonctions dans l'ordre judiciaire à la Cour de cassation* et auprès des cours d'appel*.

3. **Dialogues de gestion** : le ministère de la Justice depuis la promulgation en 2001 de la loi organique relative aux lois de finances a développé un système d'analyse des coûts et de la performance* de l'ensemble des juridictions judiciaires visant à allouer les ressources humaines de façon optimale. Sur la base de documents partagés et chiffrés, un rendez-vous annuel est organisé entre les chefs de cour et l'administration centrale qui a pour objectif de déterminer les moyens humains et financiers que la Direction des services judiciaires* allouera aux budgets opérationnels de programme pour l'année suivante.

4. **Bureau de la politique pénale générale** : service de la Chancellerie* compétent en matière de droit pénal général (y compris le droit de la presse, le droit pénal des mineurs et les affaires militaires) et de procédure pénale pour toutes les questions ne relevant pas de la compétence des autres bureaux de la Direction des affaires criminelles et des grâces* (bureau de la lutte contre la criminalité organisée*, le terrorisme et le blanchiment, bureau de l'entraide pénale internationale…). Il est notamment en charge de l'élaboration des instructions générales* de politique pénale adressées aux procureurs généraux* et aux procureurs de la République*, ainsi que du suivi de l'action publique*.

5. **Salle Mélanie** : lieu protégé et rassurant pour libérer la parole de l'enfant confronté à des faits de violences ou d'agressions sexuelles* commis en général dans l'entourage familial. Cette salle d'audition est spécialement aménagée aux fins d'accueil, d'écoute et d'enregistrement des mineurs par la présence d'objets et de jouets qui favorisent leur témoignage. Le prénom Mélanie est celui du premier enfant entendu comme victime dans ce type d'affaires.

6. **Association « Caan'Abus »** : structure créée en 2003 et gérée par trois associations, le centre d'étude et d'information sur les drogues*, l'association nationale pour la prévention en alcoologie et d'addictologie et le centre de soins aux toxicomanes de l'hôpital psychiatrique Charles Perrens à Bordeaux. Composée d'une équipe de soignants et de travailleurs sociaux cette association reçoit des jeunes et leur entourage pour évoquer leurs difficultés en lien avec des conduites addictives (alcool, drogues…).

7. **Chantiers de la justice** : le Gouvernement a annoncé au mois d'octobre 2017 un plan d'action comprenant cinq chantiers de réformes prioritaires portant sur « la transformation numérique », « l'amélioration et la simplification de la procédure pénale », « l'amélioration et la simplification de la procédure civile », « l'adaptation du réseau des juridictions », « le sens et l'efficacité des peines ». Ils ont débouché sur la loi du 23 mars 2019 de programmation 2018-2022 et de réforme pour la justice* et la loi organique du 23 mars 2019 relative au renforcement de l'organisation des juridictions.

8. **Affaires pénales liées au médicament « Lévothyrox »** : ce médicament, utilisé afin de réguler la glande thyroïdienne, a vu son excipient modifié à la suite de quoi de nombreux consommateurs ont dénoncé des effets secondaires indésirables. Plusieurs plaintes déposées dans l'arrondissement judiciaire* de Libourne ont été transmises au pôle de santé publique* du tribunal judiciaire de Marseille conformément à une dépêche de la Direction des affaires criminelles et des grâces* du 20 septembre 2017, après avoir recueilli localement des éléments médicaux susceptibles de caractériser une infraction pénale*.

9. **Secret de l'instruction** : principe aux termes duquel, sauf dans les cas où la loi en dispose autrement, les procédures d'instruction (et d'enquête) sont secrètes pour les personnes qui y concourent. On trouve dans cette catégorie de professionnels soumis à ce principe les magistrats, les greffiers*, les huissiers de justice, les experts*, les interprètes ainsi que les avocats*, même si l'article 11 du code procédure pénale indique que ce secret est assuré « *sans préjudice des droits de la défense** », ce qui signifie que cet auxiliaire de justice peut librement renseigner son client. L'article 226-13 du code pénal prévoit que la violation du secret de l'instruction est punie d'un an d'emprisonnement et de 15 000 euros d'amende.

10. **Laboratoire de police scientifique** : service spécialisé dépendant du ministère de l'Intérieur regroupant plusieurs disciplines scientifiques qui contribuent à permettre aux autorités de police et de justice de déterminer les circonstances exactes de la commission d'une infraction* et de permettre l'identification de son auteur.

11. **Infractions sur internet** : notion désignant des agissements pénalement répréhensibles commis par un auteur qui utilise un réseau de communication en ligne pour les commettre. Il peut s'agir de la consultation habituelle ou à titre onéreux de sites pédopornographiques prévue et réprimée par l'article 227-23 alinéa 4 du code pénal de deux ans d'emprisonnement et 30 000 euros d'amende, de faits d'escroquerie* comme l'envoi de courriels visant à obtenir les coordonnées bancaires de la victime pour la déterminer à remettre des fonds ou de provocation ou d'apologie du terrorisme* dont les sanctions sont aggravées lorsque cette infraction* a été commise par ce moyen technique (article 421-2-5 du code pénal).

12. **Double assassinat de Saint-Denis-de-Pile** : la cour d'assises* de la Gironde a condamné le 22 mars 2019 Bruno Genet à la réclusion criminelle à perpétuité pour l'assassinat* de sa mère et de sa fille dans la nuit du 13 au 14 novembre 2015 et la tentative d'assassinat sur son fils âgé de 11 ans à l'époque des faits.

13. **Agression à caractère homophobe** : le code pénal* prévoit une aggravation des sanctions pénales pour certains faits criminels (actes de tortures ou de barbarie, viol...) ou délictuels comme les violences volontaires ayant entraîné une incapacité totale de travail lorsque les faits ont été commis « *à raison du sexe, de l'orientation sexuelle ou de l'identité de genre* ». Pour l'infraction* spécifique de discrimination* (article 225-1 du code pénal) l'orientation sexuelle ou l'identité de genre constitue également l'un des fondements de ce délit. Les agressions verbales à connotation homophobe peuvent également faire l'objet de poursuites pénales* sur la base de la loi sur la presse de 1881* si les propos tenus tendent à susciter un sentiment d'hostilité envers un groupe de personnes pour ces mêmes raisons (provocation à la discrimination, à la haine ou à la violence punissable d'un an d'emprisonnement et de 45 000 euros d'amende) ou sont considérés à ce titre comme injurieux ou diffamatoires par le plaignant.

14. **Police de sécurité du quotidien** (PSQ) : nouvelle doctrine d'emploi de la police et de la gendarmerie mise en œuvre par le ministre de l'Intérieur Gérard Collomb au début de l'année 2018. La PSQ consiste à déployer sur des territoires ciblés des policiers et des gendarmes, et instaurer une « société de vigilance » avec les habitants et les acteurs locaux (communes, secteur associatif…) pour lutter notamment contre les actes d'incivilité et les phénomènes de harcèlement* dans les transports.

15. **Code du travail** : recueil des textes législatifs et réglementaires regroupant des dispositions relatives aux relations individuelles et collectives des salariés, à leur santé et à leur sécurité, ainsi qu'à la formation professionnelle. Le code du travail a été réformé par plusieurs ordonnances du 22 septembre 2017 portant notamment sur la durée du travail ou le licenciement.

16. **Bureau de l'exécution des peines** (BEX) : service d'accueil des condamnés majeurs et mineurs placé auprès des parquets* dans les tribunaux judiciaires* et les cours d'appel*. Les principales missions du BEX sont d'accélérer la mise à exécution des peines* prononcées par la juridiction de jugement* dans la continuité de l'audience, et d'informer les victimes sur les procédures d'indemnisation de leur préjudice.

17. **Les dispositifs Perben II** : la loi du 9 mars 2004 portant sur l'adaptation de la justice aux évolutions de la criminalité, dite loi Perben II, introduit un nouveau cadre légal renforçant les pouvoirs des enquêteurs sous le contrôle de l'autorité judiciaire pour certaines infractions* limitativement énumérées par l'article 706-73 du code de procédure pénale (trafic de stupéfiants, traite des êtres humains, proxénétisme…). Ce texte a créé au sein de huit tribunaux judiciaires* (Paris, Lyon, Marseille, Lille, Nancy, Bordeaux, Rennes et Fort-de-France en Martinique) les juridictions interrégionales spécialisées* au sein desquelles les magistrats qui les composent utilisent plus particulièrement des techniques spéciales d'enquête que la loi du 23 mars 2019 de programmation 2018-2022 et de réforme pour la justice* développe encore s'agissant notamment de la sonorisation de certains lieux ou de la captation de données informatiques. Ce dernier dispositif uniformise également les investigations entreprises sous pseudonyme qui consistent à autoriser les enquêteurs à communiquer sur internet, sans utiliser leur véritable identité, avec des personnes susceptibles de commettre certaines infractions pénales visées par la loi.

18. **Balise** : moyen d'émission installé dans le cadre d'une procédure pénale permettant le traçage en temps réel d'un objet mobile tel un véhicule

19. **Perquisition judiciaire** : opération réglementée dans le temps visant à rechercher des éléments de preuve (objets, documents, données informatiques...) de la commission d'une infraction pénale*, ou des biens saisissables, au domicile d'une personne ou en un autre lieu dont la découverte serait utile à la manifestation de la vérité. Elle suppose l'assentiment de la personne chez laquelle la perquisition se déroule en cas d'enquête préliminaire*, sauf accord du juge des libertés et de la détention* pour les délits punissables d'au moins trois ans d'emprisonnement depuis l'entrée en vigueur de la loi du 23 mars 2019 de programmation 2018-2022 et de réforme pour la justice*. S'agissant des procédures diligentées en flagrance* ou sur commission rogatoire*, l'assentiment de la personne n'est pas nécessaire. En matière de terrorisme, la perquisition judiciaire peut être effectuée de nuit sur autorisation du juge des libertés et de la détention* ou du juge d'instruction*.

20. **Défenseur des droits** : autorité administrative indépendante* créée par la révision constitutionnelle du 23 juillet 2008 et instituée par la loi organique du 29 mars 2011. Nommé par le Président de la République pour un mandat de six ans, il est chargé de défendre les droits des citoyens face aux administrations. Le Défenseur des droits peut se saisir d'office ou être saisi par toute personne s'estimant lésée par le fonctionnement d'un service public ou d'un organisme investi d'une mission de service public. Il dispose également de prérogatives particulières en matière de promotion des droits de l'enfant, de lutte contre les discriminations* et du respect de la déontologie des activités de sécurité.

21. **Autorité administrative indépendante** : Instance chargée de réguler certains domaines de l'économie ou de la vie sociale considérés comme « sensibles » par le législateur et devant, par conséquent, échapper à l'autorité hiérarchique des membres du Gouvernement. Elle peut être pourvue d'un pouvoir de recommandation, de réglementation et de sanction dans le périmètre d'activité qui lui a été confié.

22. **Discrimination** : l'article 225-1 du code pénal définit cette infraction* punissable de trois ans d'emprisonnement et de 45 000 euros d'amende comme toute distinction opérée entre les personnes physiques ou entre les personnes morales sur le fondement de l'un des 24 critères définis par la loi comme par exemples l'origine, la particulière vulnérabilité résultant de leur situation économique apparente ou connue de son auteur ou l'orientation sexuelle de la victime. Le code du travail* prévoit également plusieurs délits* et contraventions relatifs à des faits discriminatoires en matière d'embauche et d'exercice professionnel. Le parquet de Libourne a signé au mois de mars 2015 avec la direction départementale de la cohésion sociale et plusieurs structures associatives locales de lutte contre les discriminations à raison de l'orientation sexuelle ou de l'identité de genre un avenant à la convention de partenariat relative à l'organisation d'une procédure de signalement de faits discriminatoires supposés.

23. **Jour-amende** : peine correctionnelle applicable aux personnes physiques destinée à se substituer à la peine d'emprisonnement encourue et consistant pour le condamné à verser au trésor public une somme dont le montant global résulte de la fixation par la juridiction de jugement* d'une contribution financière quotidienne (par exemple dix euros) pendant un certain nombre de jours (par exemple soixante jours). Le défaut total ou partiel de paiement entraîne l'incarcération du condamné pour une durée correspondant au nombre de jours-amendes impayés (deux mois dans l'exemple ci-dessus en l'absence complète de paiement). La peine de jour-amende peut également résulter de la conversion d'une peine d'emprisonnement inférieure à six mois par le juge d'application des peines*.

24. **Open Data** : données numériques dont l'accès est laissé libre aux usagers. Cette mise en ligne de la jurisprudence, dont le mouvement a été engagé par la loi du 7 octobre 2016, poursuit plusieurs objectifs dont celui de l'harmonisation des décisions de justice, mais soulève d'autres problématiques s'agissant de sa déclinaison en pratique comme la nécessaire protection de la vie privée. Cet open data sera réalisé par le biais d'un portail dénommé « Portalis » pour les jugements rendus en première instance sous condition d'anonymisation avant diffusion de ces décisions de justice.

25. **Tribunal d'instance** : la loi du 23 mars 2019 de programmation 2018-2022 et de réforme pour la justice* et la loi organique du 23 mars 2019 relative au renforcement de l'organisation des juridictions prévoit la fusion des tribunaux d'instance et des tribunaux de grande instance*. Lorsque ces deux juridictions sont situées dans une même ville, ils deviennent une juridiction unique dénommée tribunal judiciaire*, et dans le cas contraire le tribunal d'instance devient une chambre du tribunal judiciaire dénommée tribunal de proximité*. Ce même dispositif prévoit que les magistrats d'instance deviennent des juges des contentieux et de la protection dont le socle des compétences, tel que fixé par le code de l'organisation judiciaire*, s'articule autour du crédit à la consommation, des baux d'habitation, des majeurs protégés et du surendettement.

26 : **Autorité de la chose jugée** : situation dans laquelle une personne, jugée de façon définitive pour une infraction pénale* (c'est à dire après l'épuisement des voies de recours légalement ouvertes), ne peut plus faire l'objet de poursuites pour les mêmes faits, y compris sous une qualification différente. Les articles 622 et suivants du code de procédure pénale prévoient cependant un recours en révision ouvert à toute personne condamnée définitivement pour crime* ou délit* en cas de survenance d'un fait nouveau ou d'un élément inconnu de la juridiction au jour du procès, « *de nature à établir l'innocence du condamné ou à faire naître un doute sur sa culpabilité* ».

27. **Motivation** : raisons de fait et de droit que doit exposer le jugement, après le résumé des prétentions des parties et des moyens allégués et qui précède l'énoncé de la solution du litige dans le dispositif.

28. **Justice prédictive** : système d'évaluation des décisions susceptibles d'être rendues par les tribunaux fondé sur des algorithmes dont l'objet est de limiter les risques et les coûts associés au déclenchement d'un procès.

29. **« Pré-décision » d'action publique de classement sans suite** : le parquet* de Libourne a mis en place à titre expérimental, sur le fondement du décret du 7 septembre 2016 portant simplification du code de procédure pénale*, un process visant, pour certaines catégories d'infractions pénales* et pour des motifs limitativement énumérés, à une transmission directe de ces dossiers par les unités d'enquête au bureau d'ordre* du tribunal judiciaire*. Cette transmission directe des procédures aux fins de classement sans suite, c'est-à-dire sans compte-rendu téléphonique ou électronique au magistrat du ministère public*, s'opère à partir d'instructions permanentes délivrées par le procureur de la République* du 1er juin 2017 qui comportent notamment l'obligation pour l'officier de police judiciaire* d'en aviser la victime.

30. **Logiciels métiers du parquet** (LMP): systèmes de traitement de données à caractère personnel relatif à la mise en mouvement et à l'exercice de l'action publique* créé par le décret du 26 juillet 2017, qui se décomposent en deux modules, VIGIE (veille informatisée de gestion des infractions* et des événements) dont la finalité est la transcription des échanges entre les magistrats du parquet* et les services d'enquête, et BIE (bureau informatisé des enquêtes) mettant à la disposition des utilisateurs le suivi calendaire de certaines procédures pénales. Créé par un arrêté du 11 décembre 2017, le tableau de traitement de données à caractère personnel relatif aux déferements et aux extractions (TDEX) est également une LMP récente. Ces nouveaux logiciels viennent s'ajouter aux outils applicatifs dont disposent les parquets*, et en particulier le logiciel *Cassiopée* qui recense l'ensemble des procédures pénales sur le territoire national et qui est alimenté par les services de sécurité intérieure* et les autorités judiciaires.

31. **Communication électronique pénale** : l'article 14 de la loi du 16 février 2015 relative à la modernisation et à la simplification du droit et des procédures dans les domaines de la justice et des affaires intérieures a modifié l'article 803-1 du code de procédure pénale relatif à la communication électronique en matière pénale. Un certain nombre de juridictions ont signé des protocoles avec les barreaux* visant à développer les échanges électroniques, notamment dans le cadre des affaires traitées par les services de permanence* des parquets*.

32. **Délinquance financière** : notion qui désigne des infractions, pour certaines répertoriées dans le code pénal* comme les délits d'escroquerie* ou d'abus de confiance, ou la contrefaçon ou la mise en circulation de fausse monnaie prévue et réprimée par les articles 442-1 et 444-2 du code pénal, et pour d'autres envisagées par des textes spéciaux comme le code général des impôts pour la fraude fiscale* ou le code monétaire et financier pour les infractions en matière de chèques. Sont traditionnellement rattachées à la délinquance financière des infractions commises en droit des sociétés* lorsqu'il en est résulté un enrichissement du dirigeant ou des actionnaires comme les abus de biens sociaux ou la distribution de dividendes fictifs prévus et réprimés par des dispositions du code de commerce.

33. **Droits de l'homme** : ensemble de droits et libertés fondamentaux attachés à la qualité d'être humain. Tout Homme peut donc en revendiquer l'exercice indépendamment de son statut social ou de sa nationalité. La vocation universaliste de ces droits est notamment affirmée dans la Déclaration des droits de l'homme et du citoyen de 1789 au terme de laquelle la liberté, la propriété, la sûreté, et la résistance à l'oppression sont considérées comme des droits « naturels » et « imprescriptibles ». Ces grands principes inspirés de la philosophie des Lumières seront par la suite repris dans de nombreux textes nationaux et internationaux comme la Déclaration universelle des droits de l'homme adoptée par l'Assemblée générale des Nations Unies le 10 décembre 1948.

34. **Commission des lois du Sénat** : la Commission des lois constitutionnelles, de législation, du suffrage universel, du règlement et d'administration générale est une des commissions parlementaires du Sénat qui prépare à ce titre les projets et propositions de loi en amont de leur discussion. Depuis la loi constitutionnelle du 23 juillet 2008 de modernisation des institutions de la Ve République, elle peut s'opposer à certaines nominations à des hautes fonctions de l'État lorsque l'addition des votes négatifs en son sein représente au moins trois cinquièmes des suffrages exprimés.

35. **Mission sénatoriale sur le redressement de la justice** : la Commission des lois du Sénat a créé en son sein au mois de juillet 2016, une mission sénatoriale sur « le redressement de la justice », présidée par Philippe Bas, visant à établir un état des lieux du fonctionnement des juridictions et proposer des pistes d'amélioration du service public de la justice* dans l'intérêt des citoyens.

36. **Livre noir du ministère public** : travaux de la Conférence nationale des procureurs de la République* portant sur l'absence de moyens humains et matériels suffisants affectés à la Justice en France, et plus particulièrement s'agissant des services du parquet*. Le manque d'attractivité des fonctions relevant du ministère public* est également souligné, qui doit faire face à une inflation législative très importante depuis plusieurs années.

37. **Assises** : juridiction de jugement* compétente en premier ressort ou en appel (depuis la loi du 15 juin 2000) pour connaître des infractions criminelles. À raison d'une cour d'assises par département, elle est en principe composée de deux catégories de membres délibérant ensemble : d'une part trois magistrats professionnels qui forment la cour, et d'autre part des jurés de jugement non professionnels qui forment le jury, au nombre de six lorsque la cour d'assises statue en premier ressort et de neuf lorsqu'elle statue en appel, tous étant désignés par tirages au sort* à partir des listes électorales. La cour et le jury délibèrent ensemble sur la culpabilité de l'accusé et sur la peine* à lui appliquer s'il est déclaré coupable. Des cours d'assises spéciales sont compétentes pour connaître de certains crimes* contre les intérêts fondamentaux de la nation, des crimes terroristes et des crimes en matière de trafic de stupéfiants. « *Afin de rendre plus rapide le jugement des crimes et de limiter la pratique de la correctionnalisation** », la loi du 23 mars 2019 de programmation 2018-2022 et de réforme pour la justice* a prévu d'expérimenter, à compter du 1er septembre 2019 et pour une durée de trois ans dans sept départements la cour criminelle, composée de cinq magistrats professionnels, pour juger en premier ressort de crimes punis de quinze à vingt ans de réclusion hors hypothèse de récidive légale*.

38. **Verticalisation du greffe** : organisation interne mise en place dans certains services civils ou pénaux d'une juridiction visant à garantir l'unité de traitement par un même agent d'un dossier. Ce mode d'organisation du greffe favorise une meilleure polyvalence des fonctionnaires et fluidifie la gestion de tâches parfois répétitives en diminuant le nombre d'intervenants sur l'enregistrement et l'exploitation d'une procédure.

39. **Association « Ruelle »** : structure qui lutte contre l'exploitation des migrants sur la métropole bordelaise. Le Relais urbain d'échange et de lutte contre l'exploitation développe son action autour de deux axes : un travail de sensibilisation des membres de la société civile et des acteurs locaux susceptibles d'être en contact avec les victimes de traite des êtres humains*, et un accompagnement de ces dernières vers la sortie de l'exploitation et leur (ré)insertion dans la vie civile.

40. **Pédo-pornographie** : terme qui regroupe sur le plan pénal des faits répréhensibles consistant dans l'enregistrement et la diffusion d'images pornographiques représentant des mineurs, ainsi que la consultation ou la détention de telles images par le truchement des services de communication en ligne.

41. **Association « la Mouette »** : association fondée en Lot-et-Garonne par son actuelle présidente Annie Gourgue en 1984, après la disparition et l'assassinat de Magali Forabosco âgée de sept ans. Elle a pour objet l'aide et le soutien aux victimes, la recherche d'enfants disparus et la lutte contre la pédo-pornographie. Ses actions sont déployées en matière de prévention destinée aux mineurs au sein des établissements scolaires, d'accompagnement des victimes mineures et de leurs proches, et de financement de salles d'auditions dites « Mélanie*».

42. **Association « Le Lien »** : centre d'hébergement et de réinsertion sociale qui a pour mission d'assurer l'accueil, le logement, l'accompagnement et l'insertion sociale des personnes ou familles connaissant de graves difficultés (toxicomanes, sortants de prison …) en vue de les aider à accéder et à recouvrer leur autonomie personnelle et sociale. Le tribunal judiciaire* de Libourne a signé au mois de novembre 2018 un protocole avec cette association sur l'hébergement et l'éviction du conjoint violent*.

43. **Convention nationale des avocats** : événement organisé par le Conseil national des barreaux tous les trois ans en partenariat avec un barreau* local choisi sur la base d'un dossier de candidature. Elle rassemble tous les avocats* exerçant sur le territoire national autour d'une conférence plénière, d'ateliers de formation et de moments de confraternité. De nombreux décideurs du monde politique et économique, ainsi que des avocats de pays étrangers et représentants d'organisations internationales, participent à cet événement dont l'objectif est de faire rayonner la profession au-delà de l'institution judiciaire.

44. **Contraventionnalisation de l'usage de stupéfiants** : l'usage de produits stupéfiants est une infraction pénale* réprimée d'un an d'emprisonnement et de 3750 euros d'amende par l'article L. 3421-1 du code de la santé publique. Les juridictions de jugement* peuvent prononcer un stage de sensibilisation aux dangers de l'usage de produits stupéfiants*, stage qui peut être également décidé, par le parquet* dans le cadre d'une mesure de composition pénale* ou d'une ordonnance pénale*. En prévoyant que les simples usagers de produits stupéfiants peuvent être sanctionnés par une amende forfaitaire de 200 euros, la loi du 23 mars 2019 de programmation 2018-2022 et de réforme pour la justice* «déclasse» en réalité cette infraction pénale* en l'intégrant dans le champ contraventionnel.

45. **Stage de sensibilisation aux dangers de l'usage de produits stupéfiants** : sanction pénale ayant pour objet de faire prendre conscience au condamné, ou au mis en cause dans le cadre d'une alternative aux poursuites* ou d'une mesure de composition pénale*, des conséquences pour sa santé et pour la société des conduites addictives en lien avec la prise de produits toxiques. Les frais de stage peuvent être mis à sa charge sans que leur montant n'excède l'amende encourue pour les contraventions de troisième classe (450 euros maximum).

46. **Forfaitisation des peines** : méthode législative consistant à punir l'auteur d'une infraction pénale* par une peine d'amende dont le montant est fixé à l'avance

47. **Impartialité objective** : le principe d'impartialité est une exigence éthique et déontologique inhérente à toute fonction juridictionnelle qui se distingue de l'indépendance du juge qui est un statut de protection du magistrat contre les pouvoirs exécutif et législatif. L'impartialité ne s'entend pas seulement d'une absence apparente de préjugés, mais également d'une ouverture d'esprit aux arguments débattus judiciairement. La loi organique du 8 août 2016 relative aux garanties statutaires, aux obligations déontologiques et au recrutement des magistrats, ainsi qu'au Conseil supérieur de la magistrature* est venue renforcer ce principe en veillant de façon plus stricte à la prévention des situations de conflits d'intérêts susceptibles d'interférer dans les décisions de justice.

48. **Conseil supérieur de la magistrature** (CSM): organe constitutionnel destiné à garantir l'indépendance de l'autorité judiciaire. Le CSM comprend une formation compétente à l'égard des magistrats du siège* présidée par le premier président* de la Cour de cassation*, et une autre pour les magistrats du parquet* présidée par le procureur général* près ladite juridiction. Compétent dans le processus de nomination des magistrats ainsi qu'en matière disciplinaire, le Conseil supérieur de la magistrature se réunit en formation plénière pour répondre aux demandes d'avis formulées par le Président de la République, aux questions de déontologie ou relatives au fonctionnement de l'institution judiciaire posées par le garde des Sceaux*.

49. **Procureur général de la Nation** : ou procureur général* de la République est une institution qui fonctionne dans certains pays européens et qui est responsable de la direction de l'action publique* conduite par les parquets*.

50. **Procureurs du roi** : magistrats chargés à compter de la fin du XIIIe siècle et jusqu'à la Révolution française de défendre les intérêts de la Couronne, son territoire, ses prérogatives financières et sa juridiction au détriment des autres justices (seigneuriales ou ecclésiastiques). Pendant cette même période, et sans avoir le monopole des poursuites pénales, ils participent à la répression des crimes les plus graves dans les juridictions royales au nom de l'intérêt public.

51. **Défense des intérêts de la société** : notion qui désigne l'action du ministère public* visant à restaurer un équilibre rompu par la commission d'une infraction pénale* en décidant d'une réponse adaptée du corps social qu'il représente vis-à-vis de son auteur. En dehors de la sphère répressive, les magistrats du parquet* doivent prendre des décisions avec ce même souci d'application éclairée des principes supérieurs qui sous-tendent les dispositions légales, comme c'est le cas en assistance éducative lorsqu'un mineur est en situation de danger immédiat, en matière commerciale lorsqu'il s'agit de sanctionner un dirigeant indélicat ou en matière civile dans l'hypothèse d'une fraude à la loi.

CHAPITRE 6

DISCOURS DE RENTRÉE SOLENNELLE DE JANVIER 2019 LE PROCUREUR « ARCHITECTE »

1. **Fusion des tribunaux de grande instance et des tribunaux d'instance** : la loi du 23 mars 2019 de programmation 2018-2022 et de réforme pour la justice* et la loi organique du 23 mars 2019 relative au renforcement des juridictions ont organisé, à compter du 1er janvier 2020, la fusion des tribunaux de grande instance* et des tribunaux d'instance*. Lorsque ces deux juridictions sont situées dans une même ville, elles deviennent une juridiction unique dénommée tribunal judiciaire*, et dans le cas contraire le tribunal d'instance devient une chambre du tribunal judiciaire dénommée tribunal de proximité*. En cas de pluralité de tribunaux judiciaires au sein d'un même département, ce dispositif envisage la possibilité d'en spécialiser* un ou plusieurs dans certaines matières.

2. **Administration de la juridiction** : les chefs des tribunaux judiciaires*, président* et procureur de la République*, forment une dyarchie en charge de la gestion administrative de leur juridiction. Ils sont assistés dans le cadre de cette mission, qu'ils exercent respectivement sous le contrôle du premier président* et du procureur général*, par un directeur des services de greffe judiciaires* (et leurs adjoints pour les plus importantes juridictions) et le service administratif régional* rattaché à la cour d'appel*.

3. **Menace** : terme désignant des faits de nature délictuelle comme les menaces de mort « *avec l'ordre de remplir une condition* » prévues et réprimées de trois ans d'emprisonnement et 75 000 euros d'amende par l'article 222-18 alinéa 2 du code pénal, ou de nature contraventionnelle comme les menaces de violences légères punis de 450 euros d'amende (article R. 623-1 du code pénal). Sont par ailleurs spécifiquement envisagés les faits de menace ou d'intimidation sur une « *victime d'un crime* ou d'un délit* à ne pas porter plainte ou à se rétracter* » punis de trois ans d'emprisonnement et de 45 000 euros d'amende (article 434-5 du code pénal).

4. **Chantage** : infraction* de nature délictuelle prévue et réprimée par l'article 312-10 du code pénal de cinq ans d'emprisonnement et de 75 000 euros d'amende, et définie comme le fait d'avoir obtenu ou tenté d'obtenir « *en menaçant de révéler ou d'imputer des faits de nature à porter atteinte à l'honneur ou à la considération, soit une signature, un engagement ou une renonciation, soit la révélation d'un secret, soit la remise de fonds, de valeurs ou d'un bien quelconque* ». Et l'article 312-11 du code pénal de préciser que les peines* sont portées à sept ans d'emprisonnement et 100 000 euros d'amende « *lorsque l'auteur de la menace a mis sa menace à exécution* ».

5. **Infanticide** : meurtre d'un enfant nouveau-né, qui était spécialement incriminé avant la réforme du Code pénal*, et qui entre aujourd'hui dans la circonstance aggravante* plus générale de l'homicide commis sur un mineur de quinze ans. Ce crime* est punissable de la réclusion à perpétuité (article 221-4 alinéa 1 1° du code pénal) assortie éventuellement d'une période de sûreté.

6. **Fraudes sociales** : notion désignant depuis la loi du 23 décembre 2013 soit des escroqueries* aggravées punies de sept ans d'emprisonnement et de 750 000 euros d'amende par l'article 313-2 du code pénal, soit des déclarations mensongères visant à obtenir d'une administration publique ou d'un organisme de protection sociale « *une allocation, une prestation, un paiement ou un avantage indu* » punies de deux ans d'emprisonnement et 30 000 euros d'amende (article 441-6 du code pénal). Les fraudes sociales font l'objet d'un suivi particulier au niveau départemental dans le cadre des comités opérationnels de lutte anti-fraude*. Les parquets de Bordeaux et de Libourne ont signé en novembre 2017 avec le conseil départemental de la Gironde, la caisse d'allocations familiales et la caisse de mutualité sociale agricole une convention visant à décliner une politique concertée de lutte contre la fraude aux prestations familiales et sociales.

7. **Blanchiment** : délit* constitué par le fait, soit de « *faciliter par tout moyen la justification mensongère de l'origine des profits pécuniaires obtenus par l'auteur d'un crime* ou d'un délit** », soit « *d'apporter son concours à une opération de placement, dissimulation ou conversion du produit de l'une de ces infractions** ». Les faits de blanchiment prévus et réprimés par l'article 324-1 du code pénal sont punis d'une peine* pouvant aller jusqu'à dix ans d'emprisonnement, selon le crime ou le délit principal objet du blanchiment, et sont susceptibles de donner lieu à des saisies confiscatoires avant jugement*.

8. **Aide au séjour irrégulier** : délit puni de 5 ans d'emprisonnement et 30 000 euros d'amende par le code de l'entrée et du séjour des étrangers et du droit d'asile. Cette infraction pénale* créée pour lutter contre les réseaux organisés dans le but de favoriser l'immigration clandestine, peut être liée à des faits d'emploi d'étrangers sans titre de travail, voire pour les faits les plus graves de traite des êtres humains* en bande organisée*.

9. **Personne dépositaire de l'autorité publique** : personne qui détient un pouvoir de décision ou de contrainte sur des individus ou des biens dans l'exercice de ses fonctions. La personne dépositaire de l'autorité publique est considérée comme étant titulaire par délégation, permanente ou temporaire, d'une parcelle de la puissance publique dans un État de droit*. Il s'agit principalement de l'ensemble des personnels rattachés aux services de sécurité intérieure* dont les policiers municipaux, sous réserve de l'étendue des missions qui leur sont confiées par le maire. Les agents de l'administration pénitentiaire, et ceux dont le statut prévoit expressément une délégation d'autorité publique, sont considérés comme des personnes bénéficiant de cette qualité qui est une cause d'aggravation de la prévention et de la répression pénale quand ils sont auteurs ou victimes d'une infraction*.

10. **Tirage au sort** : désignation résultant d'un processus aléatoire. Les jurés de la cour d'assises* sont des citoyens tirés au sort sur des listes électorales. Une commission spéciale placée auprès de chaque cour d'assises (une par département) établit la liste annuelle des jurés et la liste spéciale des jurés suppléants. Pour chaque session d'assises, les présidents des tribunaux judiciaires* et de la cour d'appel* tirent au sort publiquement à partir de la liste annuelle, trente-cinq jurés pour former la liste de session et dix jurés suppléants pour former la liste spéciale. Pour siéger dans la formation du jury de jugement (six en première instance et neuf en appel), un dernier tirage au sort est opéré dans une urne où le nom de chaque juré de la liste de session est inscrit.

11. **Hospitalisation sous contrainte** : procédure visant au placement d'une personne dans un établissement psychiatrique qui peut intervenir soit d'office sur décision du préfet s'appuyant sur un rapport médical circonstancié lorsque l'aliéné compromet l'ordre public ou la sûreté des personnes, soit à la demande d'un tiers (famille, entourage) à la double condition que la maladie mentale impose des soins immédiats et une surveillance en milieu spécialisé, et que le malade soit hors d'état de consentir à son hospitalisation. C'est le juge des libertés et de la détention* qui est, depuis la réforme du 5 juillet 2011, le garant du processus judiciaire en matière de soins psychiatriques imposés à une personne.

12. « **Insup formation** » : organisme de formation associatif qui a pour objet la réalisation d'activités éducatives, culturelles, sociales et professionnelles qui s'inscrivent dans le cadre de la formation permanente. Cette structure dont le siège social est à Bordeaux, et dont l'une des huit délégations territoriales se situe en Haute-Gironde près de la commune de Blaye, pilote également des dispositifs d'insertion de personnes qui connaissent des difficultés dans le monde du travail.

13. **Saisies confiscatoires avant jugement** : opération visant à placer sous main de justice* un bien afin de garantir l'exécution de la peine complémentaire de confiscation lorsqu'elle est prévue par l'article 131-21 du code pénal. La décision de saisie est prise au cours d'une enquête sur requête du ministère public* par le juge des libertés et de la détention*, ou au cours d'une information judiciaire* dans les mêmes conditions par le juge d'instruction*.

14. **Travail d'intérêt général** (TIG) : peine* pouvant se substituer à un emprisonnement à titre de sanction principale qui consiste pour le condamné, qui doit en accepter le principe, à effectuer au profit d'une collectivité ou d'une association habilitée, un travail d'une durée comprise, depuis la loi du 23 mars 2019 de programmation 2018-2022 et de réforme pour la justice* entre 20 et 400 heures, dans un délai qui ne peut excéder 18 mois (articles 131-8 et 131-22 du code pénal). Elle peut être utilisée également comme une modalité d'exécution d'un sursis probatoire prononcé par la juridiction de jugement* comportant l'obligation d'accomplir un TIG, ou comme peine complémentaire pour une contravention de cinquième classe* pour une durée de 20 à 120 heures (article 131-7 alinéa 2 du code pénal). L'article 20-5 de l'ordonnance du 2 février 1945 sur la délinquance juvénile précise que les dispositions relatives au travail d'intérêt général et au sursis-TIG sont *applicables aux mineurs âgés de seize à dix-huit ans au moment de la décision* (du tribunal pour enfants) *lorsqu'ils étaient âgés d'au moins treize ans à la date de la commission de l'infraction** ».

15. **Permanence des avocats** : les barreaux* ont organisé au sein de chaque tribunal judiciaire*, des systèmes d'astreinte visant à assurer la défense de personnes mises en cause dans le cadre de procédures pénales d'urgence ou lorsque la loi prévoit l'assistance obligatoire d'un avocat*. Ces permanences, qui peuvent faire l'objet d'un protocole avec les chefs de juridiction, sont parfois étendues au soutien des intérêts des victimes d'infractions pénales* qui peuvent prétendre à l'aide juridictionnelle* ainsi qu'au droit des étrangers et aux hospitalisations sous contrainte*.

16. **Secrétariat commun** : structure composée d'un fonctionnaire chargé dans les tribunaux judiciaires* de petite ou moyenne importance en volume d'activités de tâches principalement administratives confiées par le président*, le procureur de la République* et le directeur des services de greffe judiciaires*. Outre l'enregistrement et la diffusion des courriers en provenance de la cour d'appel* de Bordeaux, le secrétariat commun de la juridiction de Libourne avait notamment pour mission la gestion des dossiers administratifs des magistrats, la tenue des plannings des audiences civiles et pénales, ainsi que la préparation de dossiers de candidature aux fins d'inscription sur des listes spéciales ou le suivi de certains professionnels en lien avec l'institution judiciaire (experts*, conciliateurs civils, délégués du procureur*, officiers ministériels, enquêteurs sociaux...).

17. **Projet de juridiction** : le décret du 26 avril 2016 relatif à l'organisation judiciaire, aux modes alternatifs de résolution des litiges et à la déontologie des juges consulaires* prévoit à l'initiative des chefs de juridiction, en concertation avec les magistrats et l'ensemble des personnels du tribunal, l'élaboration d'un projet de juridiction qui est défini « *en prenant en compte les spécificités du ressort, des objectifs à moyen terme visant à améliorer le service rendu au justiciable et les conditions de travail, dans le respect de l'indépendance juridictionnelle* » (article R. 212-63 du code de l'organisation judiciaire).

18. **Article 66 de la constitution** : « *Nul ne peut être arbitrairement détenu. L'autorité judiciaire, gardienne de la liberté individuelle, assure le respect de ce principe dans les conditions prévues par la loi.* »

19. **Éviction du conjoint violent** : la loi du 4 avril 2006 relative à la prévention et à la répression des violences au sein du couple a prévu à tous les stades de la procédure l'éloignement éventuel de l'agresseur. Ce dispositif initial a été renforcé en 2010 par l'ordonnance de protection qui peut être délivrée en urgence par le juge aux affaires familiales*. La loi du 28 décembre 2019* prévoit également qu'en cas d'infraction pénale* sanctionnée d'au moins trois ans d'emprisonnement commise par le conjoint, le concubin ou le partenaire lié par un pacte civil de solidarité, « *y compris lorsqu'ils ne cohabitent pas* » ou sont séparés, la juridiction de jugement* peut « *à la demande ou avec le consentement exprès de la victime* », prononcer dans le cadre d'un sursis probatoire une interdiction s'agissant du condamné de « *se rapprocher de la victime à moins d'une certaine distance fixée par la décision* ». Afin d'assurer l'effectivité de cette mesure l'article 132-45-1 2° du code pénal envisage la possibilité d'astreindre l'auteur des violences au port d'un « *bracelet intégrant un émetteur permettant à tout moment de déterminer à distance sa localisation sur l'ensemble du territoire national et permettant de déterminer s'il s'approche de la victime à qui a été attribué un dispositif électronique permettant également de déterminer sa localisation* ». Par ailleurs des protocoles ont été signés localement entre l'institution judiciaire et des structures associatives aux fins d'hébergement et/ou de prise en charge thérapeutique d'un mis en cause poursuivi pour des faits de cette nature. C'est le cas du tribunal judiciaire de Libourne sur la base d'une convention signée au mois de novembre 2018 avec l'association « Le Lien » en incluant un accompagnement social et sanitaire de l'auteur dans le cadre d'un contrôle judiciaire*.

20. **Contrôle judiciaire** : mesure restrictive de liberté consistant à astreindre une personne mise en examen* ou poursuivie par le parquet* devant une juridiction de jugement* selon la procédure de comparution immédiate*, de convocation par procès-verbal* ou de comparution à délai différé introduite par la loi du 23 mars 2019 de programmation 2018-2022 et de réforme pour la justice* à se soumettre à une ou plusieurs obligations limitativement énumérées par l'article 138 du code de procédure pénale (répondre aux convocations, remettre son permis de conduire, interdiction d'entrer en contact avec certaines personnes, se soumettre à des mesures d'examen ou de soins…). En cas de non-respect de l'une ou plusieurs des obligations qui ont été fixées pour les nécessités de l'instruction ou à titre de mesure de sûreté, le contrôle judiciaire peut être révoqué et la détention provisoire* décidée après un débat contradictoire devant le juge des libertés et de la détention*.

21. **Justice restaurative** : inspiré par des programmes déclinés à l'étranger, en particulier au Québec, ce dispositif est susceptible d'être proposé à l'auteur et à la victime d'une infraction pénale*, sous réserve que les faits aient été reconnus, à tous les stades de la procédure y compris au moment de l'exécution de la peine. Mise en œuvre par un tiers indépendant sous le contrôle de l'autorité judiciaire, la justice restaurative prévue par l'article 10-1 du code de procédure pénale a pour objet la réparation des préjudices causés par des faits pénalement répréhensibles en y associant étroitement les deux protagonistes de l'affaire : auteur et victime. Les tribunaux judiciaires* de Bordeaux et de Libourne ont signé en juin 2019 avec l'association du « Prado » et la Protection judiciaire de la jeunesse une convention de partenariat relative à la démarche de justice restaurative.

22. **Département immobilier** : service rattaché au Secrétariat général du ministère de la Justice* qui élabore et coordonne, en liaison avec les autres directions de la Chancellerie*, la stratégie et la politique immobilière du ministère de la Justice, à l'exception des opérations concernant l'administration pénitentiaire.

23. **Inspection générale de la justice** : elle regroupe depuis le 1er janvier 2017 les missions dévolues précédemment aux différents services d'inspection du ministère (services judiciaires, administration pénitentiaire, Protection judiciaire de la jeunesse*). L'Inspection générale de la justice a pour fonction de contrôler, évaluer et conseiller l'ensemble des organismes, directions, établissements et services du ministère de la Justice et des juridictions de l'ordre judiciaire, ainsi que les personnes morales de droit public soumises à la tutelle de la Chancellerie* ou bénéficiant de financements publics auxquels contribuent les programmes du ministère de la Justice.

24. **Gazette du palais** : revue juridique hebdomadaire fondée en 1881, spécialisée dans l'analyse et la veille juridique. Propriété des éditions Lextenso, elle assure également pour les professionnels concernés les formalités auprès des greffes et la publication des annonces légales.

25. **Atteintes à l'environnement** : notion désignant des délits* et des contraventions prévus et réprimés par le code pénal comme l'abandon d'épave d'un véhicule (article R. 635-8) ou par le code de l'environnement comme la pollution de cours d'eau, canal, ruisseau entraînant des dégâts piscicoles (article L. 432-2), la destruction ou le commerce d'espèces animales ou végétales protégées (article L. 415-3) ou l'exploitation sans autorisation ou enregistrement préalable d'une installation classée pour la protection de l'environnement (L. 173-1 I). Les parquets de Bordeaux et de Libourne ont signé en février 2017 avec le préfet de la région Nouvelle-Aquitaine, l'Agence française de la biodiversité et l'Office national de la chasse et de la faune sauvage un protocole relatif au traitement des atteintes à l'environnement.

26. **Habitat indigne** : notion désignant des locaux ou installations utilisés aux fins d'habitation qui sont impropres par nature à cet usage, ainsi que les logements dont l'état expose ses occupants à des risques manifestes pour leur sécurité physique ou leur santé. Sur le plan de la répression, les bailleurs, plus communément appelés dans cette hypothèse « marchands de sommeil », qui soumettent une personne à des conditions d'hébergement incompatibles avec la dignité humaine encourent jusqu'à cinq ans d'emprisonnement et 150 000 euros d'amende (article 225-14 du code pénal).

27. **Harcèlement** : le Code pénal* distingue plusieurs types de harcèlement se caractérisant par des propos ou comportements répétés ayant pour objet ou pour effet une dégradation des conditions de vie de la victime se traduisant par une altération de sa santé physique ou psychique. Il peut s'agir de harcèlement moral sur conjoint, concubin ou partenaire d'un PACS avec des peines encourues pouvant aller jusqu'à cinq ans d'emprisonnement et 75 000 euros d'amende si elles ont causé *« une incapacité totale de travail supérieure à huit jours »* (article 222-33-2-1 du code pénal), de harcèlement au travail puni et réprimé de deux ans d'emprisonnement et 30 000 euros d'amende par l'article 222-33-2 du code pénal ou de harcèlement dans le cadre scolaire pouvant prendre la forme d'humiliations, d'insultes et plus récemment de « cyber-intimidations » en utilisant les réseaux sociaux pour nuire à un enfant ou un adolescent. Dans ce dernier cas, et si la victime est âgée de moins de quinze ans, les peines encourues sont de trois ans d'emprisonnement et 45 000 euros d'amende (article 222-33-2-2 du code pénal).

CONCLUSION

LE PROCUREUR « FUNAMBULE »

1. **Spécialisation des tribunaux judiciaires** : l'article 95-1 de la loi du 23 mars 2019 de programmation 2018-2022 et de réforme pour la justice* prévoit que les tribunaux judiciaires* situés dans un même département pourront se spécialiser dans certaines matières comme les baux commerciaux, la responsabilité médicale ou la construction immobilière. De la même façon, un décret du 11 décembre 2019 liste les matières pouvant faire l'objet d'une spécialisation des cours d'appel*. Dans le domaine pénal l'article nouveau L211-9-3 du code de l'organisation judiciaire* prévoit également sur des mêmes critères de « *volume des affaires concernées et de la technicité de ces matières* » que les tribunaux judiciaires situés dans un même département pourront se spécialiser pour certains délits* et contraventions relevant notamment du code du travail*, de l'environnement et de l'urbanisme ou du droit de la consommation.

2. **Conseil national des barreaux** : organisme collégial chargé de représenter auprès des pouvoirs publics la profession d'avocat*, de veiller à l'harmonisation des règles régissant son exercice ainsi qu'à la formation de ces auxiliaires de justice*.

3. **Cour des comptes** : juridiction administrative chargée de juger les comptes des comptables publics, sous réserve de la compétence en premier ressort des chambres régionales et territoriales des comptes. Elle remplit également des fonctions administratives comme le contrôle de la sécurité sociale. La Cour des comptes a rédigé une enquête basée sur une approche méthodologique des coûts de la justice dont les conclusions ont été publiées au mois de janvier 2019 et au terme de laquelle il est noté que la performance* des juridictions judiciaires s'est globalement dégradée alors que les moyens affectés au ministère de la Justice étaient en augmentation constante depuis 2013.

4. **Commission des lois de l'Assemblée nationale** : la Commission des lois constitutionnelles, de la législation et de l'administration générale de la République est une des huit commissions permanentes de l'Assemblée nationale qui prépare à ce titre les projets et propositions de loi en amont de leur discussion. Depuis la loi constitutionnelle du 23 juillet 2008 de modernisation des institutions de la Ve République, elle peut s'opposer à certaines nominations à des hautes fonctions de l'État lorsque l'addition des votes négatifs en son sein représente au moins trois cinquièmes des suffrages exprimés.

5. **Loi de finances** : dispositions budgétaires portant sur la nature, le montant et l'affectation des ressources et des charges de l'État.

6. **Contrôleur général des lieux de privation de liberté** : autorité administrative indépendante chargée de veiller au respect des droits fondamentaux des personnes privées de liberté. Le contrôleur général des lieux de privation de liberté peut être saisi par des autorités politiques et administratives, mais également par toute personne privée de liberté ou proche de cette dernière. Le contrôle opéré doit alors porter sur la compatibilité des conditions de prise en charge des personnes privées de liberté avec le respect de leurs droits fondamentaux relativement à la spécificité de leur situation. Les contrôles réalisés donnent ensuite lieu à la rédaction d'avis et de recommandations aux autorités étatiques. Le contrôleur général rédige tous les ans un rapport d'activité public adressé au Président de la République et au Parlement.

7. **Question prioritaire de constitutionnalité** (QPC) : moyen soutenu à l'occasion d'une instance en cours devant une juridiction, selon lequel une disposition législative porterait atteinte aux droits et libertés que la Constitution garantit, et instauré par la réforme constitutionnelle du 23 juillet 2008 (article 61-1 de la Constitution). Le Conseil constitutionnel* est compétent pour trancher la QPC, sur renvoi du Conseil d'État ou de la Cour de cassation*, juridictions qui assurent un rôle de filtrage, la question étant soumise à des conditions de recevabilité. Le Conseil constitutionnel* statue alors dans un délai de trois mois, et peut censurer une disposition, c'est- à-dire l'abroger, et la rendre inapplicable aux litiges en cours et postérieurs. Il peut également aménager les effets de sa décision dans le temps, notamment pour laisser le législateur modifier le dispositif censuré.

8. **Article 723-16 alinéa 1 du code de procédure pénale** : « *Par dérogation aux dispositions de l'article 723-15, en cas d'urgence motivée soit par un risque de danger pour les personnes ou les biens établi par la survenance d'un fait nouveau, soit par l'incarcération de la personne dans le cadre d'une autre procédure, soit d'un risque avéré de fuite du condamné, le ministère public* peut mettre la peine à exécution en établissement pénitentiaire.* »

9. **Principe du contradictoire** : principe directeur du procès, repris dans l'article préliminaire du code de procédure pénale, en vertu duquel sur le plan répressif, nul individu ne peut être condamné sans avoir été entendu ou, à tout le moins, appelé. Il impose au juge de veiller à ce que tous les éléments du litige fassent l'objet d'un débat entre les parties. Pilier du procès équitable, la Cour européenne des droits de l'homme a pu le définir dans une décision rendue le 29 mai 1986 (Feldbrugge c/ Pays-Bas) comme « *une des principales garanties d'une procédure judiciaire* ». Ce principe à valeur constitutionnelle irrigue la phase de jugement, et de manière plus actuelle, la phase préalable au procès pénal (loi du 5 mars 2007 pour l'instruction préparatoire et loi du 3 juin 2016 pour l'enquête de flagrance* ou préliminaire* dirigée par le procureur de la République*).

10. **Intérêt supérieur de l'enfant** : notion qui a été introduite par la convention internationale des droits de l'enfant du 20 novembre 1989 (article 3-1). Si le Doyen Carbonnier a pu la qualifier de notion « *insaisissable* », elle offre aux magistrats qui s'y réfèrent une certaine souplesse dans les décisions rendues notamment en matière familiale ou dans le domaine de l'assistance éducative* en ce que ce standard juridique transcende tous les autres intérêts en présence.

11. **Sanctions commerciales** : mesures visant à exclure du monde de l'entreprise des gérants de sociétés insuffisamment diligents, voire malhonnêtes. Le procureur de la République* partage avec le mandataire judiciaire* la faculté de saisir le tribunal de commerce* aux fins d'engager la responsabilité individuelle du dirigeant pour insuffisance d'actif dans le cadre d'une procédure de liquidation judiciaire ou d'obtenir des sanctions professionnelles à son encontre devant la juridiction consulaire (faillite personnelle ou interdictions de diriger, gérer, administrer ou contrôler une entreprise pour une durée de 15 ans maximum). À ces sanctions commerciales peuvent s'ajouter ou être privilégiées des poursuites pénales devant le tribunal correctionnel* en cas de banqueroute caractérisée par le fait pour un dirigeant, dans le cadre d'une procédure collective* de redressement ou de liquidation judiciaire, d'avoir notamment « *détourné ou dissimulé tout ou partie de l'actif du débiteur* », d'avoir « *frauduleusement augmenté le passif du débiteur* » ou d'avoir « *tenu une comptabilité manifestement incomplète ou irrégulière au regard des dispositions légales* » (L. 654-2 et L. 654-3 du code de commerce).

12. **Infractions en droit des sociétés** : manquements à la législation relative à la constitution des sociétés et à leur fonctionnement (distribution de dividendes fictifs, élaboration et présentation inexacte des comptes de l'entreprise, abus de biens sociaux, banqueroute...) réprimés pénalement. L'article L. 820-7 du code de commerce incrimine par ailleurs la non-révélation, par le commissaire aux comptes, de faits délictueux dont il a eu connaissance dans le cadre de sa mission au procureur de la République* ou le fait de « *donner ou confirmer des informations mensongères sur la situation de la personne morale* » dont il est chargé de certifier les comptes.

13. **Prétoire** : salle d'audience des cours et des tribunaux.

14. **Principes de délicatesse et de modération** : dans le cadre de leur exercice professionnel, les avocats sont soumis, comme les magistrats, à certaines règles déontologiques* dont cinq découlent de leur prestation de serment* (dignité, conscience, indépendance, probité et humanité). D'autres principes régissent cette profession qui ont été formalisés par le Conseil national des Barreaux* en 2005 dont l'honneur, la loyauté, le désintéressement, la confraternité, la délicatesse, la modération et la courtoisie. S'agissant des relations avec leurs clients ils doivent également faire preuve de compétence, de dévouement, de diligence et de prudence. Le principe de délicatesse suppose pour l'avocat de s'abstenir de toute mise en cause personnelle envers un représentant du service public de la justice et le principe de modération renvoie à des propos et des écritures éloignés de tout excès.

15. **Obligations déontologiques** : ensemble des principes éthiques qui guident et régissent la conduite à tenir par les membres d'une profession. S'agissant des magistrats de l'ordre judiciaire, le respect de ces règles est assuré par le Conseil supérieur de la magistrature* qui dispose de la possibilité de sanctionner disciplinairement des comportements fautifs répertoriés dans un recueil des obligations déontologiques, dont la refonte a été présentée par le Conseil supérieur de la magistrature le 29 janvier 2019 et annexé à son rapport d'activité de l'année 2018. Les grands principes qui doivent structurer le comportement des magistrats sont l'indépendance, l'impartialité, l'intégrité, la loyauté, la conscience professionnelle, la dignité, le respect et l'attention portée à autrui, la réserve et la discrétion.

16. **Conseil de juridiction** : le décret du 26 avril 2016 relatif à l'organisation judiciaire, aux modes alternatifs de résolution des litiges et à la déontologie des juges consulaires* a créé le conseil de juridiction, présidé par le président* du tribunal judiciaire* et le procureur de la République* qui se réunit au moins une fois par an. Et l'article R. 212-64 du code de l'organisation judiciaire de préciser qu'il s'agit d'un « *lieu d'échanges et de communication entre la juridiction et la cité* ».

17. **Réforme des peines** : dispositions issues de la loi du 23 mars 2019 de programmation 2018-2022 et de réforme pour la justice* dont l'entrée en vigueur est prévue le 24 mars 2020 et visant notamment à interdire le prononcé d'une peine d'emprisonnement inférieure ou égale à un mois ainsi qu'à faciliter l'aménagement des condamnations privatives de liberté dès le stade de l'audience de jugement avec la création de la détention à domicile sous surveillance électronique d'une durée de 15 jours à 6 mois ainsi que de la peine de sursis probatoire qui regroupe la contrainte pénale*, le sursis avec mise à l'épreuve* et le sursis avec l'obligation d'accomplir un travail d'intérêt général*. Dans la perspective également de renforcer le parcours de peine du condamné, une Agence du travail d'intérêt général et de l'insertion professionnelle en milieu ouvert* et en détention a été instituée par ce nouveau dispositif.

18. **Juridiction nationale chargée de la lutte contre la criminalité organisée** (JUNALCO) : la loi du 23 mars 2019 de programmation 2018-2022 et de réforme pour la justice* confère au tribunal judiciaire et à la cour d'assises* de Paris une compétence nationale concurrente (article 706-75 alinéa 4 du code de procédure pénale) pour les affaires dites de « *très grande complexité, en raison notamment du ressort géographique sur lequel elles s'étendent* ». Les crimes* et les délits* visés sont ceux listés, sauf exceptions limitativement énumérées, par les articles 706-73, 706-73-1 et 706-74 du code de procédure pénale. La JUNALCO exerce des compétences pour partie partagées avec celles du pôle national financier comme la fraude fiscale en bande organisée* ou le blanchiment aggravé de faits d'atteintes à la probité*, et avec celles des juridictions interrégionales spécialisées* qui sont saisies pour des affaires dites de « grande complexité ». Les critères présidant à la définition de la notion de « très grande complexité » ont trait à l'envergure nationale ou internationale du dossier, au nombre important de protagonistes impliqués comme auteurs ou victimes et à l'extrême complexité ou technicité des faits sur lesquels portent les investigations.

19. **Code de justice pénale des mineurs** : une ordonnance du 11 septembre 2019 prise en application de la loi du 23 mars 2019 de programmation 2018-2022 et de réforme pour la justice* a prévu l'entrée en vigueur de nouvelles dispositions devant se substituer à l'ordonnance du 2 février 1945* s'agissant des règles applicables aux mineurs délinquants. Est maintenu le principe d'une atténuation de la responsabilité pénale des auteurs d'infractions âgés de moins de 18 ans au moment des faits, ainsi que celui de la primauté des mesures dites éducatives sur les mesures répressives. Le code de justice pénale des mineurs organise par ailleurs un processus pénal divisé en trois phases : une phase d'examen de culpabilité, une période de mise à l'épreuve éducative et une audience de jugement.

20. **Loi du 28 décembre 2019** : dispositif législatif mis en place à la suite des travaux issus du Grenelle sur les violences conjugales et visant à agir plus efficacement contre le fléau des féminicides* et plus largement des atteintes à l'intégrité physique et psychologique au sein de la famille. Elle renforce notamment le recours à l'ordonnance de protection qui est un mécanisme civil permettant d'écarter le conjoint violent* du domicile familial, et de limiter ou de supprimer les contacts avec la victime. 3352 ordonnances de protection ont été prononcées en France en 2018 par les juges aux affaires familiales* qui peuvent désormais les délivrer en urgence « *lorsque les violences exercées au sein du couple mettent en danger la personne qui en est victime, un ou plusieurs enfants* ». Dans ce cadre le juge aux affaires familiales peut sur le fondement de l'article 515-11-1 du code civil prévoir la mise en place d'un dispositif électronique mobile « anti-rapprochement » entre les deux ex-conjoints, concubins ou partenaires liés par un pacte civil de solidarité. Le recours au « téléphone grave danger* » est également favorisé par cette loi qui en élargit les conditions d'attribution par le procureur de la République*.

21. **Féminicide** : terme désignant le meurtre d'une femme en raison de son genre.

22. **Droit commun** : Ensemble de règles applicables aux situations juridiques qui ne sont pas régies par des règles spécifiques. Le droit commun s'applique donc « par défaut », c'est-à-dire en l'absence de toute règle particulière applicable au cas d'espèce. Inversement en présence d'une règle de droit spécial, le droit commun est inapplicable en vertu de l'adage « Le droit spécial déroge au droit général. »

23. **Commission « Justice pénale et droits de l'homme »** : instituée par arrêté du garde des Sceaux Pierre Arpaillange au mois d'octobre 1988 elle a rendu plusieurs études entre son installation et le mois de juin 1990 portant sur « la détention provisoire* », « les principes directeurs de législation pénale », « les Communautés européennes et la Convention européenne de sauvegarde des droits de l'homme », « un espace social européen assorti de sanctions pénales », « l'application des peines privatives de liberté » et « la mise en état des affaires pénales ».

24. **Cour de justice de l'Union européenne** : organe juridictionnel de l'Union européenne, anciennement dénommé Cour de justice des Communautés européennes, institué pour assurer l'application uniforme du droit s'agissant de l'application des traités dans tous les pays membres de l'UE. Elle est composée de juges nommés pour six ans par les gouvernements des États qui examinent les différends juridiques opposant les gouvernements des États membres et les institutions de l'Union européenne.

25. **Mandat d'arrêt européen** : décision judiciaire émanant d'un État membre de l'Union européenne, en vue de l'arrestation et de la remise, par un autre État membre, d'une personne recherchée pour l'exercice de poursuites pénales ou pour l'exécution d'une peine* ou d'une mesure de sûreté privative de liberté.

26. **Conseil de discipline** : organe chargé soit d'infliger une sanction aux membres d'un corps professionnel qui ont manqué à leurs obligations, soit d'émettre un avis pour le compte de l'autorité hiérarchique qui a le pouvoir d'infliger cette sanction. Dans sa formation compétente pour les magistrats du parquet* le Conseil supérieur de la magistrature* ne rend que des avis en matière disciplinaire qui peuvent ne pas être suivis par le garde des Sceaux*. Le transfert du pouvoir disciplinaire au Conseil supérieur de la magistrature constituerait une garantie d'indépendance supplémentaire pour les membres du ministère public* dont le régime de sanctions serait ainsi aligné sur celui des magistrats du siège*.

27. **Article 31 du code de procédure pénale** : « *Le ministère public* exerce l'action publique* et requiert l'application de la loi, dans le respect du principe d'impartialité auquel il est tenu.* »

28. **Prestation de serment** : engagement solennel pris par une autorité ou par un membre de certaines professions de remplir fidèlement les devoirs de leur charge ou de leur état.

29. **Parquet européen** : instance supranationale indépendante créée par le règlement 2017/1939 du Conseil de l'Europe le 12 octobre 2017 et dont le siège se trouve à Luxembourg. Associant 22 États membres de l'Union européenne ce parquet aura le pouvoir d'enquêter et d'engager des poursuites concernant des infractions portant atteinte aux intérêts financiers de l'UE telles que la fraude transfrontalière à la TVA ou le blanchiment* de capitaux. S'agissant de la France, il est prévu que le procureur européen délégué pour les affaires relevant de ces attributions soit rattaché au tribunal judiciaire* de Paris.

30. **Corps judiciaire** : ensemble des magistrats de l'ordre judiciaire ainsi que des auditeurs de justice* soumis à des règles communes édictées par l'ordonnance du 22 décembre 1958 portant loi organique relative au statut de la magistrature. L'article 1er précise que le corps judiciaire comprend tous les magistrats du siège* et du parquet* exerçant en juridiction, à l'administration centrale du ministère de la Justice ou à l'Inspection générale de la justice*, ainsi que les auditeurs de justice*. Les juges élus ou nommés des conseils de prud'hommes, des tribunaux de commerce*, des tribunaux des affaires de sécurité sociale et des tribunaux paritaires des baux ruraux ne sont pas membres du corps judiciaire.

31. **État de nécessité** : situation d'une personne qui ne peut sauvegarder ses intérêts légitimes, ceux d'autrui ou d'un bien qu'en commettant un acte réprimé par la loi. L'article 122-7 du code pénal conditionne la prise en compte de l'état de nécessité comme fait justificatif supprimant l'infraction* en énonçant que « *n'est pas pénalement responsable la personne qui, face à un danger actuel ou imminent qui menace elle-même, autrui ou un bien, accomplit un acte nécessaire à la sauvegarde de la personne ou du bien, sauf s'il y a disproportion entre les moyens employés et la gravité de la menace* ».

32. **Procès de Bobigny de 1972** : Procès successifs d'une jeune fille mineure, en octobre 1972, et de quatre femmes majeures, en novembre de la même année, qui se sont tenus à Bobigny. Il s'agissait alors de juger une jeune fille violée ayant avorté avec l'aide de sa mère lorsque ces faits relevaient encore d'une qualification pénale. Cette affaire fut largement médiatisée et prit une tournure politique qui aboutit à la signature d'un manifeste par 343 femmes ayant elles-mêmes avorté. Les procès de Bobigny, de par l'émoi qu'ils ont suscité dans l'opinion, constituent une étape marquante dans la dépénalisation et la légalisation de l'avortement par la loi Veil promulguée le 17 janvier 1975.

33. **Crime contre l'humanité** : infraction juridiquement consacrée en 1945 par le statut du Tribunal international de Nuremberg dont l'objectif était de juger les responsables des crimes commis au cours de la Seconde guerre mondiale par le régime nazi. Cette incrimination, introduite dans le nouveau Code pénal* entré en vigueur en 1994, intègre dans la catégorie des crimes contre l'humanité le génocide (article 211-1 du code pénal) et une série d'actes (meurtre, extermination, réduction en esclavage, déportation ou transfert forcé ...) commis « *en exécution d'un plan concerté à l'encontre d'un groupe de population civile dans le cadre d'une attaque généralisée ou systématique* » et inspirés par des motifs politiques, philosophiques, raciaux ou religieux. Les crimes contre l'humanité sont par nature imprescriptibles s'agissant de la mise en mouvement de l'action publique* et de l'exécution des peines* prononcées par la juridiction compétente pour en connaître.

34. **Article 64 de la Constitution** : « *Le Président de la République est garant de l'indépendance de l'autorité judiciaire. Il est assisté par le Conseil supérieur de la magistrature. Une loi organique porte statut des magistrats. Les magistrats du siège sont inamovibles.* »

35. **Article 33 du code de procédure pénale** : si les magistrats du parquet* sont soumis au principe hiérarchique, l'article 33 du code de procédure pénale autorise chacun d'entre eux à développer à l'audience « *librement les observations orales qu'il croit convenables au bien de la justice* ». Ce principe, consacré dans l'adage « *la plume est serve, mais la parole est libre* », permet au parquetier de faire connaître un avis contraire à des instructions écrites de poursuites de sa hiérarchie. Ainsi chaque membre du ministère public* retrouve à l'audience toute l'indépendance qu'il tient de sa qualité de magistrat.

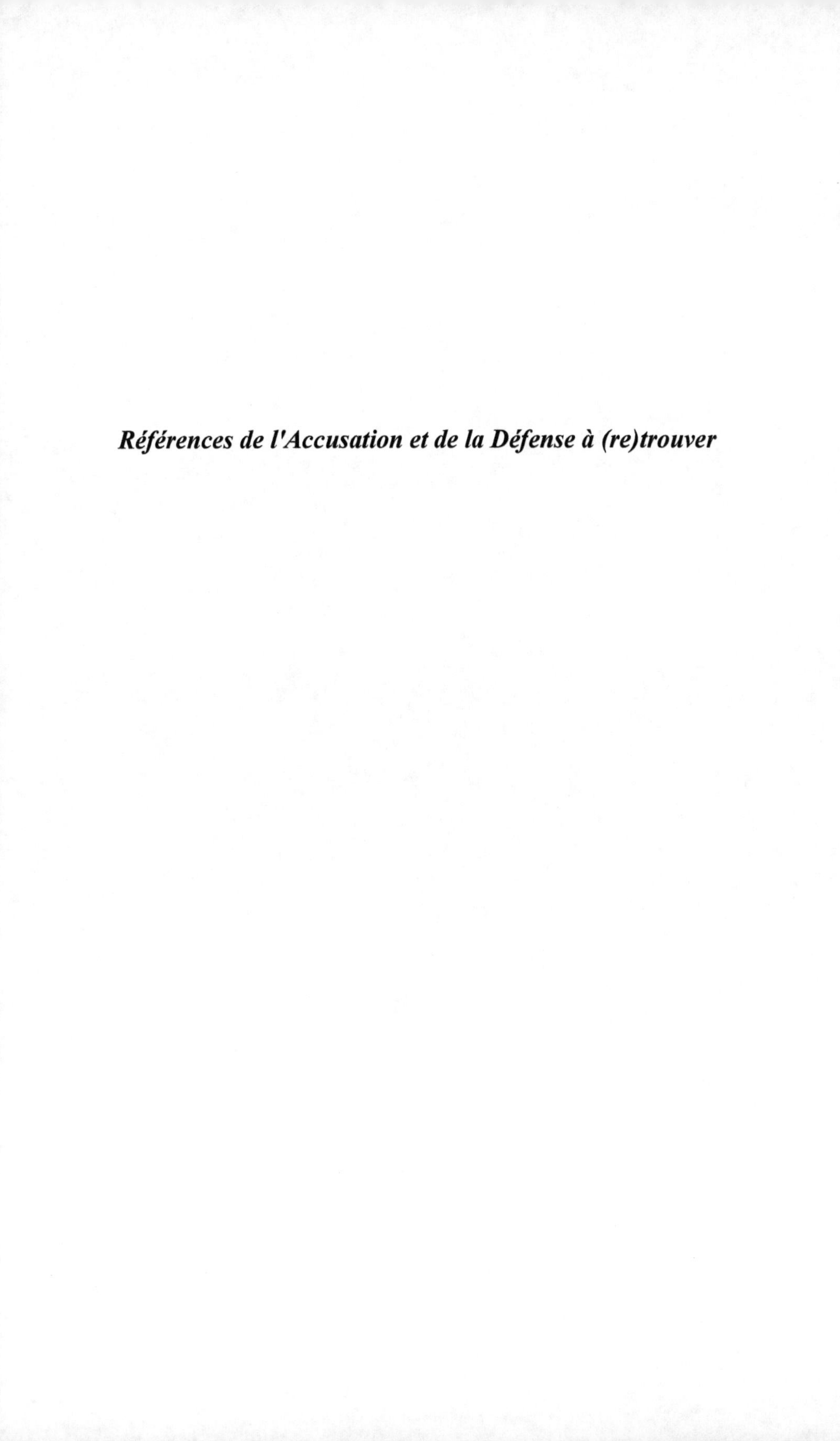

Références de l'Accusation et de la Défense à (re)trouver

ALLIOT Marie-Madeleine : magistrate de l'ordre judiciaire, procureure de la République près le tribunal judiciaire de Bordeaux (2013-2018), chapitre 2 page 46.

AMRANI-MEKKI Soraya : professeure de droit et membre du Conseil supérieur de la magistrature (2015-2019), conclusion page 125.

ARENS Chantal : magistrate de l'ordre judiciaire, première présidente de la Cour de cassation depuis juillet 2019, conclusion page 129.

ARISTOTE : philosophe de l'Antiquité grecque, chapitre 3 page 71 et chapitre 4 page 77.

AUDIARD Michel : scénariste et réalisateur (1920-1985), chapitre 5 page 100 pour un dialogue extrait du film *Les tontons flingueurs*.

AUSTEN Jane : écrivaine (1775-1817), préface de la Défense page 15.

BACHELARD Gaston : philosophe et poète (1884-1962), chapitre 1 page 36.

BADINTER Robert : avocat, ministre de la Justice (1981-1986), président du Conseil constitutionnel (1986-1995) introduction page 21, chapitre 2 page 53, conclusion page 132.

BARBIE Klauss : criminel de guerre nazi (1913-1991), conclusion page 132.

BAS Philippe : sénateur et président de la Commission des lois du Sénat, chapitre 5 page 100.

BASHUNG Alain : auteur-compositeur-interprète (1947-2009), chapitre 1 page 39.

BAUDELAIRE Charles : poète (1821-1867), introduction page 22.

BECCARIA Cesare : philosophe et juriste (1738-1794) chapitre 1 page 33 et chapitre 4 page 87.

BECKETT Samuel : écrivain (1906-1989), chapitre 3 page 71.

BELLOUBET Nicole : ministre de la Justice (2017-2020), chapitre 5 page 94.

BENEZECH Michel : expert-psychiatre, chapitre 4 page 85.

BERGSON Henri : philosophe (1859-1941), chapitre 1 page 34.

BERNARD-REQUIN Michèle : avocate puis magistrate de l'ordre judiciaire (1943-2019), conclusion page 132.

BONNEFOY Yves : poète, chapitre 6 page 109.

BOWIE David : musicien et acteur (1947-2016), chapitre 3 page 63.

BRAUDEL Fernand : historien (1902-1977), chapitre 1 page 38.

CAMUS Albert : romancier et philosophe (1913-1960), chapitre 6 page 117 et conclusion page 133.

CARBONNIER Jean : professeur de droit (1908-2003), chapitre 1 page 33.

CHAMPRENAULT Catherine : magistrate de l'ordre judiciaire, procureure générale près la cour d'appel de Paris depuis juillet 2015, introduction page 21 et chapitre 6 page 116.

CHAPLIN Charlie : acteur, réalisateur et producteur (1889-1977), chapitre 1 page 38.

CHERGÉ (de) Christian : moine cistercien (1937-1996), chapitre 6 page 119.

CODRUTA KÖVESI Laura : cheffe du parquet européen depuis octobre 2019, conclusion page 132.

COLBORN Théo : zoologiste et épidémiologiste (1927-2014), chapitre 4 page 79.

COPPENS Yves : paléontologue, chapitre 1 page 36.

CUSSON Maurice : criminologue, chapitre 1 page 32.

DANTZIG Georges : mathématicien (1914-2005), chapitre 4 page 86 et chapitre 5 page 94.

DATI Rachida : femme politique, ministre de la Justice (2007-2009), chapitre 1 page 30.

DEJENEFFE Michel : ventriloque, préface de la Défense page 15 pour ses sketches avec sa marionnette.

DELMAS-MARTY Mireille : professeure de droit, conclusion page 131.

DELORS Jacques : homme politique, ministre de l'Économie (1983-1985) et président de la Commission européenne (1985-1995), chapitre 3 page 66.

DEPARDON Raymond : photographe et réalisateur, conclusion page 132.

DESCOLA Philippe : anthropologue, chapitre 6 page 118.

DICK Philip K. : écrivain (1928-1982), chapitre 5 page 99.

DOSTOÏEVSKI Fiodor : écrivain (1821-1881), préface de la Défense page 15.

DRAI Pierre : magistrat de l'ordre judiciaire (1926-2013), premier président de la Cour de cassation (1988-1996), conclusion page 127.

DUFOUR Olivia : journaliste, introduction page 21 et chapitre 6 page 117.

DUJARDIN Jean : acteur, chapitre 1 page 31 pour son interprétation d'OSS 117 dans le film *Le Caire, nids d'espions.*

DUPONTEL Albert : acteur et réalisateur, conclusion page 132.

EINSTEIN Albert : physicien (1876-1955), chapitre 3 page 66 pour sa théorie de la relativité restreinte et chapitre 5 page 97 pour sa théorie de la relativité générale.

ESCHYLE : dramaturge de l'Antiquité grecque, chapitre 6 page 116.

EURIPIDE : dramaturge de l'Antiquité grecque, chapitre 1 page 40.

FITZGERALD Francis Scott : écrivain (1896-1960), chapitre 6 page 118.

FOSTER WALLACE David : écrivain (1962-2008), chapitre 5 page 103.

FOUCAULT Michel : philosophe (1926-1984), chapitre 2 page 56.

GARCON Maurice : avocat et écrivain (1889-1967), conclusion page 129.

SPIELBERG Steven : réalisateur et producteur, chapitre 2 page 50 pour le film *Minority report*.

SPINOZA : philosophe (1632-1677), chapitre 5 page 103.

STAROBINSKI Jean : historien et psychiatre (1920-2019), chapitre 5 page 95.

SUPIOT Alain : professeur de droit, chapitre 3 page 67.

SUREAU François : écrivain et avocat, conclusion page 125.

SWARTE Joost : auteur de bande dessinée, chapitre 5 page 102.

TAUBIRA Christiane : femme politique et ministre de la Justice (2012-2016), chapitre 2 page 45.

TIERCELIN Claudine : philosophe, chapitre 5 page 104 et chapitre 6 page 109.

TOUBON Jacques : homme politique, Défenseur des droits (2014-2020), chapitre 5 page 98.

TREVIDIC Marc : magistrat de l'ordre judiciaire, président de chambre à la cour d'appel de Versailles depuis juillet 2018, chapitre 2 page 50.

TRUCHE Pierre : magistrat de l'ordre judiciaire (1929-2020), procureur général près la Cour de cassation (1992-1996) et premier président de la Cour de cassation (1996-1999), conclusion page 132.

URVOAS Jean-Jacques : homme politique et ministre de la Justice (2016-2017), chapitre 4 page 77.

VALERY Paul : écrivain (1871-1945), chapitre 3 page 64.

VAN REYBROUCK David : historien, chapitre 6 page 112.

VEIL Simone : femme politique, présidente du Parlement européen (1979-1982), conclusion page 132.

WEIL Simone : philosophe (1909-1943), page 7.

Robert ZEMECKIS : réalisateur et producteur, chapitre 4 page 77 pour le film *Retour vers le futur*.

Structures éditoriales du groupe L'Harmattan

L'Harmattan Italie
Via degli Artisti, 15
10124 Torino
harmattan.italia@gmail.com

L'Harmattan Hongrie
Kossuth l. u. 14-16.
1053 Budapest
harmattan@harmattan.hu

L'Harmattan Sénégal
10 VDN en face Mermoz
BP 45034 Dakar-Fann
senharmattan@gmail.com

L'Harmattan Cameroun
TSINGA/FECAFOOT
BP 11486 Yaoundé
inkoukam@gmail.com

L'Harmattan Burkina Faso
Achille Somé – tengnule@hotmail.fr

L'Harmattan Guinée
Almamya, rue KA 028 OKB Agency
BP 3470 Conakry
harmattanguinee@yahoo.fr

L'Harmattan RDC
185, avenue Nyangwe
Commune de Lingwala – Kinshasa
matangilamusadila@yahoo.fr

L'Harmattan Congo
67, boulevard Denis-Sassou-N'Guesso
BP 2874 Brazzaville
harmattan.congo@yahoo.fr

L'Harmattan Mali
ACI 2000 - Immeuble Mgr Jean Marie Cisse
Bureau 10
BP 145 Bamako-Mali
mali@harmattan.fr

L'Harmattan Togo
Djidjole – Lomé
Maison Amela
face EPP BATOME
ddamela@aol.com

L'Harmattan Côte d'Ivoire
Résidence Karl – Cité des Arts
Abidjan-Cocody
03 BP 1588 Abidjan
espace_harmattan.ci@hotmail.fr

Nos librairies en France

Librairie internationale
16, rue des Écoles
75005 Paris
librairie.internationale@harmattan.fr
01 40 46 79 11
www.librairieharmattan.com

Librairie des savoirs
21, rue des Écoles
75005 Paris
librairie.sh@harmattan.fr
01 46 34 13 71
www.librairieharmattansh.com

Librairie Le Lucernaire
53, rue Notre-Dame-des-Champs
75006 Paris
librairie@lucernaire.fr
01 42 22 67 13

www.ingramcontent.com/pod-product-compliance
Lightning Source LLC
LaVergne TN
LVHW011953220826
846092LV00001B/170